중국공산당 100년의 변천

◆ 혁명에서 '신시대'로 ◆

중국공산당 100년의 변천

◆ 이희옥, 백승욱 엮음 ◆

책과함께

책을 펴내며

2021년, 중국공산당은 창당 100년을 맞이했다. 중국공산당은 당과 홍군이 국가와 군대를 만들고 운영한 특이한 경험을 가지고 탈냉전 속에서 소련과 동유럽이 몰락했음에도 살아남아 집권경쟁력을 과시하고 있다. 향후 중국의 지속적인 부상과 미국 패권의 상대적 하락에 따라 국제질서의 판도도 흔들릴 가능성마저 점쳐지고 있다. 중국에서는 이러한 공산당의 성취를 평가하면서 축제와 선전의 열기가 고조되었다. 특히 미·중 전략경쟁이 본격화되면서 '사회주의 정체성의 정치'를 강조하는 한편 '중국특색'이라는 교조를 주입하고 있다.

그러나 중국공산당 100년의 역사는 비단 일국적 차원의 문제가 아니며, 세계와 동아시아 지역 그리고 한반도에도 각기 다른 질문을 던지고 있다. 즉, 코로나 팬데믹 속에서 국가의 의미, 세계 자본주의에 깊게 포섭된 중국의 미래, 중국 사회주의체제의 원심력과 구심력, 한반도 분단체제와 평화체제에 대한 중국의 역할 등 다양한 토론의 주제가 공론장에서 대기하고 있다.

이 책은 중국공산당 100년의 역사를 비판적이고 주체적 시각에서 검토해보고자 했다. 이를 위해 각 분야에서 관련 연구 성과를 쌓고 독자적인 목소리를 내온 한국에서 중국연구를 하는 연구자들이 참여했고, 여러 차례의 공동논의 속에서 하나의 체계를 만들어왔다. 그러나 같은 시선을 유지하면서도 중국을 바라보는 국내 연구자들의 다양한 관점과 견해가 있고, 필자들 사이의 상충되거나 논쟁이 있는 될 수 있는 입장들을 하나의 관점으로 무리하게 통일시키려 하지 않았다. 왜냐하면 중국을 보는 서로 다른 시각이 열린 토론을 가능하게 하고, 보다 풍부한 논의를 이끌어가는 데 도움이 된다고 판단했기 때문이다.

그동안 한국에서 중국을 보는 시각은 과도한 이데올로기를 적재한 중국위협론, 중국위험론, 중국위기론 등이 있었고, 또 다른 한편으로는 내재적 접근에 치중한 나머지 한국적 맥락과 시야를 놓치기도 했다. 여기에 오랫동안 쌓인 역사의 기억으로 인해 한·중관계는 작은 문제도 크게 부각되면서 감정 외교sensibility in diplomacy로 발전하기도 했다. 김치 종주국을 둘러싼 문화원조 논쟁, 좁은 근대국가의 틀에 넓은 '중화'를 가두는 문제, 역사기원을 둘러싼 지루한 공방, 양국 네티즌 사이에 나타나는 민족주의와 애국주의 편향 등은 양국관계뿐 아니라, 한·중 간 건강한 학문적 토론을 어렵게 하는 요인으로 작용하기도 했다.

다른 한편 서구의 중국 인식을 걸러내지 못하고 스스로 선택을 강제당하는 숙명론에 쉽게 빠지기도 했다. 이런 점 때문에 중국 문제가 발생할 때마다 동맹론, 진영론, 편승론에 쉽게 노출되고, 한반도 문제를 해결하는 과정에서 과도한 군사적 비관주의와 현실주의 담론에 포획되기도 했다. 더구나 중국이 하나의 역사적 복합체historical bloc라는 점을 확인하면서도 한국의 중국사회과학 연구에서 문사철文史哲의 공백이 두드러졌고, 많은 연구자들이 정책연구에 매몰되면서 화학적 결합을 통한 학제 간 연구풍토도 크게 약화되었다. 이런 점에서 이번 공동연구가 학문적 지평을 확대하고 학문적 대화를 재건하는 한편, 중국을 우리의 문제의식으로 되돌려보는 시발점이 되기를 기대한다.

이 책은 성숙하고 미래지향적인 한·중관계 발전에 기여하기 위한 아모레퍼시픽재단 AP포럼 프로젝트의 하나로 기획되었다. 후원하면서도 개입하지 않는 재단의 지원과 AP포럼 운영위원들의 열정은 오랫동안 기억될 것이다. 또한 성균관대학교 성균중국연구소의 최소령 연구원, 윤은상 조교 등 실무자들이 잦은 화상 회의를 조직하고, 늦어지는 원고를 독촉해 제때 출판할 수 있도록 도와주었다. 무엇보다 짧은 시간에 놀라운 열정으로 세상에 이 책이 빛을 볼 수 있도록 해준 도서출판 책과함께에도 깊은 사의를 표한다. 독자 여러분의 아낌없는 질정을 바란다.

2021년 여름
이희옥, 백승욱

중국공산당 100년, 이해의 확장을 위해

이희옥

1. 두 개의 백 년과 신시대의 호명

1921년 7월, 상하이에서 50여 명의 당원, 13명의 대표로 출발한 중국공산당(이하 공산당)은 현재 9000만 명 이상의 당원을 보유한 세계 최대의 정당이 되었고, 2021년 창당 100년이라는 역사적 계기를 맞았다. 한 정당이 이렇게 오랫동안 지속하는 것은 흔치 않을 뿐 아니라, 더구나 단일정당이 혁명당에서 통치당으로, 다시 집정당執政黨으로 변모하면서 100년 동안 지배한 것은 세계사적으로도 유례가 없다. 이런 점 때문에 공산당에 대한 규범적 평가와는 별개로 내구력의 원천에 대한 다양한 학문적 평가가 있었고, 심지어 기업과 사회조직 관리 차원에서도 탐구의 대상이었다. 또한 경제발전이 중산계급을 만들고 이들이 정치적 민주화를 추진할 것이라는 근대화 이론, 비교정치의 오랜 명제에도 충격을 주었다. 사실 미국이 중국과 체제경쟁을 본격화한 것도 중국이 '성공의 역설 irony of success'에 쉽게 빠지지 않을 것이라는 평가 때문이기도 하다.

중국은 공산당 창당 이후 혁명 30년, 건설 30년, 그리고 개혁개방을 통한 발전 30년을 지나 '신시대'에 이르는 100년의 역정을 거쳤다. 이러한 성취는 두 개의 백 년이라는 거대 프로젝트를 추진하는 동력이 되었다. '두 개의 백 년'의 기치는 1997년 공산당 제15차 대회에서 제기하고 2002년 제16차 대회에서 당장黨章에 반영했다. 그러나 이러한 정치적 기획을 본격화한 것은 10년 후인 2017년 공산당 제19차 대회였다. 여기서 개혁개방 40년을 총결하고, "전면적인 사회주의 현대화 건설의 새로운 여정을 시작했다"라고 선언했으며, '시진핑 신시대 중국특색 사회주의 사상'을 헌법과 당장에 반영했다. 즉, 창당 100년 즈음에 중국적 중진국으로 부를 수 있는 '전면적 소강小康사회'를 완성하고, 건국 100년을 계기로 중국적 선진국인 '사회주의 현대화 강국'을 건설하는 것이었다.

그러나 '신시대'는 '구시대'를 전복하는 것이 아니라, 지난 100년의 역사적 유산을 계승하면서 새로운 사회주의에 기초한 재집권과 '강제로 열린 근대'를 초극하기 위한 기획이라는 점에서 열린 100년을 향한 분투라고 부를 수 있다. 이를 추진할 수 있었던 소명의식과 추진동력은 부상한 중국이 가져다준 노선, 이론, 제도, 문화에 대한 '네 가지 자신감'[1]에 근거했다. 그러나 이러한 신시대 기획은 '백년대변국'으로 불리는 대전환기에서 강력한 리더십을 통해 과도기의 위기를 극복해야 한다는 정치공학이 내장되어 있는 것은 물론이다.

또 하나는 미국의 대중국 압박이라는 총공세 속에서, 미국 주도의 국제질서에 대한 수동적이고 순응적 태도를 버리고 '정체성의 정치politics of identity'를 추구하겠다는 정치적 선언이다. 특히 미국이 단일패권을 유지하기 위해 중국을 강력하게 압박하는 대공세에 대한 중국적 방안을 담고 있다. 실제로 트럼프 정부와 바이든 정부 모두 '중국'을 '중국공산당'과 분리하기 시작했고, 심지어 시진핑을 국가주석이 아닌 총서기로

부르는 등 냉전기 체제경쟁의 기억을 소환하고 있다.[2] 실제로 GDP 기준으로 중국이 미국의 국력을 2/3까지 추격했고, 코로나 팬데믹 기간 회복 탄력성resilience을 발휘하면서 그 격차를 더욱 좁혔으며, 두 개의 디지털 플랫폼 경쟁이라는 새로운 도전에 직면했다. 따라서 미국은 새로운 100년을 준비하는 중국의 기세를 '지금 여기서' 막지 못한다면 자신의 패권을 더는 유지하기 어렵다고 보았다. 이렇게 보면, 중국공산당 100년은 '미국을 다시 위대하게'라는 미국의 꿈과 '중화민족의 위대한 부흥'이라는 꿈이 충돌하는 지점이기도 하다.

이 책에서 혁명, 건설, 발전 그리고 신시대로 구분해 접근한 것은 공산당 창당 이후 100년사의 역사적 맥락이 보편과 특수, 혁명과 건설, 지양과 계승의 길항 관계 속에서 역사적 실험을 해왔다고 보았기 때문이다. 이것은 100년 전체에 대해 '중국특색'을 강조하고, 국가주의와 성장주의를 결합한 부국강병의 역사로 환원하며, 이를 새로운 100년의 역사적 출발로 삼는 시진핑 신시대의 역사 다시 쓰기와 구분하기 위한 것이기도 하다.

2. 혁명과 건설의 시대

100년 전, 제1차 세계대전과 1917년 볼셰비키 혁명 등 전쟁과 혁명의 분위기는 아시아에도 널리 파급되었다. 20세기 초 중국의 진보적 지식인들은 이러한 세계사적 흐름 속에서 봉건주의, 제국주의, 관료주의를 극복하고 새로운 질서를 모색하기 위한 모험을 시작했다. 이들은 전통 질서의 성격과 위기 논쟁, 자강과 변법의 실험, '문제와 주의' 논쟁 등을 거치면서 점차 사회주의를 자신의 정체성으로 수용하기에 이르렀다.[3] 후난湖南의 당대표였던 마오쩌둥도 이 중의 한 사람이었다. 그러나 공산당은 당시 조직의 열세로 국민당의 지배 블록을 현실적으로 돌파하기 어려웠기 때문에 국민당 내의 분파로 활동했고, 국공합작과 같은 다양한 전략과 전술을 통해 독자적인 정치세력화를 꾀했다. 특히 1934년에서 1935년까지 18개의 산맥을 넘고 17개의 강을 건넌 1만 2500km에 걸친 대장정은 공산당 조직노선과 이데올로기에 대한 일대 전환이었다.

"모든 사회가 동일한 혁명적 변혁과정을 거쳐 동일한 결과를 산출하는 것은 아니다."[4] 중국혁명의 성공도 국민당의 부패와 실정, 그리고 국민혁명 과제에 불철저한 인식에 대한 거울 효과가 있었지만, 근본적으로는 농민 대중의 자발적 지지, 현장에 뿌리내린 사회개혁의 실험, 유연한 전략과 전술, 계급연합, 무엇보다 시대정신에 올라타는 세력의 정치라는 관제 고지를 장악한 결과였다. 인간의 의지를 믿었던 마오쩌둥의 주의주의적voluntarianism 세계관도 이러한 중국의 혁명현장에서 발아한 것이었다. 이것은 이후 공산당의 역사적 합법성을 보장하는 기제로 작용하게 되었다.

1949년 10월 톈안먼 광장에서 인민정부 주석이 된 마오쩌둥은 떨리는 후난 사투리로 "중국이 일어섰다站起來"고 선언했고, 이로부터 중국의 당대사contemporary history가 시작되었다. 그러나 중국은 사회주의적 법적 개조를 서두르지 않고 '과도기'를 설정해 신민주주의 과제를 수행하고자 했다. 신민주주의는 사회주의 및 부르주아 민주주의와 구별되는 단계로, 사회주의를 지향하는 주도세력들이 부르주아 민주주의 혁명을 통해 수행되어야 할 과제를 수행하는 것이었다. '오성홍기'가 상징하듯이 공산당이 노동자, 농민, 소小부르주아, 민족부르주아를 이끄는 것이고, 건국 직후 토지개혁 속에서 '경자유전'을 원칙으로 삼아 일종의 소농 경제를 보장한 것도 점진주의gradualism와 점증주의incrementalism적 접근 이었다.

그러나 사회주의 진영 내의 갈등, 현실과 유리된 과도한 열정, 국가 건설의 경험이 축적되기도 전에 '단번 도약'을 추구한 맹진이 나타났다. 이것은 이후 건국의 과제를 실현하는 데 부담이 되었다. 당시의 주요모 순도, "몰락했으나 남아 있는 소수의 부르주아와 새롭게 등장했으나 미 성숙한 무산계급 사이의 계급모순"이었고, 이것은 대과도기인 사회주의 전 시기에 걸쳐 나타난다는 것이었다. 따라서 이데올로기는 모든 정책 영역에서 '보이는 손'으로 작용했으며, 1966년부터 시작된 문화대혁명 또한 수정주의, 관료주의, 자본주의의 복벽復闢을 막기 위해서는 계급투 쟁을 통한 '계속혁명'이 필요하다는 논리였다.

이처럼 중국의 혁명과 건설의 시기는 혁명적 에너지가 사회 전반에 관철되면서 실사구시적 기획을 압도했다. 이렇게 보면 '반근대적 근대 anti modernist modernism'는 한계를 드러낼 수밖에 없었고, 그 과제는 개혁 개방을 통한 발전의 시대로 그 바통을 넘겨주게 되었다.

3. 사회주의의 실험: 발전의 시대

1976년 마오쩌둥이 사망하고 4인방이 체포되면서 새로운 진로를 모색 하던 공산당은 제2의 혁명의 시작으로 불리는 제11기 3중전회를 개최했 다. 여기서 새로운 이데올로기들은 중국의 존재 방식과 사회주의 운행 기제를 둘러싼 치열한 토론과 노선 투쟁을 거쳐 '사회주의 현대화 건설'

이라는 개혁개방의 기치를 내걸었다. 이것은 프롤레타리아 국제주의를 버리고 사회주의 생산양식을 독자적인 사회구성체로 간주하는 일국사회주의를 정초한 것을 의미했다. 즉, 중국은 짧은 과도기를 거쳐 사회주의 단계로 진입했기 때문에 '인민의 날로 증대하는 물질적 요구와 이를 만족시키지 못하는 생산력 사이'의 주요모순을 극복해야 한다는 것이었다.

이것은 '대내적 개혁'과 '대외적 개방'의 시작이었다. 그러나 중국의 개혁개방은 대내적 요구와 함께 베트남 전쟁(1960~1975년) 중에 싹튼 냉전기 국제질서의 재편과 맞물려 있었다. 1971년 베트남과 인도를 거쳐 중국을 방문한 헨리 키신저는 "중국이 변하기 전에는 세상이 안전할 수 없다"라고 인식하고 있었고, 1972년 닉슨 대통령은 미수교 국가인 중국을 방문해 마오쩌둥 주석과 회담하고 상하이 공동성명을 발표했다. 이른바 미·중 데탕트의 시작이었다. 미국은 형식적으로는 동서 화해를 목표로 했지만, 소련을 효과적으로 견제하기 위해서는 사회주의 진영의 중국을 포섭해 분리할 필요가 있었다. 중국도 문화대혁명의 혼란이 일단락되자 새로운 방향을 모색하는 과정에서 미국과의 공감대가 형성되었다. 이렇게 보면 1979년 미·중 수교를 계기로 개혁개방을 추진할 수 있는 환경은 마오쩌둥이 다리를 놓은 것으로도 볼 수 있다. 마오쩌둥 사후 새롭게 등장한 개혁개방 지도부는 경제특구를 설치하고 해외직접투자를 유치하기 위해 과감한 대외개방을 추진하고 국내정치의 걸림돌을 제거하고자 했다. 사상해방운동이 등장하는 등 계몽의 시대가 열린 것도 이 때문이었다. 미국도 중국의 개혁개방을 적극적으로 지지하면서 중국의 '주변'에서 패권적 지배권을 확보하여 소련을 견제할 수 있는 지정학적 가치를 확보했다. 이른바 포용적 접근에 기초한 '키신저 질서'의

출현이다.[5]

중국의 개혁개방은 대외적 개방이 대내적 개혁을 이끌어갔으며, 가정 청부책임제에서 시작한 농촌개혁은 도시로 옮겨오면서 크게 확산되었다. 이를 위해 공산당은 사회주의 이론을 지속적으로 현실에 공급했다. 1982년 공산당 제12차 대회에서는 중국이 '사회주의 초급 발전의 단계'에 있다고 밝혔고, 1987년 제13차 대회에서는 '사회주의 초급단계'를 정식화했으며, 구체적인 현실에 적용하기 위해 사회주의 상품경제론을 제시하면서 시장의 공포를 줄여나갔다.[6] 이처럼 시장의 활력이 증대하면서 오랫동안 중국의 도시를 지탱해온 단위체제가 서서히 해체되기 시작했고 사회적 유동성이 크게 증가했다. 덩샤오핑은 개혁개방의 총설계사가 되어 이러한 이론과 실천의 전선을 모두 진두지휘했으며, 권력 내부의 노선 투쟁과 권력 투쟁이 전개될 때마다 균형추 역할을 했다. 1989년 톈안먼 사건을 '반혁명 폭란'으로 간주하고 폭력적으로 진압하면서도 다시 개혁개방을 재개할 수 있었던 것도 그의 전략에서 비롯된 것이었다. 특히 1992년 베이징 지도부의 긴축조정노선을 비판하고 상하이를 중심으로 한 개혁개방 노선을 우회적으로 지지하기 위한 남순강화는 새로운 변곡점이었다. 덩샤오핑은 '사회주의와 자본주의의 기준'은 계획과 시장에 있는 것이 아니라 생산력의 발전과 국민 생활의 개선에 있으며, 우편향도 문제지만 더욱 심각한 것은 좌편향이고, '발전이 이치에 맞다發展 就是硬道理'는 등의 대담한 발언을 통해 움츠려 들었던 개혁공간을 확장했다. 더 나아가 공산당 제14차 대회에서 '사회주의적 시장경제'를 도입하면서 '가난은 더 이상 사회주의가 아니'라는 것을 확인했다. 이런 점에서 당시 중국의 개혁개방 이데올로기는 내포가 약하고 외연이 크게 확장되었으며, 휘어지지만 부러지지 않은 것으로 평가되었다.

이것은 공산당의 구조와 기능에서도 변화를 가져왔다. 즉, 2002년 공산당은 전통적인 노동자, 농민과 함께 선진생산력인 붉은 자본가red capitalist, 선진분자인 지식인을 함께 대표한다는 '3개 대표' 중요사상을 제시했다. 이것은 공산당이 혁명당에서 통치당으로, 다시 집정당으로 재편되었다는 것을 함축했다.[7] 당시 이러한 변화에 대해 공산당이 사회민주당으로 발전하고 있다는 평가도 등장했다.[8] 이러한 공산당의 유연화 전략은 구체적인 정책도 수반했다. 대표적으로 2001년 중국식 전지구화를 추진하기 위해 세계무역기구에 가입한 것이다. 이것은 비록 중국을 국제사회에 본격적으로 편입시켜 보다 협력적 중국cooperative China을 만들고자 하는 미국의 심모원려가 있었지만, 중국 스스로도 자본주의 국제경제 질서 속으로 걸어 들어가는 정면 돌파를 선택했다. 한편 이러한 중국의 성취는 후진타오 시기에 이르러 빛을 보았다. 즉, 9·11 테러의 여파, 2008년 미국발 금융위기를 거치면서 미국이 정책 우선순위를 중동中東전선과 국내경제 문제에 두자, 중국은 소극적 개방과 적극적 경기부양을 통해 고도성장 시대를 열었고, 미국의 리더십 공백을 메우기도 했다. 특히 이 과정에서 밀레니엄 세대들의 애국주의와 강한 국가주의 정서가 배태되었다. 그러나 중국은 '피 묻은 GDP'로 불리던 양적 성장growth 방식으로는 지속가능한 발전이 어렵다는 심각한 딜레마에 빠졌다. 이를 위해 과학적 발전관을 헌법과 당장에 반영하면서 포용적 발전노선을 추구했다. '성장담론'을 '발전담론'으로 대체한 것은 이 무렵이다.

그러나 발전의 시기, 개혁개방을 추진하고 이데올로기를 유연하게 해석했으며, '바르게 욕망하는 법을 가르쳤던' 혁명과 건설의 시기와 '차이를 만들어내는 자본주의'를 선택적으로 수용하고 국가가 시장과 생활세계 전반에 깊이 관여하는 전형적인 국가자본주의 양상을 띠게 되었다.

그러나 사회주의의 길, 인민민주독재專政, 공산당 영도, 마르크스-레닌주의와 마오쩌둥 사상을 견지하는 등 사회주의 정체성은 유지했다. 이것은 탈냉전기 소련과 동유럽의 몰락, 1989년 톈안먼 사건을 학습하면서 중국의 발전전략을 '체제 내 개혁reform in system'에 두었던 것과 무관하지 않다. 문제는 레닌주의적 정치체제, 국가가 시장에 깊이 개입한 사회주의적 시장경제, 촘촘한 사회관리 시스템에 기초한 중국모델[9]은 특권, 부패, 지대추구rent seeking 등 사회적 모순을 온축했다는 점이다. 결국 자본과 권력의 지대추구가 결탁해 구조적 부패로 전화하는 것을 막고, 공익성 시장경제와 민생정부를 건설하지 않으면 미래를 기약할 수 없는 새로운 도전에 직면하게 되었다.

4. 신시대에 놓인 도전

제19차 대회에서 공산당은 신시대의 도래를 선언했다. 이 대회의 주제는 "초심을 잃지 말고 사명을 기억하자"였다. 즉, 공산당 창당의 초심을 잃지 않고, 이를 강국의 꿈에 접맥해 '중국의 꿈'을 실현하자는 것이었다. 이를 위한 과제는 첫째, 격차와 불평등을 해소하고 공동 부유의 사회주의성을 회복하는 것이다. 이런 차원에서 도농 간, 지역 간, 소득 간 격차에 이어 디지털시대의 정보와 교육 격차의 극복에 주목하면서, 신시대의 주요모순을 "인민의 갈수록 늘어나는 아름다운 생활美好生活에 대한 수요와 불균형적이고 불충분한 발전의 사이"[10]에 있다고 보았다. 둘째, 신형국제질서의 수립이다. 기존의 미국이 주도하는 국제질서에 순응하거나 적응하는 단계를 벗어나 중국담론을 통해 기울어진 국제관계를 바로잡는 것이다. 미·중 전략경쟁 과정에서 중국이 핵심이익에 적극적으로 대응하는 것도 이러한 인식의 변화 때문이다. 셋째, 만연한 기득권, 부패, 권력유착權貴의 국정농단을 극복하는 것이다. 이를 위해 모든 영역에서 관철되는 공산당의 지도원칙을 분명히 해 국민들이 '획득감'을 느끼게 하겠다는 것이다. 넷째, 중국식 세계화Sinic globalization의 가능성 모색이다. 이를 위해 전면적 대외개방을 통해 국제협력의 플랫폼을 만들고 다양성의 수용이라는 차원에서 '중국지혜'가 반영된 다자협력을 추구했다. 일대일로 이니셔티브와 인류운명공동체라는 공생이론을 제시한 것도 이러한 맥락이다.

중국이 구시대와는 구별되는 신시대를 기획한 것은 과거의 패러다임으로는 새로운 백 년, 대안의 백 년을 준비할 수 없다는 문제의식 때문이었다. 무엇보다 신시대에 놓인 도전은 새로운 패러다임의 전환을 요구했다.[11] 첫째, 인력, 자본, 기술 등이 글로벌화되면서 현대화와 탈현대화의 이중적 도전, '경제발전'과 '행복의 최대화' 사이의 간극을 극복해야 했다. 둘째, 시장화와 민주화의 두 고비를 동시에 넘기 위해서는 발전방식의 전환이 불가피했다. 이를 위해 '해야 할 일을 하는 것有所爲'과 '하지 말아야 할 일은 하지 않는 것有所不爲'을 구분하는 제도구축이 절실했다. 셋째, 사회적 분화, 사회적 갈등, 인적유동의 가속화, 사회 통합력이 약화되면서 새로운 사회적 요구에 부응해야 했다. 넷째, 주류 이데올로기의 통합위기, 전통적 가치관의 영향력이 약화되면서 가치 다원화 속에서 공감대를 확보하기 어려웠다. 이러한 현상은 서로 얽혀 있는 도전요인으로 만약 동시에 병목 구간을 통과할 경우 현재 중국의 거버넌스 시스템만으로 극복하기는 어렵다.

이러한 도전 속에서 시진핑 체제는 우선 "모든 조직은 당에 절대로 복종해야 한다"는 당-국가체제로의 복귀를 선택했다. 당과 정부의 분리, 권한의 이양, 집단지도체제의 정착, 인치에서 법치로의 전환 등을 정치 개혁으로 간주한 건설과 발전의 시대와는 달리 강력한 리더십, 당과 정부의 연계, 제도개혁 대신 정치노선을 점검하는 방향으로 전환했다. 또한 격대지정隔代指定 속에서 만들어진 지도자 선출의 관례를 벗어나 불확실성, 불명확성, 불안정성의 시대에는 강력한 지도자가 과도기적 과제를 실현해야 한다는 정치적, 이데올로기적 동원을 시도하고 있다. 실제로 이러한 논거를 마련하기 위해 위기관리, 탈빈곤 등 사회적 개혁과제의 성과, 경제적 회복탄력성, 미·중 전략경쟁에서 보여준 중국식 결기骨氣, 대중의 체제 만족도 등을 결합해 업적 정당성performance legitimacy을 과시하고자 했다.

당분간 중국은 당이 국가를 통치하는 실험을 지속할 것이다. 이미 군의 문민화가 이루어졌고, 원로정치가 제도정치 바깥으로 밀려났으며, 소련 및 동유럽의 몰락과는 달리 공산당원의 증가 폭이 안정적으로 유지되고 있다. 또한 체제의 구심력이 원심력을 압도하고, 무엇보다 역사적 합법성의 위기가 약하며, 중국식 당-국가체제도 역사에서 배태embedded되었다는 점에서 수용도가 높은 익숙한 체제이다. 그리고 '하나의 중국, 네 개의 세계'라는 말처럼 중국의 지리, 역사적 경험의 차이, 생활과 생산방식의 차이, 혼란에 대한 공포와 같은 정치문화 등을 과소평가하는 제도결정론이 현실적으로 작동하기도 어렵다. 더구나 중국 경제가 많은 부작용에도 불구하고 국가전략의 로드맵대로 중진국에 진입했다. 여기서 2020년 말 현재 도시화율이 65%에 불과하며, 농업에서 첨단기술에 이르기까지 균형적으로 발전하는 '대국형 개방경제' 노선을 채택한 결과 성장 여력vacancy이 있다. 실제로 코로나19 이전 비대면 경제를 실험해 회복탄력성을 보여주었으며, 인공지능, 빅데이터, 양자컴퓨터, 사물인터넷, 5G를 융복합한 과학기술을 통해 게임체인저를 시도하고 있다.

그러나 이러한 성취가 공산당 지배체제의 지속가능성을 담보하는 것은 아니다. 우선 공산당이 사회주의의 모든 해석권을 가진 채, 정치적 민주화 없는 정치적 제도화, '민주' 없는 집중제, 공산당 견제장치의 부재, 민주주의 없는 현능주의meritocracy만으로 이를 극복할 수 있을 것인가에 대한 회의적 시각이 있다. 특히 집단지도체제 시스템이 약화되면서 권력계승 방식에 대한 합의가 흔들리고 있고, 선거민주주의 부족을 위해 도입한 협상민주주의와 당내민주주의도 실질적으로 기능하지 못하고 있다. "당이 결정하면 전인대는 박수치고 정치협상회의는 만세를 부른다"라는 냉소가 만연해 있고, 지식인 사회와 문예계도 보다 강화된 검열 속에서 자율성이 크게 제약되고 있다. 여기에 신념의 위기, 일상의 삶을 위협하는 일자리 문제, 성장하기도 전에 늙어가는 중위인구의 질, 감시사회의 피로, 삶의 질 저하, 추상적인 이익이 아니라 구체적인 이익을 배분하지 못하는 데서 오는 일상생활의 난제들이 쌓이고 있다.

실제로 정치적 동원의 마법이 풀리면 이러한 문제들은 언제든지 수면 위로 올라올 수 있고 "하나의 불씨가 광야를 태울 수도 있다". 특히 미·중 전략경쟁도 '중국의 시간'이 아닐 수 있다. 미국은 중국 때문에 세계가 안전하지 않다고 인식하고 있고, 이를 위해 동맹과 다자주의를 묶어 중국에 최대의 압박maximum pressure을 가할 태세이며, 글로벌 가치사슬 체계를 디커플링해서 중국의 운신 공간을 제약할 것이다.

5. 이 책의 구성

이 책의 집필에 참여한 연구자들은 공산당 100년을 혁명기, 사회주의 건설기, 개혁개방기로 구분하고 마지막으로 시진핑 시기에서 제기한 '신시대'가 이와 뚜렷하게 구분되는지에 대한 질문을 추가하는 방식을 사용했다. 여기에 실린 10편의 글은 중국공산당의 지난 100년의 역사를 포괄적이고 종합적으로 살펴볼 수 있도록 중복되지 않게 여러 영역의 쟁점을 다루고 있다. 각각의 글은 독립적이지만 보완적 성격도 지니고 있다는 점에서 독자의 관심에 따라 적절하게 독서의 순서를 정해서 읽어보는 것도 좋을 것이다. 특히 5편의 글은 이 프로젝트의 기획 속에서 재구성되었다. 먼저 중국전문 학술지인《중국사회과학논총》에 실어 학문적 토론을 진행했고, 학계의 논의결과를 수용해 반영했다.[12]

프롤로그에 해당하는 〈중국공산당 100년: 이해의 확장을 위해〉는 신시대 두 개의 백 년 프로젝트를 과거 100년을 결산하는 것이 아니라, 열린 100년을 위한 새로운 정치적 기획으로 보았다. 지난 100년의 역사를 혁명, 건설, 발전, 신시대로 구분하여 지속과 변화를 검토했고, 신시대의 사회주의로의 복귀가 지닌 세계사적 함의를 판독하고자 했다. 이와 함께 필자들의 글을 간략하게 추려 소개하고 한국에서 비판적 중국연구의 가능성을 함께 제시했다. 지난 100년의 정치사를 정리하는 제1장 〈중국공산당 100년: 혁명에서 신시대까지〉는 권력의 집권과 분권, 권력 승계제도의 규범화, 당-정관계의 변화를 중심으로 중요한 변화를 관찰한다. 제2장 〈이론적 논쟁과 노선 투쟁〉에서는 주요 시기별로 당내뿐 아니라 당 외부를 포함해 전개된 주요한 이론적 논쟁들과 노선 투쟁의 쟁점을 다룬다. 창당 시기의 논쟁은 '문제와 주의' 논쟁에서 시작해 중국 토착적인 혁명노선 논쟁으로 이어졌으며, 사회주의 건설기에는 소련 사회주의 건설 노선을 둘러싼 노선 논쟁에서 시작해 백가쟁명으로부터 반우파투쟁으로 전환하는 문제를 둘러싼 논쟁과 문화대혁명 시기 제기된 '자본주의하에서 사회주의 길을 걷는 세력走資派'이라는 쟁점이 부각되었다. 개혁개방기에는 진리표준 논쟁과 개혁의 성격이 자본주의적인가를 둘러싼 논쟁이 촉발되었으며, 이후 논쟁은 당 외부로 좀 더 확대되었다가 '신시대' 들어 당 외부의 논쟁은 크게 억제되는 경향을 보인다. 제3장 〈사회주의 경제와 자본주의 사이에서〉는 지난 100년의 중국 경제의 역사에서 중국공산당의 경제방침이 어떻게 변화되어왔는지 검토한다. 공산주의 이상사회 건설의 계획을 점차 포기하고 시장사회의 요소를 전면적으로 도입해가는 과정으로 한 세기를 검토하며, 이 과정에서 확인되는 이념, 제도, 세계 경제 조건들의 불균형이 초래할 문제점을 지적하고 있다. 제4장 〈사회동원과 조직화〉는 '동원, 개조, 관리'의 관점에서 사회 영역에 어떤 변화가 발생했는지를 검토하며, '공건共建, 공치共治, 공향共享'의 기준에서 변화를 살펴보고 있다. 혁명과 내전 시기 동원과 통제에 초점을 맞추었던 사회조직화은 사회주의 건설기에 도시의 단위체제와 농촌의 인민공사체제를 통해서 동원, 개조, 관리를 좀 더 통합했고, 개혁개방 시기에 앞선 체제들이 해체되면서 '사구社區'가 사회조직화의 틀로 중시되었고, '격자로 세분화'하는 주민관리와 '정부의 서비스 구매' 같은 방식이 사회 거버넌스의 중요한 수단으로 자리를 잡고 있다. 제5장 〈대외인식과 외교정책 노선〉은 시기별 중요한 세계질서 구도와 그에 대한 중국의 외교정책 노선의 대응을 정리해 보여준다. 중국 외교정책의 지속과 변화를 동시에 포착하면서 혁명, 건설, 개혁개방, 세계

금융위기마다 어떻게 변용하고 있는가를 밝히고 비서구 사회주의국가의 부상이 기존의 국제질서에 미치는 영향을 주목했다. 그러나 중국은 기존의 고립주의 외교를 버리고 강대국화의 기반을 마련하는 한편 미국과의 전략경쟁에서 지속적인 게임체인저를 찾아, 다극화를 목표로 하는 신형 국제질서를 찾고자 할 것이다. 제6장 〈노동자 조직의 역사와 변화〉는 중국공산당과 노동자계급의 관계가 시기별로 어떻게 달라져 왔는지를 검토한다. 혁명기 상하이 등지에서 공회工會를 건립하며 파업을 주도한 운동을 배경으로 등장한 노동자계급은 사회주의 건설기에 당과 공회 사이의 관계 설정에 대한 긴장의 시기를 거치며 노동자계급이 당국체제의 목표에 종속되는 과정을 거쳤다. 그러나 문화대혁명 시기나 톈안먼 사건 전후에 기존 공회의 제약을 벗어나는 새로운 노동운동이 분출한 데서 보듯, 노동자계급을 당의 통제하에 가두는 것이 수월하지는 않았고 21세기 들어서도 파업의 고조, 당 통제하의 공회의 변신 시도, 당 외곽의 NGO 조직의 등장 등이 병행하면서 노동문제에 대한 새로운 과제를 안겨주고 있다. 제7장 〈문예정책과 근현대문학〉은 지식인과 당의 이념적 통제 사이의 관계를 현대문학 논쟁을 통해 보여주고 있다. 1942년 〈옌안 문예 연설〉, 1949년 전국 문학예술 공직자 대표대회에서 당의 영향력 아래에 놓이는 문학의 위상을 보여주었으며, 개혁개방은 이런 통제에서 벗어나는 시도로서 '사상해방'의 경험을 보여주지만, 톈안먼 사건 이후 다시 통제가 강화된다. 제8장 〈혁명과 젠더〉는 지난 100년을 이해하는 키워드로 첫째, 생산, 재생산, 이동이라는 기준점을 제시하고, 둘째, 태평천국의 난과 캉유웨이 등 전통에서 변신을 시도한 중국 고유의 여성해방 모델에 대한 함의를 부각시키며, 셋째로, 북한의 경험과 중국의 경험을 대조해보고자 한다. 이를 거치며 중국의 경험이 보여주는 복잡성을 드러내고 서구 여성해방의 관점만으로 중국의 지난 한 세기를 판단할 때 발생할 수 있는 문제점을 지적한다. 마지막으로 에필로그인 〈'신시대' 중국의 역사 다시 쓰기〉는 지난 100년간 공산당의 역사를 여러 측면에서 검토한 다음 중국이 어디로 가고 있는지를 이해하기 위해 역사 다시 쓰기라는 문제를 검토해보고 있다. 혁명사의 정통 견해인 '자본주의 맹아론'과 '관료자본주의론'에 대한 일국적·경제주의적 재해석의 시도가 이미 20여 년 이상 지속되었음을 살펴보면서, '신시대'가 갑자기 등장한 것이 아니라 지난 한 세기를 '중화민족 굴기의 투쟁사'로 재서술하고자 하는 바람을 바탕으로 진행되어왔음을 보여주고자 했고, 역사에 대한 재해석은 시공간을 가두기보다 확장하는 노력을 동반해야 의미가 있을 것임을 지적하고 있다.

6. 새로운 토론을 위해

공산당이 지배하는 오늘의 중국은 유교 사상과 역사적 전성기를 연결하면서 일단 국민적 지지를 이끌어내고 있고, '혼란에 대한 공포'라는 특유의 정치문화 속에서 당-국가체제는 적응과 수축의 과정을 거치면서 '그럭저럭 버팀muddling through'[13] 가능성이 높고, 중국이 서구적 민주주의를 도입하지 않은 채, 100년의 경험에 기초해 중국식 사회주의를 유지할 것이다.[14] 역설적으로 중국이 신자유주의의 최대 수혜자라는 점에서 기존의 권력현상status quo을 변경하고자 하지도 않을 것이다. 사실 국민국가의 관점에서 보면 중국의 자본주의적 호황은 새로운 번영, 공산당 권력의 강화, 종속과 위기를 가져올 수 있지만, 지구적 층위에서 보면

중국이 근본적인 방식으로 세계질서에 도전할 유인이 없기 때문이다.[15]

　　그러나 미국과의 체제경쟁, 글로벌 가치사슬의 변화, 잠복한 노동과 여성 그리고 젠더 등 사회적 요구의 분출 앞에서 사회주의 존재 방식에 대한 새로운 가능성을 보여주지 못하면 대안의 100년은 동원의 수사에 그칠 것이다. 실제로 '일어서고, 부유해지고, 강해진' 이후 미래기획의 불명확성, '근대적응'과 '근대극복'의 이중과제를 수행할 주체의 문제,[16] 지연된 경제적 재균형 목표체계의 수립, 탈패권의 기획, 경쟁으로 내몰린 삶의 터전을 '아름답게美好' 복원할 수 있는 정책수단, 시민사회를 포용하는 인민사회에 대한 활력을 불어넣는 논의 기제가 부족하다. 사실 중국 대중이 공산당의 집정을 수용했던 것은 과거에 얻은 이익, 추상적 이익이 아니라 구체적이고 현실적인 이익 때문이었다. 이렇게 보면, 신시대 기획은 수혜자를 소수로 만드는 것이 아니라, 이들을 공동체의 주역으로 만들어낼 수 있는가에 달려 있다. 쑨원이 민족주의, 민권주의, 민생주의가 곧 공산주의라고 말한 것도 정치체제가 아니라 정책에 있다는 의미였다.[17]

　　이 책은 해답의 범용화 시대에 정책 대안과 답안을 찾아가는 과정이 아니었다. '있는 상태와 있어야 할 상태의 차이'를 의미하는 '문제'를 제기하는 과정이었다.[18] 이런 점에서 이 책의 출판 이후, '지금 여기서' 중국을 어떻게 볼 것인가, 중국을 지배하고 있는 공산당의 성격을 어떻게 평가할 것인가, 중국의 미래는 세계에 어떠한 변화를 가져다줄 것인가, 중국은 우리에게 무엇이고 무엇이어야 하는가, 한국에서 중국연구를 어떻게 기획하고 조직할 것인가 등과 같은 새로운 질문이 공론장에서 다루어질 것으로 믿는다.

アンロン。

주 ----

1 성균중국연구소 편역, 《중국공산당 제19차 전국대표대회 보고》, 지식공작소, 2018, 67쪽.

2 National Security Council, "United States Strategic Approach to the People's Republic of China", 2020, https://www.whitehouse.gov/wp-content/uploads/2020/05/U.S.-Strategic-Approach-to-The-Peoples-Republic□of-China-Report-5.20.20.pdf(검색일: 2021년 3월 18일).

3 서진영, 《중국혁명사》, 한울아카데미, 2009.

4 Barrington Moore, Jr., *Social Origin of Dictatorship and Democracy: Lord and Peasant in the Making of the Modern Worlds*, Boston: Beacon Press, 1970.

5 이희옥, 〈중국외교의 전환과 한중관계의 재구성〉, 최진욱 엮음, 《신외교안보 방정식》, 전략문화연구센터, 2020, 259쪽.

6 이희옥, 《중국의 새로운 사회주의 탐색》, 창비, 2004, 125-133쪽.

7 천밍밍, 《중국의 당국가 체제는 어디로 가는가?》, 이희옥·김현주 옮김, 성균관대학출판부, 2019, 110-180쪽.

8 鄭永年, 〈共産黨的轉型還是終結〉, 《信報財經新聞》, 2001. 7. 1.

9 딩쉐량, 《중국모델의 혁신: 대중경제시장을 향하여》, 이희옥·고영희 옮김, 성균관대학출판부, 2011, 217-240쪽.

10 성균중국연구소 편역, 앞의 책, 39쪽.

11 옌지룽, 《중국의 국가거버넌스》, 성균중국연구소 옮김, 책과함께, 2021, 183-238쪽.

12 백승욱, 〈신시대와 중국의 역사 다시 쓰기: 일국사와 지역사의 경계에서〉, 《중국사회과학논총》 제1권 제1호, 2019, 6-38쪽; 안치영, 〈중국공산당의 100년: 과제와 권력 구조의 변화〉, 《중국사회과학논총》 제3권 제1호, 2021, 4-30쪽; 장영석, 〈중국공산당의 사회 '동원·개조·관리'의 정치〉, 《중국사회과학논총》 제3권 제1호, 2021, 31-63쪽; 서봉교, 〈중국 경제 100년: 사회주의와 자본주의 사이에서〉, 《중국사회과학논총》 제3권 제1호, 2021, 64-93쪽; 하남석, 〈중국공산당 논쟁과 노선 투쟁의 100년: 파破와 입立의 교차〉, 《중국사회과학논총》 제3권 제1호, 2021, 94-118쪽.

13 David Shambaugh, *China's Communist Party: Atrophy and Adaptation*, Berkeley: Univ. of California Press, 2009.

14 마크 자크, 《중국이 세계를 지배하면》, 안세민 옮김, 부키, 2010.

15 홍호펑, 《차이나 붐: 중국은 왜 세계를 지배하지 못하는가?》, 하남석 옮김, 글항아리, 2021, 260-261쪽.

16 백영서, 《중국현대사를 만든 세 가지 사건》, 창비, 2021; 이에 대한 백영서의 저자 노트, 《성균차이나브리프》 59권, 2021, 134-138쪽.

17 옌이룽 외, 《중국공산당을 개혁하라》, 성균중국연구소 옮김, 성균관대출판부, 2015, 211-269쪽.

18 백영서, 〈중국학의 궤적과 비판적 중국연구: 한국의 사례〉, 《대동문화연구》 80, 2012, 590쪽; 이희옥, 〈한국에서 중국학을 어떻게 할 것인가〉, 《역사비평》 61, 2002, 360-374쪽.

◆ 제1장 ◆

중국공산당 100년: 혁명에서 신시대까지

안치영

1921년 창당된 중국공산당은 100년의 역사를 걸어왔다. 그 과정에서 중국공산당은 혁명을 통한 건국과 사회주의적 국가 건설 실험 그리고 개혁개방을 거쳐 이제는 '신시대'를 맞이하고 있다. 이러한 과정을 중국공산당 총서기 시진핑은 "중화민족이 일어섰고, 부유해졌으며, 강해지는 위대한 비약을 맞이하고 있다"고 했다.¹ 마오쩌둥의 표현대로 중국혁명을 통하여 일어섰으며, 덩샤오핑의 개혁개방을 통하여 부유해졌고, 이제는 강해지는 시대를 맞이하고 있다는 것이다.

중국공산당은 대체로 30년 주기로 중대한 변화를 맞이했다. 창당 후 약 30년간의 혁명을 통하여 중화인민공화국을 건국했고, 건국 후 전통적인 사회주의적 모델에 따라 약 30년간 사회주의를 건설하려고 했고, 30여 년간의 개혁개방을 통하여 부유해졌으며, 이제는 강대해지는 길로 들어서고 있다. 이와 같은 변화는 중국공산당이 해결해야 할 과제와 그것을 위한 발전노선의 전환과 관련된다.

중국공산당은 1921년에 창당되었지만 창당의 직접적인 계기가 된 것은 1919년 5·4운동이었기 때문에 중화인민공화국 건국을 기념하기 위해 톈안먼 광장에 세운 인민영웅기념비에서도 30년간의 실천을 이야기하고 있는 것이다. 30년간의 혁명을 통하여 1949년, 스스로를 '신중국'이라고 일컫는 중화인민공화국이라는 새로운 국가를 건국했다. 1949년 건국된 중화인민공화국은 약 30년간 사회주의 실험을 거쳐 자위 능력을 갖추게 되었지만 여전히 빈곤에서 벗어나지 못했다. 그렇기 때문에 1978년 말 개혁개방으로 발전노선을 전환했다. 중국은 30여 년간의 개혁개방을 거쳐 2010년에 일본의 GDP를 추월하고 G2로 부상했다. 현재 중국에서는 2012년 시진핑 체제 등장 이후 중국특색 사회주의가 '신시대'에 접어들었다고 하고 있다.[2] 시진핑 집권 이후 '신시대'에 접어들었는가는 논란의 여지가 있지만 시진핑 시기 이후 개혁개방 정책 방향의 중대한 전환이 발생한 것은 사실이다. 이것은 중국공산당 100년의 역사를 대체로 혁명 30년, 사회주의 건설 30년, 개혁개방 30년, 그리고 신시대 10년으로 나눌 수 있다는 것을 의미한다.

따라서 이 장에서는 중국공산당의 100년을 30년의 혁명 시기, 30년의 사회주의 건설 시기, 30년의 개혁개방 시기 및 10년의 신시대 등 세 개의 30년과 한 개의 10년으로 나누고, 각각 시기의 주요한 과제와 그것을 수행하는 주체인 중국공산당이 그러한 과제를 어떻게 수행했으며, 그 과정에서 중국공산당이 어떠한 권력구조와 체계를 형성했는지를 개괄적으로 살펴보려고 한다. 이를 통해 중국공산당은 어떤 길을 걸어왔으며 어디로 가고 있는지를 볼 수 있을 것이다.

1. 창당과 혁명을 통한 새로운 국가의 건설

중국공산당은 1921년 창당되었다. 직접적으로는 1919년 5·4운동을 계기로 본격적으로 등장한 대중운동과 마르크스주의 학습조직의 형성을 그 기원으로 하며, 1917년 러시아혁명 이후 소련과 코민테른의 지원이 중요한 조건이었다. 그렇지만 멀게 보면 근대 이후 중국이 봉착한 위기와 관련된다. 1840년 아편전쟁과 1894년 청일전쟁을 거치면서 중국은 역사적으로 전에 없던 위기에 봉착했다. 서세동점에 의하여 초래된 세계의 중심이자 유일한 문명이었던 중화의 위기가 그것이다.

그러한 위기에 대응하기 위해 중국은 서구의 군사기술과 생산기술을 배우는 양무운동, 체제 내의 개혁이라고 할 수 있는 무술변법 등을 실시했지만 왕조의 몰락과 문명의 쇠락을 막을 수는 없었다. 이러한 상황에서 등장한 것이 혁명 세력이었다. 혁명 세력은 낡은 청조의 타도뿐만 아니라 중국의 전통을 부정하고 근대 서구의 혁명전통과 서구의 제도와 문화에 기초하여 중국을 재구성하고자 했다. 그 과정에서 1911년 신해혁명을 통하여 청조가 붕괴되었지만 새로운 질서가 형성되지 못하고, 중국이 제국주의에 의하여 과분되고 내부적으로는 군벌에 의하여 분열되는 상황에 이르게 되었다. 그에 따라 중국의 위기를 해결하기 위해서는 전통을 부정하고 서구의 과학과 민주를 배우자는 신문화운동과 제국주의에 대항한 5·4운동이 일어났다.

5·4운동은 청년학생들이 중심이 되어 발생했으며 노동운동이 본격적으로 등장하는 계기가 되었다. 신문화운동을 즈음한 시기인 1917년 발생한 러시아혁명은 제국주의의 침략을 받던 식민지와 반식민지에서 민족해방을 위한 대안으로서 사회주의 혁명에 대한 관심을 증대시켰다.

그러한 상황에서 중국의 위기를 해결할 수 있는 대안으로서 마르크스주의에 대한 관심이 증대되고 각지에 마르크스주의 학습조직들이 생겨났다. 바로 그러한 마르크스주의 학습조직들을 바탕으로 소련공산당과 코민테른의 지원을 받아 1921년 상하이에서 중국공산당이 창당되었다.[3]

중국공산당은 제국주의의 침략으로 반식민지로 전락한 중국의 해방과 군벌에 의하여 분열된 중국을 통일하고 반半봉건적이고 낙후된 중국의 면모를 변화시켜 중국인민을 억압과 빈곤으로부터 벗어나게 하는 것을 목적으로 했다. 그렇지만 중국공산당은 1921년 창당 당시 당원이 50여 명에 불과한 미미한 세력이었다. 그뿐만 아니라 당시 중국은 저발전된 반봉건적인 농업사회였기 때문에 자본주의적 근대공업의 발전과 민주혁명이 주요한 과제였다. 그렇기 때문에 중국공산당은 그러한 과제의 수행을 위해, 자본주의적 사회 건설을 목적으로 하는 또 다른 혁명 세력인 국민당과 계기적으로 협력과 대립을 반복했다.

중국공산당의 창당 직후 공산당과 국민당은 세력 확장과 군벌에 의해 분열된 중국의 통일을 위해 협력했는데, 그것이 제1차 국공합작이다. 그렇지만 북벌을 통한 통일이 완성될 무렵인 1927년 국민당과 공산당은 분열하고 공산당은 지하활동과 더불어 농촌근거지를 건립하여 국민당과 대립했는데 그것이 제1차 국공내전이다. 국민당과 공산당은 1937년 일본의 전면적인 중국침략에 맞서기 위해 다시 협력하여 제2차 국공합작이 형성되었다. 일본의 패망 후 국민당과 공산당은 다시 분열하고 1946년부터 전면적인 내전에 돌입하여 제2차 국공내전이 발발했다. 공산당은 제2차 국공내전에 승리하여 1949년 10월 1일 중화인민공화국을 건국했다. 이러한 중국혁명의 승리와 중화인민공화국의 건국을 마오쩌둥은 "중국 인민이 일어섰다"고 표현했다.[4] 그것은 비단 국민당과의 경쟁에서 승리를 의미할 뿐만 아니라 근대 이후 제국주의의 침략과 잔존하던 봉건세력의 질곡을 극복하고 부강한 국가를 건설하고 새로운 질서를 만들기 위한 새로운 여정을 시작했다는 것을 의미한다.

그런데 창당 시기 중국공산당은 미미한 세력이었을 뿐만 아니라 이론적으로도 미성숙했기 때문에 소련공산당과 코민테른의 직접적인 지도를 받았다. 따라서 중국공산당의 성장 과정은 소련과 코민테른의 영향에서 벗어나 독자적인 이론과 지도력을 확립하는 과정이기도 했다. 중국공산당은 국공분열 이후 제1차 국공내전 과정에서 농촌의 혁명근거지 건설이라는, 러시아혁명과 구분되는 중국의 독자적인 실천을 통하여 경험을 축적했으며 이를 기초로 중국혁명이론을 형성했다. 그와 동시에 코민테른과 소련의 영향으로부터 독립적인 지도부를 형성했다. 장정長征 과정에서 형성되기 시작한 마오쩌둥을 중심으로 하는 지도부가 그것인데, 옌안延安 정풍운동을 통하여 소련으로부터 독립적인 마오쩌둥을 1인자로 하고 류사오치劉少奇를 2인자로 하는 지도부가 형성되었으며, 중국의 경험에 기초한 중국의 혁명이론인 마오쩌둥 사상이 형성된다. 그리고 마오쩌둥 사상은 1945년 중국공산당 제7차 전국대표대회에서 마르크스-레닌주의와 더불어 중국혁명의 실천을 통일한 사상으로서 지도사상이 된다.[5]

중국공산당은 소련공산당의 모델에 따라 민주집중제에 기초한 권력이 집중된 중앙집권체제를 형성했다. 그렇지만 중국의 지역적 광범위성과 분산된 근거지의 존재 및 적 후방 공작 등 독립적 의사결정과 실천이 필요한 영역이 존재함에 따라 군사적으로나 조직적으로 상대적으로 독립적이고 분권적인 조직과 세력이 형성되었다. 근거지인 홍구紅區와 적 후방인 백구白區에서 활동한 세력, 지역적으로 상대적으로 독립적인 야전군 세력, 중국을 몇 개의 큰 지역으로 분할하여 관리하게 한 공산당의 분국 등이 그것이다. 이는 옌안 정풍운동 이후 홍구 세력의 대표 마오쩌둥을 1인자로 하고 백구 세력의 대표 류사오치를 2인자로 하는 중앙집권적인 체계가 형성되었지만[6] 동시에 상대적으로 독립적인 지역과 군사적 세력이 존재했음을 의미한다.

1949년 혁명전쟁의 승리를 통하여 수립된 중화인민공화국은 소련의 체계를 모델로 했지만 동시에 중국의 특수한 상황에 기초하여 건국되었다. 그렇기 때문에 중화인민공화국은 중앙집권적 당-국가체제에 기초하여 건국되었음에도 불구하고, 지방이 6개의 대행정구와 지방의 공산당 중앙국에 의하여 분할 관리되고 상대적으로 독립적인 야전군이 그와 결합되어 있었기 때문에 상대적으로 분권적인 구조를 형성했다.

2. 사회주의 건설과 굴절: 중국적 사회주의 건설의 한계

1949년 중국공산당은 혁명전쟁에서 승리하여 새로운 국가를 건설했다. 혁명 이후 중국은 소련의 사회주의 발전 모델에 기초한 전통적 사회주의 발전노선에 따라 사회주의 건설을 추진했다. 중국은 저발전된 농업사회였기 때문에 건국 전후 중국공산당은 자본주의와 사회주의가 공존하는 신민주주의 노선에 의한 발전을 통한 점진적인 사회주의로의 전환을 채택한다.[7]

그런데 사회주의로의 전환을 시작한 지 불과 3년 만에 중국공산당은 1956년 제8차 전국대표대회에서 사회주의 진입을 선언한다. 중국공산당은 사회주의 진입 관정에서 발생한 모순을 해결하는 동시에 1956년

폭로된 소련모델의 한계를 극복하기 위해서 중국식 사회주의 발전노선을 모색한다. 그 과정에서 반우파투쟁, 대약진운동, 사청운동四淸運動을 거쳐 문화대혁명이 발생하게 된다.

1949년 중국은 근대적인 산업부분이 전체 산업의 10%에 불과한 후진적인 국가였다.[8] 그뿐만 아니라 10여 년에 걸친 항일전쟁과 내전에 의하여 생산 기반이 파괴된 상황이었다. 그렇기 때문에 건국 이후 최우선적인 과제는 재건과 경제 건설이었다. 그것을 위하여 중국은 자본주의와 사회주의가 공존하는 신민주주의 노선을 채택했다. 신민주주의 노선에 의해 비교적 빠른 발전을 이루어 1953년에는 농업과 산업 생산이 전쟁 전 최고 수준을 넘어서는 성과를 거두었다.

그렇지만 중국공산당은 1953년 과도 시기 총노선을 채택하고 사회주의로의 전환을 시작했다.[9] 최소한 15년 이상 지속될 것이라고 했던 신민주주의 노선의 폐기와 과도 시기 총노선 제기의 원인과 평가에 대하여는 여전히 논란이 있다. 과도 시기 총노선에 따라, 중국은 사회주의 공업의 발전을 위하여 소련의 지원과 더불어 소련식 계획경제 모델을 채택하여 경제발전 5개년 계획을 수립했을 뿐만 아니라 농업의 집단화와 상공업의 공사합영을 통하여 사유제를 점진적으로 폐지했다. 그 결과 중국공산당은 1956년 제8차 전국대표대회에서 중국이 사회주의로 진입했음을 선언했다. 이 시기는 중국에서 '개선행진의 시대'라고 불릴 정도로 성공적인 발전을 이룬 시기였다고 본다.[10] 그렇지만 급속한 사회주의화 과정에서 집단화에 대한 저항과 양적 지표의 제고에 의한 질적 저하 등의 문제가 있었다.

게다가 1956년 개최된 소련공산당 제20차 당대회에서 스탈린 비판을 통하여 소련의 발전과정에서 발생한 문제점이 폭로되고, 동유럽에서 헝

가리 사건과 같은 반소, 반사회주의운동이 발생했다. 그에 따라 중국은 소련과 동유럽에서 발생한 문제가 중국에서 발생하는 것을 피하기 위하여 중국의 발전모델을 조정하고 권력구조에 대한 조정을 시도했다. 그 과정에서 중국에서 사회주의 건설을 위한 빠른 발전노선冒進과 점진적 발전노선反冒進에 대한 논쟁과 생산력주의와 생산관계 중심론 사이의 논쟁이 있었으며, 정풍운동과 반우파투쟁 및 대약진운동이 발생했다.

1957년 시작된 정풍운동은 소련과 동유럽의 문제가 중국에서 발생하는 것을 막기 위해 '백화제방 백가쟁명'에 의해 공산당의 문제를 바로잡기 위한 운동이었다. 그렇지만 공산당을 향한 비판에 대한 대응 과정에서 반우파투쟁이 발생한다. 반우파투쟁은 건국에 협력했던 민주당파들에 대한 정치적 배제와 더불어 공산당에 대한 비판을 불가능하게 했다. 또한 빠른 발전노선에 대한 문제제기에 대해서도 비판이 이루어졌다.[11] 그렇기 때문에 반우파투쟁을 문혁을 초래한 좌경화의 출발이자 문혁의 기원으로 보기도 한다.

반우파투쟁 이후 빠른 발전노선이 주도적 입장을 차지한 상황에서, 소련의 스푸트니크호 발사 성공으로 미·소 우주 경쟁에서 소련이 앞서나가자 중국은 "소련은 미국을 추월하고 중국은 영국을 추월한다"라는 구호로 빠른 발전을 모색하게 되는데 그것이 대약진운동이다. 대약진운동은 중국의 낙후한 면모를 바꾸고 빠른 시일 내에 공산주의를 달성할 수 있다는 열망과 현실적 조건을 무시한 주관주의가 결합된 결과였다. 그러한 대약진운동은 사회경제적 파괴와 수천만 명의 비정상적인 사망자를 초래하고 종결된다.[12]

대약진운동의 실패 이후 전면적인 조정정책이 실시된다. 조정정책을 통하여 경제를 회복했지만, 조정정책 과정에서 시도되었던 '호별영

농제'와 같은 집단농장(인민공사) 해체 경향 등을 둘러싼 갈등이 대약진
운동에 대한 평가를 둘러싼 갈등에 더해져서 지도부의 균열을 심화시켰
다. 더군다나 미·소 데탕트를 소련이 혁명을 배신하고 수정주의로 전환
된 것으로 인식한 중국의 마오쩌둥을 위시한 좌파 지도부는 그러한 조
정정책을 중국에서도 수정주의가 등장할 가능성으로 인식했다. 이러한
상황에서 마오쩌둥은 사회주의에서 계급의 존재와 계급투쟁의 필요성
을 강조한다. 그 결과 사청운동을 거쳐 문화대혁명으로 이어지게 된다.

문화대혁명은 한편으로는 대약진운동 실패 후 공산주의 사회 실현을
위한 새로운 방법 모색의 결과였다고 할 수 있으며, 다른 한편으로는 대
약진운동 이후 중국지도부의 균열과 수정주의의 출현 가능성에 대한 방
지 및 당과 국가기관의 관료주의를 해결하기 위한 것이었다. 대약진운
동의 실패와 사회주의 건설과정에서의 굴절이 전통의 굴레와 낡은 계급
의식에서 벗어나지 못했을 뿐만 아니라 그것이 당과 국가의 최고지도부
에까지 침투하고 있기 때문이라고 보았던 것이다. 그에 따라서 문혁은
일체의 낡은 것과 전통의 파괴 및 적대적인 계급투쟁의 방법을 당의 최
고지도부에까지 적용했다. 문혁은 5·4운동 이후 반전통주의의 정점이
었다고 할 수 있으며 프롤레타리아트 독재하의 계급투쟁이 최고의 원칙
이 되었다.[13]

문혁은 마오쩌둥을 제외한 당과 국가의 지도자들을 포함한 모든 것이
비판의 대상이 되게 했기 때문에 다양한 사조가 등장하는 배경이 되기
도 했다. 그렇지만 극단적인 전통 파괴와 계급투쟁을 통하여 문화와 교
육 및 사회적 생산이 파괴되고 기층에서부터 최고위층에 이르기까지 많
은 피해자와 희생자를 초래했다. 이는 문혁이 파괴적 결과를 초래했음
을 의미한다. 그리하여 문혁은 문혁과 같은 파괴적 결과를 초래한 체제

와 사회주의 건설방법에 대한 반성과 재고의 계기가 되었다. 문혁은 자신이 목표로 한 새로운 질서를 만들지 못했지만 그것의 역설로서 사회주의 건설방법과 체제의 전환인 개혁개방의 조건을 형성한 것이다.

중국의 이러한 사회주의 건설과정과 굴절은 권력구조와 밀접한 관련을 지닌다. 중국공산당은 민주집중의 원리에 따라 권력집중과 집권체제를 형성했지만 혁명과정에서 형성된 파벌적 구조와 상황의 변화에 따라 부분적인 집권과 분권을 반복했다. 그 과정에서 문혁기에는 마오쩌둥이 절대적 권위를 가지게 되는 개인에 대한 권력집중이 이루어졌다.

건국 이후 혁명과정에서 형성된 분권적인 권력구조에 대한 중앙집권화와 더불어 마오쩌둥을 중심으로 하는 당으로의 권력집중을 통한 당-국가체제를 제도적으로 완성한다. 지방의 주요한 지도자들을 중앙으로 불러들이는 소위 '오마진경五馬進京'과 정무원이 주요한 정책결정을 당 중앙으로부터 허가받도록 하는 제도와 정무원의 권한을 영역별로 분산시킨 것 등이 그것이다. 그것을 통하여 지방의 권력을 약화시킴과 동시에 중앙의 실무부문의 권한을 분산시킴으로써 당 중앙과 마오쩌둥의 권한을 강화시켰다. 그렇지만 그 과정에서 혁명과정에서 형성된 정치세력들 사이에서 노선의 차이와 갈등이 표출되기도 한다. 그것이 가오강高崗 사건이다.[14]

가오강 사건은 마오쩌둥의 2인자 류사오치에 대한 불만과 관련되지만, 오히려 류사오치의 지위 공고화로 귀결된다. 제8차 당대회에서는 스탈린 비판의 영향으로 마오쩌둥 사상을 지도사상에서 삭제하고 마오쩌둥의 퇴진을 위한 제도적 준비가 이루어진다. 당의 명예주석제 신설이 그것이다.[15] 그 일환으로 이루어진 것이 1959년 제2대 전국인민대표대회에서 류사오치에게 국가주석을 승계한 것이다. 그렇지만 그것이 마오쩌둥의 권위나 권력의 약화를 의미하지는 않는다. 마오쩌둥은 시종일관 자신의 의사에 반하는 결정을 변경시키고 자신의 의사를 관철시킬 수 있는 능력을 가지고 있었으며, 다른 지도자들도 마오쩌둥의 의사가 확인되면 자신들의 주장을 조정했기 때문이다. 그런 점에서 문혁은 마오쩌둥의 대약진운동의 실패로 인한 권력 약화로 인한 것이 아니라 마오쩌둥이 여전히 강력한 권위와 권력을 유지했기 때문에 발생한 것이라고 할 수 있다.

문혁은 마오쩌둥의 권위와 권력의 강화를 초래했다. 문혁 시기 마오쩌둥만을 예외로 하는 모든 것에 대한 비판이 이루어졌고 마오쩌둥의 말과 결정이 최종적인 준거가 되었다는 것이 하나라면, 후계체제를 포함한 모든 것을 마오쩌둥이 결정하고 변경할 수 있었다는 것이 다른 하나이다. 문혁 이전에도 마오쩌둥이 최종적인 결정권을 가지고 있었지만 옌안 시기 형성된 권력구조와 후계체제는 문혁을 통해서야 비로소 변경할 수 있었다.

문혁의 시작과 더불어 옌안 시기부터 유지되어오던 2인자로서의 류사오치의 지위는 린뱌오林彪로 대체된다. 린뱌오는 1969년 제9차 당대회에서 당장에 마오쩌둥의 후계자로 명기된다.[16] 그렇지만 공식적으로는 쿠데타 시도의 실패 이후 망명하다 비행기 추락사고로 몽골에서 사망한 것으로 주장되는 린뱌오 사건 이후 마오쩌둥은 자신의 후계자로 왕훙원王洪文, 덩샤오핑鄧小平, 화궈펑華國鋒을 차례로 지정한다. 1976년 마오쩌둥의 사망 후 그가 지명한 마지막 후계자인 화궈펑은 화이런탕懷仁堂 사변이라고 불리는 궁정쿠데타를 통하여 문혁 주도세력인 4인방을 체포함으로써 승계를 완료하고 화궈펑 체제를 형성하는 동시에 문혁이 종결된다.[17]

문혁까지 이어지는 사회주의 건설과정에서 중국은 핵폭탄과 수소폭

탄 및 인공위성을 만들어 자위력을 갖추고 중국의 대표로 유엔에 가입하는 등 중요한 성과를 거두었지만 인민의 낙후된 생활은 개선되지 못했다. 또한 문혁은 기층에서부터 최고지도부에 이르기까지 많은 피해자를 낳았을 뿐만 아니라 문화와 사회적 생산에 대한 파괴를 초래했다. 그렇기 때문에 문혁이 끝난 후 직접적으로는 문혁이 초래한 문제 해결이 기다리고 있었으며 보다 근본적으로는 중국이 걸어온 사회주의 건설 노선과 문혁을 초래한 체제에 대한 반성과 새로운 길을 모색할 필요성이 제기되었다.

3. 개혁개방과 중국특색 사회주의:
시장경제로의 전환과 인민의 정치생활의 탈정치화

문혁 이후 형성된 화궈펑 체제는 낙후된 중국을 변화시키기 위한 경제발전과 문혁이 남긴 문제 등 두 가지 과제를 해결해야만 했다. 그러한 문제의 해결을 모색하는 과정에서 문혁을 초래한 기존의 체제와 사회주의 건설방법에 대한 반성과 비판과 더불어 새로운 대안이 제기되었으며 그 과정에서 덩샤오핑 체제로의 전환과 개혁개방이 이루어졌다. 그런데 문혁 문제를 해결하는 과정에서 사상해방이 제기되었는데, 사상해방은 기존관념을 벗어난 다양한 실험을 할 수 있는 근거가 되었다는 점에서 개혁개방의 전제가 되었다. 1979년 미·중 수교가 상징하는 대외 관계 변화와 전쟁 위험성이 약화되었다는 국제정세에 대한 인식변화도 개혁개방의 중요한 조건이었다.

개혁개방은 직접적으로는 문혁 이후 낙후된 중국 사회의 문제와 관련되지만 근본적으로는 중국의 사회주의 실천의 한계와 더불어 사회주의 발전모델 자체의 문제와 관련된다. 중국의 사회주의 건설이 후진적인 중국 사회의 변화와 인민의 생활 개선에 실패했기 때문이다. 그런데 그것은 중국의 사회주의 건설과정의 문제만이 아니었다. 초기 국가 건설과정에서 효율적이었던 동원과 계획에 의한 사회주의적 건설방법의 한계로 인한 경제발전의 지체는 중국뿐만 아니라 사회주의체제의 보편적인 문제였다. 이는 건국 이후 중국이 선택한 소련의 모델에 기초한 전통적 사회주의 건설방법에 문제가 있었다는 것을 의미한다.

이러한 문제를 해결하기 위하여 중국은 서구 자본주의에 대한 개방과 더불어 경제조절기제로서 시장을 도입했는데 그것이 개혁개방이다. 중국의 개혁개방 정책은 1978년 12월 중공 제11기 3중전회에서 결정되었다. 중국의 개혁개방은 개혁개방으로 일컬어지지만 개방이 핵심이었으며, 속도뿐만 아니라 개혁의 영역도 점진적으로 가속화되고 확대되었다. 농촌개혁에서 도시개혁으로 점진적으로 확대되었을 뿐만 아니라 점-선-면 개방에서 알 수 있듯이 개방도 점진적으로 확대되었다. 개혁과정은 명확한 목표와 계획에 따른 것이 아니라 아래로부터의 자발적 실천을 승인하는 방식으로 이루어졌다는 점에서 청사진이 없는 개혁이었다. 그 과정에서 시장을 계획경제를 보완하는 기제로 도입했지만, 시장의 역할이 점진적으로 확대되어 시장이 계획을 대체하여 자원배분기제가 되었다. 공산당 독재에 기초한 당-국가체제가 유지되고 있었기 때문에 중국의 개혁은 정치개혁 없는 경제개혁이라고 일컬어지지만 당의 권력구조와 제도뿐만 아니라 인민의 정치생활에 중요한 변화가 있었다.[18]

중국의 개혁개방은 농촌개혁과 경제특구로부터 출발한다. 농촌개혁은 농업생산을 장려하기 위해 농산물 가격을 인상하는 위로부터의 가격

개혁과 더불어 호별영농제를 비롯한 다양한 농민들의 자발적인 생산 조직에 대한 변화를 수용하는 방식으로 진행되었다. 호별영농제는 집단농장을 해체하고 가구별로 농사를 짓는 영농방식의 변경을 의미한다. 그 결과 농촌에서의 잉여와 농민들의 구매력이 증대되었으며 농촌시장과 농민들의 수요를 충족시키기 위한 향진기업이 등장했으며, 대약진운동 과정에서 형성된 인민공사가 폐지되고 농업집단화가 종언을 고하게 된다. 그런데 호별영농제는 대약진운동 실패 후 등장했던 것이며, 향진기업은 문혁 시기 소비재 부족을 해결하기 위하여 인민공사와 생산대에 허용되었던 자급자족의 사대기업社隊企業에서 기원한다. 그런 점에서 보면 중국의 초기 개혁은 새로운 것이 아니었다. 그렇지만 경제특구는 이전에 없던 새로운 실험이었으며 개방의 창구였을 뿐만 아니라 서구의 자본과 기술뿐만 아니라 생산관리 방법을 포함한 다양한 기제를 도입하여 시험한 개혁의 시험장이었다. 그런 점에서 중국의 개혁개방은 개방을 통한 개혁이었다고 할 수 있다.[19]

그런데 점진적인 중국의 개혁이 지속성을 가질 수 있었던 것은 대외개방과 국제정세의 변화 외에도 사상해방이 중요한 역할을 한다. 사상해방은 사회주의 견지, 프롤레타리아트 독재 견지, 중국공산당 영도 견지, 마르크스-레닌주의와 마오쩌둥 사상 견지라는 4항 기본원칙에 의하여 그 범위가 제한되기는 했지만,[20] 그러한 원칙의 범위 내에서 경제발전을 위한 다양한 실험들이 수용되었기 때문이다. 심지어는 사회주의를 계획경제에서 시장경제와 사유제를 포함하는 것으로 수정한 것도 경제발전을 위한 사상해방의 일환이었다.

농촌개혁으로 시작된 중국의 개혁은 1984년 도시개혁으로 확대되고 상품경제라는 이름으로 시장경제를 계획경제에 대한 보완 수단으로 받아들인다. 그렇지만 도시개혁 이후 가격개혁으로 인한 물가상승과 경제개혁에 비하여 지체된 정치개혁과 그와 관련된 부패 문제와 불평등의 강화에 대한 불만이 제기되기 시작한다. 중국의 개혁과 비교되는 소련의 급진적 개혁은 그러한 불만을 더욱 가중시켰다. 그러한 상황에서 전임 중공중앙 총서기 후야오방胡耀邦의 급작스러운 사망을 계기로 6·4 톈안먼 사건이 발생한다. 톈안먼 사건 이후 개혁이 부분적으로 후퇴하고 정체되지만, 1992년 덩샤오핑의 남순강화南巡講話를 계기로 개혁이 재개되고 가속화된다.

1992년 제14차 당대회에서 사회주의 시장경제체제 건설을 경제체제개혁의 목표로 제시함으로써 시장을 자원배분의 기제로 받아들인다. 시장경제체제 도입 이후 개혁이 가속화되며 1997년 제15차 당대회에서는 비공유제 경제를 사회주의 시장경제의 중요한 구성부분으로 규정함으로써 시장경제 도입 이후 등장한 다양한 소유제를 인정하고, 2003년 제16기 3중전회에서는 여전히 공유제의 주체적 지위를 주장하지만 동시에 개체와 사영경제 등 비공유제 경제가 사회주의 생산력 발전을 촉진하는 주요 역량이라고 규정함으로써 사유제를 공식적으로 인정한다. 그리고 그것은 2004년 헌법 개정을 통하여 국가가 개체경제와 사영경제의 합법적 권리와 이익을 보호한다고 규정함으로써 합법화된다. 동시에 중국은 경제특구 건설과 연해지역 개방에 이어 개방을 내륙으로 점진적으로 확대한 데 이어, 2001년에는 WTO에 가입함으로써 세계경제체제에 편입을 완료한다. 또한 이러한 개혁개방을 통하여 중국의 급속한 부상이 이루어지는데 2010년에는 중국의 GDP가 일본을 추월하여 명실상부한 G2가 된다.

이는 중국이 개혁개방을 통하여 부상하여 부유해졌음을 의미한다. 그 과정에서 중국은 점진적으로 전통적인 사회주의 노선을 부정하고 시장경제체제로 전환했다. 공유제 주체의 유지와 사회주의 시장경제를 통하여 사회주의체제의 유지를 주장하지만 경제운용기제는 자본주의와 차이가 없어졌다. 그렇지만 정치적으로는 여전히 공산당 독재의 당-국가체제를 유지하고 있다. 그런데 이는 정치체제의 변화가 없었음을 의미하지 않는다. 개혁 이후 권력 구조와 승계제도뿐만 아니라 인민의 정치생활에서 중요한 변화가 있었기 때문이다.

중국의 개혁개방은 문혁에 대한 반성과 비판에서 출발한 정치체제 개혁과 동시에 이루어졌다. 중공은 마오쩌둥 개인에게 권력이 과도하게 집중된 종신체제가 문혁의 주요한 원인의 하나라고 보았다. 그렇기 때문에 정치체제 개혁은 문혁과 같은 비극이 재현되는 것을 막기 위한 권력구조의 조정과 승계제도의 제도화와 규범화 및 제도와 법규의 정비를 통하여 문건에 의한 통치와 인치를 대체하는 법치의 강화 그리고 부분적인 민주의 확대를 주요한 내용으로 했다. 그와 동시에 계급투쟁 중심론에 의하여 인민의 일상생활까지 과잉 정치화되어 계급투쟁론에 의해 규정되던 인민의 정치생활이 근본적으로 변화되었다. 그러한 변화는 정치와 경제 또는 정치와 일상의 분리를 통하여 인민들이 더 이상 정치적 기준에 대한 고려 없이 경제적 결정이나 일상생활을 영위하도록 할 수 있게 함으로써 개혁개방의 중요한 조건이 되었다.

개혁 시기 정치체제 개혁의 핵심은 분권화와 종신제 폐지를 통한 승계제도의 규범화라고 할 수 있다. 분권화를 통하여 최고지도자 1인에게 집중되었던 결정권을 집단지도체제라는 합의체로 이전하여 최고지도부의 권력을 분산시켰다. 또한 정책결정 권한을 지방으로 이양하고 기존에는 상급기관이 하 2급까지 관할하던 인사권을 하 1급까지만 관할하도

록 함으로써 지방의 자율성을 강화했다.[21]

종신제 폐지는 1980년에 선언되지만 그와 관련된 승계제도의 규범화는 점진적으로 이루어진다. 1982년 장차관급까지 퇴직연령을 규정한 퇴직규정이 제정되고, 동년 전면적으로 개정된 헌법에서 국가의 지도자들에 대한 중임제가 확정된다. 비록 당의 최고지도부인 정치국(상무)위원에 대하여는 명문화된 임기나 연령 제한은 없었지만 70세 규정 또는 '7상 8하'로 알려진 비공식적 연령규정이 점진적으로 적용된다. 이러한 공식적 제도와 비공식적 관례가 중국의 승계제도를 구성하는데 비교적 장기간에 걸쳐 우회로를 거쳐 확립된다.

중국의 종신제 폐지와 승계제도는 덩샤오핑과 천윈陳雲 등의 원로들의 주도하에 형성되었다. 그들은 연령을 이유로 자신들이 최고지도자 직위를 맡지 않고 상대적으로 젊은 지도자들이 당과 정부의 최고지도자의 직위를 맡도록 함으로써 종신제 폐지와 퇴직의 선례를 만들었다. 그렇지만 그 과정에서 명목상의 최고지도자와 퇴직 또는 반半퇴직한 실권을 가진 원로로 구성되는 이중권력체제가 형성되고 퇴직원로들이 영향력을 유지하는 관례가 형성되었다.[22]

화궈펑의 퇴진 이후 당의 최고지도자인 당주석(이후 총서기)을 후야오방이 맡았으며 1987년 자오쯔양趙紫陽로 이어졌지만, 실권은 덩샤오핑과 천윈 등의 원로들이 장악하고 있었다. 1989년 완전히 퇴진했던 덩샤오핑이 1992년 남순강화를 통하여 톈안먼 사건으로 지체되고 있던 개혁을 재개시키고 사회주의 시장경제를 도입할 수 있도록 할 수 있었던 것이나, 제14차 당대회에서 차차기 지도자가 되는 후진타오胡錦濤를 최고지도부의 일원으로 포함시키는 인사결정을 한 것도 원로들이 퇴직 이후에도 실권을 유지하고 있었다는 것을 보여준다.

그런데 1992년 제14차 당대회에서 1989년 톈안먼 사건 이후 집권한 장쩌민江澤民 체제가 유지된 이후 중임제와 비공식적 연령규정 등 원칙에 따라 2002년 제16차 당대회에서는 후진타오, 2012년 제18차 당대회에서는 시진핑習近平으로 안정적인 승계가 이루어졌다. 그 과정에서 중임제와 더불어 비공식적인 연령규정이 지켜졌는데 2002년 이후 68세는 새로운 임기를 시작하지 않는 '7상 8하' 원칙이 지켜졌으며, 젊은 차기 지도자가 최고지도부의 일원으로 참여하는 관례도 만들어졌다.

법제와 법치를 통한 제도화와[23] 촌민위원회의 자치를 비롯한 기층민주가 확립되고 우리의 읍면에 해당하는 향진鄕鎭급 선거 등 민주가 확대되고 있으며, 당내 선거의 확대와 당무 공개 등 당내 민주도 확대되고 있다.[24] 그렇지만 최고지도부는 물론 지방의 주요지도부를 포함한 당과 정부의 지도자들은 당에 의하여 관리되고 선임된다는 점에서 민주는 여전히 제한적이라고 할 수 있다.

개혁 시기 권력구조와 승계제도의 변화는 주목을 받은 반면 인민의 정치생활의 변화는 별로 주목을 받지 못하고 있지만, 가장 중요한 정치적 변화의 하나가 정치생활의 변화라고 할 수 있다. 생활정치 또는 일상으로부터 정치의 후퇴가 그것이다. 전통적 사회주의체제의 가장 중요한 문제 중 하나는 일상의 문제에 대한 정치화라고 할 수 있다. 사회경제적 문제는 물론 일상의 생활과 언어 등 모든 문제가 계급투쟁이라는 정치적 기준에 의하여 규정되고 평가된 것이 그것이다. 그런데 개혁개방은 문혁의 문제를 중심으로 공산당의 역사문제를 전반적으로 재평가하기 위해 계급투쟁 중심 노선을 폐기하고 사상해방을 제기하여 과거의 오류를 수정하고 희생자들을 복권시켰다. 그 결과 중국인민들은 경제 문제나 일상의 문제에 대한 결정에서 더 이상 정치적 올바름의 여부를 고려

할 필요가 없어지게 되었다. 이것이 바로 기존 관념에서 벗어난 아래로부터의 실천을 통한 중국식 개혁이 가능하게 한 중요한 정치적 조건이었다.

　중국은 개혁개방을 통하여 전통적 사회주의체제의 한계를 극복하기 위하여 대외개방과 더불어 시장경제체제로 전환했을 뿐만 아니라 세계경제체제에 편입되었다. 그렇지만 정치체제는 공산당 독재의 당-국가체제를 유지하고 있다. 그런데 공산당 독재와 당-국가체제의 유지가 정치체제가 변화되지 않았음을 의미하지는 않는다. 권력구조와 변화와 더불어 주기적인 승계제도가 도입되었을 뿐만 아니라 인민의 정치생활의 탈정치화가 이루어졌기 때문이다. 개혁개방을 통하여 형성된 이러한 체제를 중국은 중국특색 사회주의로 규정한다.

　중국은 개혁개방을 통하여 부유해졌다. 그렇지만 그 과정에서 빈부격차와 지역격차가 확대되는 등 양극화와 불평등이 심화되었으며 부패도 증가했다. 게다가 개혁과정에서 새로운 기득권 세력이 등장했으며 분권화된 권력구조와 최고지도자 선출과 관련된 제도화의 미비로 인하여 승계과정에서 권력 투쟁이 발생하기도 했다.

4. 신시대와 강대국으로의 여정: 중국적 보편을 향한 역사적 전환

2017년 제19차 당대회에서 시진핑은 중국이 2012년 제18차 당대회 이후 신시대에 진입했다고 선언했다. 30여 년간의 개혁개방 결과 중국이 부유해졌으며, 이제는 인민의 생활이 보다 평등해지고 국가가 부강해지는 시대로 접어들었다는 것이다. 그러한 시대는 중국이 근대 이후 치욕에서 벗어났을 뿐만 아니라 서세동점과 서구 우위의 시대를 끝내고 중화민족이 위대한 부흥을 하여 중국이 세계를 이끌어가는 시대를 의미한다. 이런 변화에 대하여 중국에서는 '백 년에 없는 대변동의 국면'을 맞이하고 있다고 함으로써[25] 근대 이후 역사의 전환이 이루어지고 있음을 말하고 있다.

이는 중국공산당이 혁명을 통하여 건설된 국가를 개혁개방을 통하여 부유해지게 하여 초강대국의 길로 들어서게 하고 있다는 의미다. 그렇지만 동시에 이 시기에 중국은 또 다른 위기에 봉착했다. 중국의 개혁이 임계점에 다다른 것이 하나라면 개혁과정에서 만연된 부패와 분권화로 인한 의사결정의 분산과 승계과정에서의 갈등이 다른 하나였다. 중국공산당은 이러한 문제의 해결과 더불어 강대국으로의 부상을 위하여 전면적인 개혁 심화의 제기와 개혁 시기 분권화된 권력구조에 대한 재집권화 및 당-국가체제를 다시 강화한다.

제18차 당대회 이후 중국은 실천, 이론, 제도 및 역사문화 등 '네 개의 자신감'과 '중화민족의 위대한 부흥'이라는 '중국몽'을 이야기한다.[26] 그것은 개혁을 통한 G2로의 부상이 낳은 자신감의 표현이라고 할 수 있다. 그렇지만 동시에 2013년 전면적인 개혁 심화를 이야기하면서 기존의 개혁이 임계점에 달했음을 보여준다. 제18기 3중전회에서 중국의 개혁이 "어려운 문제에 봉착한 시기이자 (앞이 보이지 않는) 깊은 물속攻堅期深水區"에 접어들었다고 하고,[27] 시진핑이 "먹기 좋은 고기는 다 먹어치웠고 남아 있는 것은 씹기 어려운 단단한 뼈다귀뿐이다"라고 표현한 것이다.[28] 이는 기존의 양적 성장 방식이 한계에 도달한 것과 더불어 개혁의 결과 해결하기 어려운 다양한 이해 충돌과 새로운 기득권이 출현한 현상과 관련된다. 개혁을 통하여 중국이 새로운 비약의 단계에 접어들었지만,

기존의 개혁 방법을 전환해야 한다는 의미다. 2013년 전면적인 개혁 심화를 제기했을 때 그 의미는 불명확했지만, 2017년 제19차 당대회 전후까지의 일련의 과정을 통하여 중공은 개혁의 목표와 방법 및 권력구조를 변화시켰다.

제19차 당대회에서 중화민족의 위대한 부흥의 내용과 시간표를 제시했다. 제19차 당대회에서는 기존의 두 개의 백 년 목표를 수정하여 2050년에는 사회주의 현대화 강국을 건설할 것이라고 했다. 원래 목표였던 사회주의 현대화의 기본적 실현은 2035년으로 앞당겼다. 사회주의 현대화 강국은 국력과 국제 영향력에서 세계에 앞서가는 국가이다. 그와 동시에 중국은 중국의 경험을 바탕으로 발전도상국이 따라할 수 있는 중국의 발전모델을 제시하겠다고 했다.[29] 그것은 세계를 지도할 뿐만 아니라 일종의 '중국적 보편'을 제시할 수 있는 패권국가로의 의지를 완곡하게 표현한 것이라고 할 수 있다.

다른 한편, 제19차 당대회에서는 중국의 기본모순을 기존의 "인민의 증대되는 물질문화에 대한 요구와 낙후된 사회적 생산 간의 모순"에서 "인민의 날로 증대되는 행복한美好 생활에 대한 요구와 불균형하고 불충분한 발전 사이의 모순"으로 변화시켰다.[30] 기존에는 저발전이 문제였다면 이제는 효율적이고 질적인 발전과 더불어 도농, 지역, 사람들 사이의 불균형, 즉 불평등의 문제를 주요한 문제로 여긴다는 뜻이다. 이는 기존의 양적 발전전략에서 질적 발전전략으로의 발전전략 전환이자, 경제발전을 위한 선부론에서 비롯된 불평등 심화와 개혁과정에서 형성된 새로운 기득권 문제의 해결이 개혁의 주요한 방향으로 전환되었다는 것을 의미한다.

그에 따라 산업고도화 전략과 더불어 불균형과 불평등을 해소하기 위한 대대적인 빈곤지역 지원과 발전전략을 추진하는 한편 기득권화된 자본과 시장에 대한 통제와 관리를 강화했다. 이를 위하여 사영기업이나 외자기업에 대한 당 조직 건설을 포함한 당의 통제와 당에 대한 전면적인 강화가 이루어진다. 그런데 당의 통제 강화는 경제영역뿐만 아니라 전방위적으로 이루어지는데, 그것을 상징적으로 표현하는 예는 바로 문혁 시기의 "동서남북과 중앙과 당, 정부, 군대, 민간조직, 학교에서 당이 모든 것을 영도한다"는 표현이 다시 등장했을 뿐만 아니라 제19차 당대회에서 수정된 당장에 명기되었고 2018년 개정된 헌법에도 당의 영도를 명기했다. 무소부재이자 일체를 영도하는 당-국가체제가 다시 강화된 것이다.

당-국가체제의 강화와 더불어 개혁 시기 분권화된 권력의 집중이 이루어지는데, 당으로의 권력집중, 당 중앙으로의 권력집중 그리고 핵심으로의 권력집중이 그것이다. 당-국가체제의 강화와 중앙집권화의 강화뿐만 아니라 최고지도부에서 핵심, 즉 최고지도자 개인으로의 권력집중 강화가 이루어졌다. 당의 일체에 대한 영도뿐만 아니라 개혁 시기 중요한 정치개혁이 원칙의 하나였던 당정분리를 명시적으로 부정한 것도 당-국가체제의 강화를 보여주는 것이라고 할 수 있다. 1987년 제13차 당 대회에서 핵심적인 정치개혁의 의제로 제기되었던 당정분리는 톈안먼 사건 이후 역전되었지만, 누구도 명시적으로 그것을 부정할 수 없었다. 하지만 시진핑 시기 "당과 정부의 업무의 분업은 있지만 당정분리는 없다"고 명시적으로 당정분리를 부정했다.[31] 그뿐만 아니라 시진핑 시기 등장한 "시진핑의 당 중앙의 핵심, 전체 당의 핵심 지위를 수호하고, 당 중앙의 권위와 집중 통일 영도를 수호한다"[32]라는 '두 개의 수호兩個維護'는 당-국가체제 강화를 통한 중앙집권화와 최고지도자 개인으로의 권력집중을 상징적으로 보여준다. 이것은 집단지도체제를 포함하는 개혁 시기 분권화가 역전되었다는 것을 의미한다.

이러한 권력구조의 조정은 개혁 이후 이루어진 분권화가 중요한 성과를 거두었음에도 불구하고 부패의 만연뿐만 아니라 승계과정에서 지도부 내부의 갈등과 더불어 분산된 권력에 의한 집단적 결정구조가 의사결정의 어려움을 초래했기 때문이기도 했다. 또한 중국의 강대국으로의 부상과 미·중 경쟁이 격렬해지는 상황에서 비효율성을 초래할 수 있는 것도 다른 한 원인이라고 할 수 있다. 다른 한편 중국의 부상에 대비되는 미국의 경제 위기와 유럽에서의 극우파의 대두, 미국의 트럼프 정부 등장과 같은 서구 민주주의의 한계의 노정도 중국의 그러한 변화의 중요한 조건이었다고 할 수 있다. 개혁개방 과정에서 정치개혁은 기존의 중국 정치제도의 한계와 서구적 제도의 장점을 전제한 것이었다는 점에서 서구 민주주의의 한계는 중국이 자신의 제도에 대한 자신감을 회복하게 했다. 그에 따라 중국은 개혁과 사회주의와 혁명뿐만 아니라 역사와 전통을 바탕으로 중국적 제도를 재구성하겠다고 하고 있다.[33]

2021년 신년사에서 시진핑은 중국이 전면적인 사회주의 현대화 건설의 새로운 여정을 시작했다고 했다.[34] 2012년 시작되었다고 선언한 신시대가 창당 백 년이라는 첫 번째 백 년에서 건국 백 년이라는 두 번째 백년으로의 전환점에서 초강대국으로의 새로운 여정을 본격적으로 시작한 것이다. 이를 위하여 중국은 권력의 집중화와 당-국가체제의 강화를 통한 새로운 제도를 모색하고 있다. 중국은 그러한 제도적 대안을 포함한 중국의 발전경험을 통하여 빈곤에서 벗어나려고 하는 발전도상국에 새로운 모델을 제시할 것이라고 하고 있다. 중국이 유일한 보편은 아닐지라도 복수의 대안으로서 중국적 보편을 제시하겠다는 것이다.

중국이 추구하는 중국적 보편은 개혁개방과 사회주의 건설과 혁명뿐만 아니라 역사와 전통을 포함하는 중국의 경험과 실천에 기초한 것이다. 혁명이 근대를 통한 역사와 전통의 부정이었다면 혁명과 국가건설이 전통적 사회주의와 개혁개방을 거쳐 다시 역사와 전통과 화해하고 있다고 할 수 있다. 그것을 보여주는 것이 '중화민족의 위대한 부흥'과 '백 년에 없는 대변동의 국면'의 제기라고 할 수 있다. 그런 점에서 신시대는 단순히 중국이 부강해지는 시대나 개혁개방의 전환점만을 의미하는 것이 아니라 근대와 전통의 화해를 통하여 근대를 초극하려는 일종의 역사적 전환을 의미하는 것처럼 보인다.

5. 나가며: 새로운 시험

중국공산당은 중국이 근대의 위기에 대응하는 과정에서 정치체제는 물론 문화를 포함하는 역사와 전통을 부정하고 중국을 재구성하기 위한 혁명정당으로 등장했다. 창당 후 중국공산당은 30년간의 혁명과 30년간의 전통적 방식의 사회주의 건설 그리고 30여 년의 개혁개방을 거쳐 중국을 부강한 국가로 만들었으며 이제는 명실상부한 초강대국의 길에 접어들었다.

30년간의 혁명을 통하여 새로운 국가를 건설했고, 30년간의 전통적 사회주의 방법으로 사회주의를 건설하여 자위력을 갖추게 되었지만 인민은 여전히 빈곤에서 벗어나지 못했을 뿐만 아니라 대약진운동과 문화대혁명과 같은 굴절을 겪었다. 그에 따라 서구 자본주의에 대한 개방과 시장경제를 도입하는 개혁개방으로 발전노선을 전환하여 30여 년간의 실천을 통하여 빈곤에서 벗어났을 뿐만 아니라 G2에 진입하기에 이르렀으며 현재는 미국과의 경쟁의 시대에 접어들었다. 그러한 과정은 근대의 위기로부터 중국을 구원하는 과정이었으며, 역사와 전통에 대한 부정을 통한 새로운 질서를 구축하는 과정이었지만, 결과적으로 역사와 전통의 부활을 통해 새로운 질서와 역사와 전통이 화해하는 과정이기도 했다.

그 과정에서 중국공산당은 소련의 민주집중제 모델에 따라 중앙집권체제를 채택했지만 지리적 조건과 혁명 상황에 의하여 분권적 구조를 유지했다. 건국 이후 당으로의 권력집중과 중앙집권화의 강화를 통한 당-국가체제를 완비했지만 마오쩌둥으로의 과도한 권력집중과 개인독재로 인하여 문혁으로 이어지게 되었다. 중국공산당은 개혁 이후 문혁에 대한 반성으로 집단지도체제를 포함하는 분권화와 승계제도의 규범화를 중심으로 하는 제도화를 이루었으며, 촌민자치를 포함하는 부분적인 민주 확대도 이루었다. 또한 개혁 시기 이루어진 일상으로부터 정치의 후퇴라고 할 수 있는 인민의 정치생활의 변화는 인민들로 하여금 일상생활과 경제문제에 대한 판단에서 더 이상 정치적 기준을 고려할 필요가 없게 했다는 점에서 개혁개방의 중요한 조건이었다.

그렇지만 시진핑 시기 집단지도체제가 약화되고 시진핑 개인으로의 권력집중을 포함하는 재집권화와 더불어 개혁 시기 규범화된 승계제도의 부분적 후퇴도 이루어진다. 그와 동시에 일체에 대한 당의 영도가 다시 강조되는 등 당-국가체제가 다시 강화되고 있다. 이러한 권력구조의 조정은 중국의 초강대국화에 대응하기 위한 것이기도 하지만 개혁 시기 형성된 제도의 한계와도 관련된다. 그러한 조정이 종신제의 부활을 의미하는 것은 아닐지라도 개혁 이후 이루어진 정치개혁의 후퇴일 뿐만 아니라 확대된 사회와 경제적 요구와 정치적 목소리를 수용할 수 있는

가도 의문이라고 할 수 있다. 게다가 중국은 자신의 경험을 통하여 발전도상국에 모범이 되는 중국모델을 만들어내겠다고 한다는 점에서 중국의 그러한 시도는 내부적 시험과 더불어 보편의 시험대에도 올라 있다고 할 수 있다. 그런 점에서 창당 100년을 맞이하는 중국공산당은 새로운 비약의 기회와 더불어 새로운 시험에 들고 있다.

중국공산당은 100년의 실천을 통하여 근대의 위기에서 중국을 구원했을 뿐만 아니라 과거의 역사적 영광을 회복해가고 있다. 그렇지만 그 과정에서 반우파투쟁, 대약진운동, 문화대혁명, 1989년 톈안먼 사건과 같은 굴절을 겪었다. 그러한 굴절은 공산당과 최고지도자 개인에 대한 과도한 권력집중과 더불어 인민의 자유에 대한 제한과 관련된다. '시진핑 신시대'에 이루어지고 있는 공산당과 최고지도자에 대한 권력의 재집중과 인민과 사회에 대한 통제의 강화가 그러한 전철을 밟을 것이라고 말하는 것은 아닐지라도 인민의 날로 증대되는 행복한 생활에 대한 요구와 부합하는 것 같지는 않다. 초강대국으로 부상하고 있는 중국이 인민의 행복한 생활을 보장하기 위해 해결해야 할 것이 불균형하고 불충분한 발전만은 아닌 것이다. 그리고 그것은 중국적 경험이 대안적 보편성으로서 매력을 가지기 위해서는 내부적으로 해결해야 할 많은 문제가 있음을 의미한다. 개혁개방과 중화인민공화국 건설 및 근대 이후 중국혁명의 경험뿐만 아니라 중국의 역사와 문명으로부터 그 해결책을 찾으려고 하는 중국공산당이 어떤 답안을 내놓을지가 미·중 충돌에 어떻게 대응할 것인가와 더불어 건국 100년 사회주의 현대화 강국 건설의 승패를 결정하는 요인으로 보인다.

1 習近平, 〈決勝全面建成小康社會奪取新時代中國特色社會主義偉大勝利: 在中國共産黨第十九次全國代表大會報告(2017年 10月 18日)〉, 本書編寫組 編, 《黨的十九大報告補導讀本》, 北京: 人民出版社, 2017, p. 10.

2 위의 글, p. 10.

3 中共中央黨史硏究室, 《中國共産黨歷史 1921~1949》1卷, 北京: 中共黨史出版社, 2002, pp. 49-90.

4 毛澤東, 〈中國人站起來了(1949. 9. 21)〉, 《毛澤東選集》5卷, 北京: 人民出版社, 1977, p. 5.

5 〈七大黨章〉, 《中國共産黨歷次黨章彙編》, 編委會 編, 《中國共産黨歷次黨章彙編(1921~2002)》, 北京: 中國方正出版社, 2006, p. 95.

6 楊西廣·雷雲鳳, 《中共中央與八年抗爭》, 南寧: 廣西人民出版社, 1997, pp. 529-532.

7 林蘊暉, 〈毛澤東首創新民主主義〉, 《國史札記: 史論篇》, 上海: 東方出版中心, 2009, pp. 3-11.

8 孫健, 《中華人民共和國經濟史(1949~90年代初)》, 北京: 中國人民大學出版社, 1992, p. 13.

9 林蘊暉, 앞의 글, pp. 58-66.

10 林蘊暉·范守信·張弓, 《凱旋行進的時期》, 鄭州: 河南人民出版社, 1996.

11 안치영, 《덩샤오핑 시대의 탄생: 중국의 역사 재평가와 개혁》, 창비, 2013, 35-36쪽.

12 林蘊暉, 《烏托邦運動: 從大躍進到大饑荒》, 香港: 香港中文大學, 2008; 楊繼繩, 《墓碑: 中國六十年代大饑荒紀實》, 香港: 天地出版社, 2008.

13 백승욱, 〈중국적 사회주의의 모색: 대약진에서 문화대혁명으로〉, 중국근현대사학회 엮음, 《중국 근현대사 강의》, 한울, 2019, 287-314쪽; 王年一, 《大動亂的年代》, 鄭州: 河南人民出版社, 1996; Roderick MacFaquhar·Michael Schoenhals, *Mao's Last Revolution*, Cambridge: The Belknap press of Harvard University Press, 2006.

14 안치영, 〈마오쩌둥의 옌안체제 재편과 가오강 사건〉, 《서강인문논총》44호, 2015.

15 〈8大黨章〉37조에서 "중앙위원회가 필요하다고 여길 경우 중앙위원회 명예주석 1인

을 설립할 수 있다"고 규정했다. 編委會 編,《中國共產黨歷次黨章彙編》, 2006, p. 229.

16 〈9大黨章〉의 총강에서는 "린뱌오 동지는 마오쩌둥 동지의 친밀한 전우이자 후계자이다"라고 명기했다. 위의 책, p. 285.

17 안치영(2013), 앞의 책, 99-118쪽.

18 위의 책.

19 안치영, 〈개혁 이후 정치경제 체제의 변화와 한계〉, 중국근현대사학회 엮음, 2019, 315-342쪽.

20 탕추Tang Tsou는 중국의 개혁이 사상해방을 했지만 4항 기본원칙에 의하여 제약되었다고 주장한다. Tang Tsou, *The Cultural Revolution and Post-Mao Reform: A Historical Perspective*, Chicago: The University of Chicago Press, 1986, p. 252.

21 안치영, 〈중국의 정치엘리트 충원메커니즘과 그 특징〉, 《아시아문화연구》 제21집, 2011, 12쪽.

22 안치영, 〈중국의 간부 퇴직 제도의 형성과 그 의의〉, 《현대중국연구》 제20집 3호, 2018; 안치영(2013), 앞의 책, 288-294쪽.

23 조영남,《중국의 법치와 정치개혁》, 창비, 2012.

24 조영남·안치영·구자선,《중국의 민주주의: 공산당의 당내민주 연구》, 나남, 2011.

25 '백 년 간 없었던 대변동의 국면'은 시진핑이 2017년 외교사절 업무회의에서 처음으로 말한 것이다. 習近平, 〈做好新時代外交工作(2017. 12. 28)〉, 《習近平談治國理政》 3卷, 北京: 外文出版社, 2020, p. 421.

26 18차 당대회 보고에서 발전 경로에 대한 자신감, 이론에 대한 자신감, 제도에 대한 자신감 등 3개의 자신감을 말하고 시진핑이 창당 95주년 기념사에서 문화에 대한 자신감을 말한 후 4개의 자신감을 말하고 있으며 '중국몽'은 2012년 시진핑이 처음으로 제기했다.

27 中共中央, 〈關于全面深化改革若干重大問題的決定〉, 中共中央文獻研究室 編,《十八大以來 重要文獻選編(上)》, 北京: 中央文獻出版社, 2014, p. 514.

28 習近平, 〈改革再難也要向前推進(2014. 2. 7)〉, 《習近平談治國理政》, 北京: 外文出版社, 2014, p. 101.

29 習近平(2017), 앞의 글, pp. 1-29.

30 위의 글, pp. 11-12.

31 2017년 3월 5일 당시 정치국상무위원 왕치산王岐山이 전국인민대표대회 베이징대표단 심의에 참석하여 한 발언이다.

32 2017년 10월 새롭게 선출된 19기 중앙정치국의 첫 번째 회의에서 〈당 중앙 집중 통일 영도를 강화하고 수호하는 데 대한 약간의 규정〉을 통과시켰다. 규정 자체는 공개되지 않고 있지만 핵심적인 내용이 두 개의 수호이다. 新華社, 〈中共中央政治局召開會議研究部署學習宣傳貫徹黨的19大精神〉, 2017. 10. 27.

33 시진핑은 중국적 길인 중국특색 사회주의가 개혁개방 30여 년의 실천을 통하여 나온 것이자 중화인민공화국 건국 이후 60여 년간 탐색하면서 나온 것이고 근대 이후 170여 년의 발전 과정을 종합한 것이며 중화민족 5000여 년의 문명을 계승한 것이라고 하고 있다. 習近平, 〈在第十二屆全國人民代表大會第一次會議上的講話(2013. 3. 17)〉, 《習近平談治國理政》, 北京: 外文出版社, 2014, pp. 39-40.

34 新華社, 〈國家主席習近平發表2021年新年賀詞〉, 2020. 12. 31.

제2장

이론적 논쟁과 노선 투쟁

하남석

1. 들어가며

중국공산당은 지난 100년간 창당의 전사부터 시작해 중화인민공화국 건국에서 개혁개방 이후 경제발전의 시기를 거치면서 그 안과 밖에서 끊임없이 논쟁과 노선 투쟁 속에 있었던 정당이다. 흔히 일당독재체제와 최고지도자 일인으로의 권력집중을 보며 공산당을 하나의 단일한 이데올로기와 균열이 없는 일괴암적monolithic인 조직으로 생각하게 되지만, 실제 역사를 회고해보면 사회 변화의 곡절을 거칠 때마다 여러 정치 사조를 비롯해 '주의'와 '노선'이 우후죽순처럼 생겨났던 경험을 가지고 있다. 때때로 공산당의 노선과 관련한 갈등은 잔혹한 정치적 억압이나 폭력적인 갈등으로 번져나가기도 했지만, 이 노선 투쟁을 둘러싼 논쟁은 중국의 사회 성격 혹은 체제 성격을 놓고 어떻게 중국을 변혁시키고 발전시킬 것인가가 그 핵심이었다. 그렇기에 중국의 정치체제는 다당제와 직접선거를 통한 정권 교체가 없었던 일당통치의 당-국가체제지만, 당 내외의 논쟁과 노선 투쟁이 일정하게 그와 유사한 기능을 해온 측면도 있다.

'노선 투쟁'은 일반적으로 현실 사회주의 국가의 모든 역사에서 발견된다. 여기서 '노선line'은 단순히 정치 계파 간의 구분선을 얘기하는 것이 아니라 정치 활동의 특정한 방향이나 지도 원칙을 나타내는 용어라고 할 수 있다.[1] 19세기 마르크스와 엥겔스 시대에는 이 '노선'이란 용어가 사용된 적이 없으며, 20세기 들어서 레닌이 이끌던 공산당과 코민테른 같은 조직의 혁명적 활동에서 좀 더 보편적으로 사용되기 시작했다. 어떤 면에서 정확한 노선이라는 것은 사후적으로 평가되는 경우가 많았다. 현실과 너무 동떨어진 급진적 지도 원칙을 내세우는 것은 엄청난 희생과 갈등으로 이어지는 경우가 많았고, 반대로 보다 현실적이고 온건한 원칙을 따르는 것은 혁명 자체의 가능성을 완전히 잃는 것이기도 했다. 보통 공산당들의 공식 역사에서는 이런 경향들을 좌익 혹은 우익 편향으로 기록하며 잘못된 노선이라고 결론 내린다. 중국도 이런 흐름에서 예외는 아니었다.

마오쩌둥毛澤東은 이미 〈실천론〉에서 "진정한 혁명 지도자는 자신의 사상, 이론, 계획 방안에 오류가 있을 때 이를 기꺼이 수정해야 할 뿐만 아니라 …… 새로운 혁명의 임무와 새로운 활동 방안을 제기하여 이를 새로운 상황 변화에 부합시켜야 한다"고 했다.[2] 또한 〈모순론〉에서는 "계급이 존재하는 시기에는 공산당 내에서 올바른 사상과 잘못된 사상 사이의 모순은 바로 계급 모순이 당에 반영된 것이다. 초기에나 개별적인 문제에 대해서는 이런 모순이 바로 적대적으로 표출되지 않을 수도 있으나 계급투쟁이 발전함에 따라 이러한 모순도 역시 적대적인 모순으로 발전할 수 있다. …… 따라서 당은 한편으로 잘못된 사상에 대해 엄중한 투쟁을 전개해야 하고 다른 한편으로는 오류를 저지른 동지에게 스스로 깨달을 기회를 충분히 주어야 한다"고 주장했다.[3] 실제로 중국공산당은 혁명 운동의 전환기마다 노선 투쟁과 그에 따른 노선 조정을 계속해나가면서 새로운 지도부가 집권할 때마다 전임자들의 노선에 대한 비판과 계승을 비롯해 재평가를 이어나갔다. 왕후이汪暉는 중국공산당의 지나온 역사를 재평가하며 이론 논쟁과 노선 투쟁이야말로 당 스스로 오류를 수정하는 경로이자 메커니즘이었다고 의미를 부여하기도 한다.[4]

한편, 백영서는 지난 중국의 100년을 '근대적응과 근대극복의 이중과제'론의 틀 속에서 파악한다. 보통 중국현대사를 바라보는 관점은 독립자주와 부강을 추구하기 위한 국민국가 형성을 강조하는 '현대 중국론'과 식민과 봉건을 극복해나가는 혁명의 연속으로 보는 '혁명 중국론'이 있다. 근대적응과 근대극복의 이중과제는 현대화 패러다임과 혁명사 패러다임을 넘어 이 이중과제가 이중적 단일 기획임을 강조하는 하나의 시좌이자 방법이며, 지난 100년간의 중국현대사는 이 이중과제를 유지하는 긴장이 무너졌다 복원되는 과정이 계속 나타난 것으로 파악한다.[5] 실제로 중국의 지난 100년간의 논쟁들은 기존의 권력 혹은 사상을 '무너뜨리면서도破' 새로운 권력과 사상을 '세워나가는立' 교차점에서 발생했다. 중국공산당의 창당이 그러했으며, 혁명의 과정과 사회주의 건설, 개혁개방과 기타 중국의 발전을 둘러싼 논쟁들이 모두 그런 이중적 성격을 가지고 있다. 아래에서는 지난 100년간 중국공산당 안팎의 주요 논쟁과 노선 투쟁을 시기별로 나누어 정리하면서 그것이 가지는 함의들을 평가해보고자 한다.

2. 공산당 창당과 중국혁명: 어떻게 혁명을 할 것인가?

20세기에 접어들어 중국 지식인들은 신문화운동을 거치면서 봉건을 극복하기 위해 점차 서구의 사상에 관심을 가지기 시작했다. 그 핵심은 '민주德' 선생과 '과학賽' 선생이었다. 하지만 5·4운동을 경유하면서 서구 문명과 제국주의 열강에 대한 실망이 커졌고 중국의 지식인들은 새로운 변혁 사상에 관심을 가지게 되었으며, 사회주의와 인민주의, 무정부주의 등 서구의 급진 및 비판 사상들이 중국에 수용되기 시작했다. 이 과정에서 1919년부터 1921년 사이에 중국 지식인들 간에 분화가 이뤄지기 시작했으며 마르크스주의 수용 과정에서 세 차례의 사상 논쟁이 벌어지게 된다. 그 세 차례의 사상 투쟁은 1919년 리다자오李大釗와 후스胡适 사이에 벌어진 '문제와 주의 논쟁', 1920년 천두슈陳獨秀와 장둥쑨張東蓀 사이의 '사회주의 논쟁', 1921년 공산당 창당을 앞두고 벌어진 천두슈와 어우성바이區聲白 사이의 '무정부주의와 마르크스주의 논쟁'이다.[6]

우선 '문제와 주의 논쟁'부터 살펴보자면, 5·4운동 이후 점차 마르크스주의가 중국 지식인들 사이에서 널리 전파되기 시작하자 자유주의 입장에 선 후스가 〈문제를 좀 더 많이 연구하고 주의를 좀 더 적게 논하라〉라는 글을 발표하며 시작되었다. 후스는 "듣기 좋은 주의를 공담空談하는 것은 아주 쉬운 일"이기에 추상적인 주의에만 빠져서는 안 되며, 보다 구체적인 문제들에 집중할 것을 요구했다. 이에 대응하여 리다자오는 〈문제와 주의를 다시 논한다〉라는 글을 통해 구체적인 문제에 대한 연구를 하지 않고 추상적인 주의만을 주장하는 것은 오류이지만, '문제'와 '주의'는 불가분의 관계로 문제를 연구하자면 반드시 주의를 지침으로 해야 한다고 주장했다. 리다자오에 따르면, '주의'는 공허하고 추상적인 공담이 아니라 구체적이고 개별적인 문제를 전체적으로 인식하고 근본적으로 해결할 수 있는 지침을 제시하는 것이다. 즉, 이 '문제와 주의 논쟁'은 중국 사회를 변화시키기 위한 방법으로 점진적인 개혁론과 급진적인 혁명론 간에 대립이 일어나기 시작했음을 보여주는 것이었다.[7]

뒤이어 벌어진 '사회주의 논쟁'은 장둥쑨이 중국에 학술강연을 온 버트런드 러셀Bertrand Russell과 동행하는 과정에서 〈내지 여행에서 얻은 또 하나의 교훈〉이라는 글을 발표하면서 시작되었다. 장둥쑨은 중국이 현재 사회주의가 우선 필요한 나라가 아니라 자원을 개발하고 산업을 발전시키는 것이 먼저라는 러셀의 주장에 공감하여 중국의 가장 큰 문제는 가난이고 이를 해결하는 방법은 노동자와 자본가 계급의 상호 협조 하에 산업을 활성화하는 것이 중요하다고 주장했다. 이 주장에 공감하는 이들은 후스 등과는 달리 사회주의의 이상을 부정한 것은 아니었지만, 현재 중국의 현실에서 사회주의 혁명은 불가능하며 자본주의적 발전이 우선이라고 생각했다. 이에 맞서 천두슈, 리다자오, 차이허썬蔡和森 등 마르크스주의자들은 격렬하게 반론을 제기했다. 이들은 빈곤 극복과 산업 발전이 중요하다는 인식에는 동의하면서도 이를 위해서는 자본주의적 방법이나 길드 사회주의에 따를 것이 아니라 공산주의 사상을 가진 이들이 단결하여 공산당을 창당하고 사회주의 혁명을 통해 국내의 착취계급과 제국주의 세력을 척결해야 한다고 주장했다. 이 논쟁은 1년 넘게 진행되었는데 결국 중국이 자본주의의 길과 사회주의의 길 가운데 무엇을 선택할 것인지, 그리고 프롤레타리아 계급 정당을 건설해야 할지 여부에 관한 논쟁이었다고 할 수 있다.[8]

사회주의 논쟁을 거치면서 중국공산당의 창당이 보다 구체적으로 논의되기 시작하자 그간 마르크스주의자들과 협력하며 사회변혁 운동에 함께해오던 무정부주의자들과의 논쟁이 시작되었다. 당시 중국의 운동가들에게 러시아의 공산주의적 무정부주의와 인민주의 사상도 많은 영향력을 가지고 있었으며, 이들은 그 영향 속에서 인간의 선한 본성을 억압하는 일체의 국가와 권위를 거부해왔다. 마르크스주의자들은 개인의 절대 자유를 주장하는 무정부주의를 비판하고 볼셰비즘에 입각한 당조직 건설과 프롤레타리아독재 권력 수립을 주장했다.[9] 이 논쟁을 통해 5·4운동 이후 중국에 수용되었던 여러 급진 사상들은 마르크스-레닌주의로 수렴되었으며, 신문화운동을 이끌던 많은 지식인들이 마르크스주의자가 되었다. 이런 지식인들의 변화 속에서 비록 중국 전체 인구에서는 소수였지만 도시를 중심으로 노동계급과 노동운동이 형성되기 시작했고, 여기에 소련과 코민테른의 협조 속에서 1921년 7월 중국공산당이 창당했다. 이에서도 알 수 있듯이 중국공산당은 중국의 낙후한 현실을 어떻게 변혁시킬 것인지에 대한 논쟁 속에서 창당했으며, 당시 논쟁의 추상적 쟁점들은 1980년대 개혁개방이 시작되면서 다시 논의되기도 했다는 점에 주목할 필요가 있다.

중국공산당은 창당 이후 바로 코민테른의 지시로 공산당원 개인자격으로 국민당에 입당하는 등 국민당과의 합작에 나서게 되었다. 공산당은 국공합작을 통해 그 조직과 활동 범위를 넓힐 수 있었지만, 1925년 쑨원孫文이 사망하고 이어서 장제스蔣介石가 상하이에서 백색 쿠데타를 벌이고 국민당 좌파와도 결별하게 되면서 국공합작은 비극적으로 끝나게 되었다. 생존위기에 몰린 중국공산당은 1927년 하반기부터 노동자와 농민을 계급적 기초로 하여 국민당과 군벌 지배 세력에 무장봉기를 일으켜 독자적인 혁명을 도모하기 시작했다. 하지만 정세 파악과 사전 준비가 부족했던 공산당은 노동자와 농민의 지지를 받지 못하고 각 지역에서의 무장 혁명에 실패하게 되었다. 연이은 무장 봉기에 실패한 공산당은 농촌의 산악 지대로 들어갈 수밖에 없었지만, 이 가운데 일부 농촌 지역에서 소비에트 근거지를 마련할 수 있었으며, 토지혁명을 통해 해당 지역 농민들의 지지를 이끌어낼 수 있었다. 이런 과정을 통해 장시 지역에 홍군 30만과 인구 1000만에 해당하는 장시 소비에트 정부를 수립할 수 있었다. 장제스는 이렇게 상당한 조직력을 갖춰가는 중국공산당에 대해 지속적인 토벌전을 벌였으며, 결국 중국공산당은 장시 소비에트를 버리고 새로운 근거지를 찾아 대장정에 나설 수밖에 없었다.

중국공산당 역사를 노선 투쟁으로 이해하는 것은 바로 이 1930년대에 나타나기 시작했다. 중국공산당은 창당 이후 혁명 운동의 전환기마다 다시 노선을 조정하며 전임 지도부를 잘못된 노선이라고 비판했다. 기존 노선을 비판하는 것은 권력 교체마다 정상적인 현상이 되었고 후속 지도부에게 타당성을 부여하는 일이기도 했다. 중국공산당 당사에서는 마오쩌둥 이전의 노선들을 차례로 천두슈의 우경 기회주의 노선, 취추바이瞿秋白의 좌경 맹동주의 노선, 리리싼李立三의 좌경 모험주의 노선, 왕밍王明의 좌경 교조주의 노선으로 구분하여 비판한다.[10] 이 가운데 가장 주목해야 할 것은 왕밍과 마오쩌둥의 노선 대립으로, 대장정 가운데 마오쩌둥이 당의 지도권을 확립한 것은 결국 코민테른의 지시를 벗어나 중국의 현실과 사회 성격에 맞는 일종의 마르크스주의의 중국화, 혹은 중국특색의 혁명 노선을 수립하게 된 계기라고 할 수 있다. 대장정 이후 제2차 국공합작에 이르기까지 코민테른의 노선과 보다 중국적 현실을 앞세우는 노선은 계속 대립해왔다고 할 수 있는데, 그 핵심 쟁점 중 하나는 중국의 사회 성격을 어떻게 파악하느냐였으며, 혁명의 주체는 누구인가라고도 할 수 있다.

스탈린과 코민테른은 중국공산당 성립 당시부터 당시 중국에서 중요한 것은 부르주아 혁명이라고 판단했으며, 그렇기에 공산당도 국민당 중심으로 합작하는 데 협력할 것을 요구했다. 제1차 국공합작이 깨진 이후에는 도시의 노동계급을 혁명의 주체로 삼아 도시 무장 봉기를 도모했으나 이것도 실패했다. 차후 농촌의 중요성을 강조했지만 여전히 도시 지역에서 노동계급의 혁명과 결합할 때만이 의미가 있는 부차적인 것으로 간주했다. 이와는 상반되게 마오쩌둥은 이미 농민을 혁명의 주체로 상정했으며, 농촌 소비에트를 확장시켜 전국으로 확대하는 농촌혁명 전략을 구상했다. 이는 중국공산당이 중국 현실에 맞게 폭넓은 대중들의 지지를 확보해야 한다는 대중노선의 구상으로 이어졌으며, 이에 맞춰 보다 유연한 혁명 전략을 구사해야 한다는 주장으로 나아갔다.[11] 이러한 마오쩌둥의 구상은 추후 정세에 따라 주요모순이 변화한다는 '모순론'의 주장과 공산당이 주도하여 항일민족통일전선을 통해 반反봉건, 반反제국주의의 신민주주의혁명을 이끌어내야 한다는 '신민주주의론'으로 이어졌다. 결국 이는 중국공산당이 민족해방과 민주주의를 이룰 수 있는 유일한 정치세력임을 주장한 것이었고 국민당은 결국 이 헤게모니 싸움에서 밀려나게 되었다.

3. 대약진과 문화대혁명: 어떻게 사회주의를 건설할 것인가?

1949년 신중국 건국 이후 중국공산당에게는 어떤 방법으로 사회주의체제를 만들어나가야 하는가의 문제, 즉 당시 현실에 맞는 적합한 경제발전 전략을 선택해야 하는 문제가 있었다. 그 길에는 대체로 세 가지 선택지가 있었다. 첫째는 기존 자본주의 국가들의 자본주의적 발전의 길을 수용하는 길이었다. 둘째는 흔히 '신경제정책'이라고 불리는 소련의 1920년대 방식이었다. 즉, 경제성장을 위해서 일종의 자본주의적 요소를 남겨놓는 것으로 사유재산과 일부 소규모 개인 기업을 제한적으로 허용하고 농민들이 잉여농산물을 시장에서 거래할 수 있게 하여 일정한 생산성을 확보하려는 일종의 혼합경제정책이었다. 셋째는 1928년 이후 소련에서 스탈린이 추진한 사회주의로의 급속한 이행 정책이었다. 이는 농업의 집단화를 통해 농촌의 자원을 끌어 모아 도시의 급속한 중공업화를 추진하는 전략이었다.[12]

당연히 첫 번째 방법은 선택지가 아니었다. 물론 당시 중국공산당이 받아들이고 있던 마르크스-레닌주의의 역사적 유물론의 정식에 따르면, 사회주의로 가기 위해서는 충분한 생산력의 발전이 확보되어야 했기에 자본주의로의 완전한 이행이 필요하다는 관념도 일부 존재했다. 하지만 중국공산당에게 자본주의로의 이행은 이미 기존의 국민정부 시기에 실패한 전략이었다. 그리고 혁명으로 건국한 국가에서 공산당이 자본주의적 경제발전을 통해 생산력을 끌어올린다는 것도 모순으로 여겨졌다. 그렇다면 중국공산당에게 남은 길은 소련의 두 가지 전략, 즉 1921~1928년 사이의 신경제정책과 1928년 이후 스탈린식의 사회주의적 시초축적의 전략 중에서 하나를 선택하는 것이었다.[13]

중국공산당의 길은 소련의 전략을 모방하는 것으로 나타났다. 처음에는 '신민주주의' 노선에 따라 소련의 신경제정책에 가깝게 도시 민족자본가들과 농촌에서 중농의 지위를 인정하고 생산력을 회복하는 데 중점을 두었다. 하지만 한국전쟁 참전을 비롯해 냉전의 격화라는 국제정세의 변화는 신민주주의 정책에 남아 있는 자본주의의 요소를 불안으로 받아들일 수밖에 없었으며, 결국 소련의 스탈린주의적 발전전략을 수용해 1953년부터 제1차 5개년 계획을 시작했다. 제1차 5개년 계획을 통해 신민주주의에서 사회주의적 개조가 이뤄졌고, 일정하게 공업의 성장도 이뤄졌지만, 1956년에서 1957년에 이르는 시기에 중앙에 집중된 지령성 계획경제의 성격으로 인해 관료제가 강화되었고 상대적으로 도시에 비해 발전이 더딘 농촌에서도 불만이 커지기 시작하는 등 중국 사회에 불만이 커지기 시작했다. 이에 중국공산당은 소위 '쌍백雙百운동', 즉 '백화제방, 백가쟁명百花齊放, 百家爭鳴'의 슬로건 속에서 모든 토론을 허용했다. 하지만 비판의 목소리들이 중국의 사회주의 노선 자체로 확대되는 동시에 국제적으로 소련에서 스탈린 비판, 폴란드와 헝가리에서 자유화 운동이 벌어지자 1957년 다시 언론의 자유를 억압하고 비판자들을 우파로 몰아서 탄압하는 대대적인 '반우파투쟁'이 벌어졌다.[14]

하지만 우파로 몰려서 대대적인 탄압을 받았던 쌍백운동의 주장들은 당국의 주장처럼 반反혁명적인 내용들이 아니었다. 당시 당국이 우파적 주장이라고 규정한 내용들은 실제로는 중국공산당이 중국혁명을 통해 제시했던 사회주의적 이상들이 어떻게 왜곡되지 않고 실현될 것인가의 문제를 제기한 것이었다. 즉, 비록 추상적인 수준에서 논의되기는 했지만 사회주의의 이상은 단순히 소유제의 공유로의 전환뿐만 아니라 사회주의 내에서 민주의 실현이 중요하다는 주장이 이어졌으며, 그렇기에 이 비판의 목소리들은 간부와 관료에 대한 비판, 나아가 당-국가체제에 대한 문제제기로 이어질 수밖에 없었다.[15] 반우파투쟁에서 당시 노선을 비판하던 지식인과 민주인사들은 대거 탄압을 받게 되었으며, 이는 결국 마오쩌둥의 1인 권력 강화로 이어지게 되었다. 첸리췬錢理群은 1957년 반우파투쟁을 통해 중국에서 어떠한 제한과 감독을 받지 않는 고도로 집중된 일당독재의 '사회주의 강권체제'가 등장하게 되었으며, 이를 '57체제'로 명명하고 당시 형성된 당의 절대 영도가 현재까지도 크게 영향을 미치고 있다고 평가했다.[16]

여기에 더해 당시 국제정세에서 소련과의 갈등은 보다 중국적인 발전 노선을 추구하게 되는 방향으로 이어졌다. 마오쩌둥은 좀 더 급진적인 이상주의와 주의주의에 의거해 대약진운동을 일으키게 되었다. 대약진과 인민공사 정책은 소련과 대비되는 중국특유의 발전전략으로 여겨지지만, 실제 그 내용은 소련보다 더 속도를 빠르게 하는 강화된 방식으로 농촌을 쥐어짜서 도시의 중공업 분야로 자원을 끌어내는 축적 방식이었다. 인민들은 더 열정적으로 이 운동에 참여했지만, 중국의 현실에서 과도한 경제성장의 목표는 현대적인 기술의 투입 없이 사회주의에 대한 열정만으로 이루어질 수 있는 것은 아니었다. 결국 대약진운동은 이후 3년간 2000만~4000만 명에 달하는 인민들이 사망한 대기근의 비극으로 끝나게 되었고, 이에 대한 책임 문제를 둘러싸고 또 다른 비극을 잉태하게 되었다.[17]

중국공산당은 대약진운동의 실패로 인한 심각한 경제 위기를 해결하기 위해 1961년 '8자 방침(조정, 공고, 충실, 향상)' 아래 생산력을 끌어올리기 위해 일부 사유재산을 인정하고 물질적 유인을 유도했으며, 농업 생산을 인민공사보다 좀 더 작은 농가로 넘기는 호별영농제 등을 실시했다. 이 과정에서 류사오치劉少奇와 덩샤오핑鄧小平 등 실용주의적 관점을 지닌 관료들이 부상하게 되었고, 이는 결국 중국공산당 내부에서 대중의 혁명성과 이념의 중요성을 강조하는 '홍紅'과 간부의 전문성과 정책의 실용성을 강조하는 '전專'이라는 두 가지 노선 사이의 갈등으로 이어졌다. 그리고 이 두 노선 사이의 의견대립은 결국 문화대혁명으로 폭발하게 되었다.

　문화대혁명은 처음에는 문예 부문에서 시작되었지만 곧 광범위한 인민들이 참여하게 되는 대중 운동으로 발전했다. 이 흐름은 당내의 자본주의의 길을 가는 '주자파走資派'에 대한 공격으로 이어졌으며, 결국 류사오치와 덩샤오핑을 비롯한 관료와 지식인들에 대한 대중 조직, 즉 홍위병의 탈권투쟁이 대규모로 벌어졌다. 이 과정에서 최상층의 권력 엘리트를 비롯해 그 아래 간부, 지식인, 학생, 노동자 등 사회의 여러 층위에서 여러 노선에 따라 복잡한 갈등의 선이 존재했으며, 이는 때로 폭력적인 대립으로 폭발하기도 했다. 홍위병도 하나의 단일한 조직이 아니라 사회주의체제 속에서 출신 성분을 강조하는 혈통론을 주장하던 보수파保皇派와 이에 반대하며 보다 혁명적인 열정과 급진적인 전망을 가지고 활동했던 조반파造反派로도 나눠지며, 이 안에서도 논쟁을 통해 여러 노선으로 갈라지게 되었고, 이 갈등은 이후 상호간에 폭력적인 무장투쟁으로 격화되기도 했다. 결국 마오쩌둥도 이 혼란을 수습하기 위해 군대를 투입하게 되었고 이 속에서 급진파들이 숙청되며 대중운동의 열기는 식어버렸다. 이 과정에서 생겨난 간부와 대중 사이의 균열, 대중 내부의 대립 등은 한편으로 사회주의 내부의 모순을 해결해보려는 열정과 의지가 폭발한 것이기도 하지만, 격렬한 상호 대립과 폭력은 중국 사회에 깊은 상흔을 남기게 되었다. 중국공산당은 문화대혁명을 엄중한 피해를 끼친 10년 동란으로 평가했고 많은 사람들에게 트라우마를 남겼지만, 문화대혁명을 통해 제기된, 사회주의 내부에서 민주는 어떻게 이루어지며, 체제 내부의 모순을 극복한 '진정한 사회주의란 무엇인가'라는 질문은 여전히 남아 있다고 할 수 있다.

4. 개혁개방으로의 노선 전환: 어떻게 개혁을 할 것인가?

문화대혁명이 종결되고 개혁개방으로의 노선 전환이 이뤄지는 과정에서도 사상 영역에서의 노선 투쟁은 여전히 존재했으며, 중국이 나아갈 길을 놓고 논쟁은 격렬하게 지속되었다. 1976년 마오쩌둥이 사망하고 4인방이 체포되면서 화궈펑華國鋒 체제가 형성되었다. 화궈펑은 마오쩌둥이 인정한 후계자라는 것에서 자신의 권력 정당성을 승인받았기에 마오쩌둥의 노선을 이어받는 동시에 한편으로 문화대혁명을 종결시키며 중국을 부강한 나라로 만들어야 하는 모순적인 역할을 부여받게 되었다. 이 모순적인 임무를 달성하기 위해 그는 한편으로는 '양약진洋躍進'을 슬로건으로 해외 자본을 유입해 빠른 경제성장을 도모하는 동시에 '양개범시兩個凡是', 즉 "무릇 마오쩌둥 주석이 내린 정책결정은 우리 모두가 견지해야 하며, 무릇 마오쩌둥 주석의 지시는 우리 모두가 시종일관 준수해야 한다"는 정치적 입장을 내세웠다. 이는 경제정책에서는 일부 노선 전환이 이뤄지지만, 문화대혁명에 대한 평반平反, 즉 문화대혁명의 재평가나 피해자들의 복권은 거부한 것이었다.

이렇듯 문화대혁명에 대한 재평가와 피해자 복권에 제동이 걸리자 덩샤오핑은 1977년 4월에 당 중앙에 서신을 보내면서 "우리는 반드시 정확하고 완전한 마오쩌둥 사상으로 모든 당과 군, 전국의 인민을 지도해야 한다"라며 마오쩌둥이 생전에 남긴 지시를 존중하는 것에 동의하면서도 어떤 것이 마오쩌둥이 진정으로 원한 것인지를 정확하게 따져야하며 과학적 방법을 중점적으로 파악해야 한다고 밝혔다. 그리고 5월에는 더 나아가 '양개범시'는 안 된다고 주장하며 "마오쩌둥도 어떤 사람이든 오류를 저지르지 않은 사람은 없다고 했으며, 마르크스, 엥겔스,

레닌, 스탈린도 착오를 저지른 적이 있고, 자신도 예외가 아니라고 했다"고 언급했다.[18] 즉, 덩샤오핑은 무조건 마오쩌둥의 지시에 순종하는 것은 마오쩌둥이 내세운 실사구시의 원칙에 어긋나는 것이라고 직접 화궈펑을 겨냥해 비판했다.

이러한 덩샤오핑을 비롯한 개혁파의 주장은 범시파와의 소위 '진리 표준논쟁'으로 이어졌다. 1978년 5월에 어떠한 이론도 고정적인 진리가 아니며 계속 실천을 통한 검증을 받아야 한다는 내용을 담은 〈실천은 진리를 검증하는 유일한 표준이다〉라는 글이 《광명일보》 등을 통해 공식적으로 발표되면서, 당내의 논쟁은 각 지역과 군대를 포함한 전국으로 확산되었다. 이 논쟁은 표면적으로는 이론 논쟁의 모습을 보였지만, 실제로는 문화대혁명에 대한 평가를 둘러싼 정치 투쟁이었다고 할 수 있다.[19] 1978년 11월 제11기 3중전회에서는 양개범시가 당의 실사구시 노선을 위반했으며 착오라고 승인하여 이 논쟁에서 개혁파는 범시파를 상대로 승리하게 되었다. 한편, 제11기 3중전회에서는 당의 가장 중요한 임무를 경제 건설로의 전환이라고 규정하고 개혁개방 노선이 공식적으로 천명되었으며, 중국공산당의 실권은 덩샤오핑을 필두로 한 개혁파들이 장악하게 되었다. 문화대혁명에 대한 역사적 재평가는 그 뒤 1981년 제11기 6중전회에서 〈건국 이후 당의 약간의 역사 문제에 관한 결의〉, 일명 '역사결의'를 통해 당과 인민에게 엄중한 손실을 가져다준 10년 동란으로 규정되었다.

한편, 제11기 6중전회에서는 중국 사회의 주요모순을 "인민의 물질 문화에 대한 수요 증가와 동시에 낙후된 생산력 사이의 모순"이라고 규정하며, 생산력을 상승시키는 경제 건설을 향후 중국의 가장 중요한 국정 목표로 삼았다. 이후 중국 개혁의 슬로건은 1987년 제13차 당대회에서 제기된 '하나의 중심, 두 개의 기본점'에 잘 드러난다. 하나의 중심은 사회주의 초급단계에서 중국의 기본 노선은 생산력을 높이기 위한 경제 건설이며, 두 개의 기본점은 그를 달성하기 위한 방법으로 개혁개방과 4항 기본원칙을 견지하는 것이다. 4항 기본원칙은 중국 사회주의의 정치적 범위를 설정한 것으로 사회주의 노선, 인민민주독재, 공산당 영도, 마르크스-레닌주의 및 마오쩌둥 사상 견지를 의미한다. 이에서도 알 수 있듯이 개혁개방을 통한 경제의 시장화는 가속화되었지만, 경제 개혁에 비해 정치 개혁은 비대칭적이고 제한적이었다.[20] 이러한 경제 개혁과 정치 개혁의 비대칭의 모순 속에서 관료들의 부패가 만연하고 도시 지역의 인플레이션이 발생하자 이는 대대적인 사회운동으로 확산되어 1989년 톈안먼 사건에서 폭발하게 되었다. 그리고 톈안먼 사건은 비극적인 무력진압으로 종결되었다.

중국공산당은 1989년 톈안먼 사건에 대하여 공산당 영도의 사회주의 체제를 뒤엎으려는 '반反혁명동란'이라고 공식적으로 평가하고 있다. 학생과 시민들의 시위가 진행 중이던 1989년 4월 26일 《인민일보》 사설에서 이미 그렇게 규정하여 당시 시위참여자들의 거센 반발을 불러일으키기도 했다. 덩샤오핑은 6월 4일 무력진압 이후 며칠 뒤 계엄군 간부들을 접견하는 자리에서 톈안먼 사건을 "국제적인 대기후와 중국 자신의 소기후"가 합쳐져 발생한 것이라고 하며, 서구 자본주의 국가들의 화평연변 和平演變 전략에 중국 국내 반反혁명세력이 동조하여 벌어진 정치풍파로 정리했다.[21] 지금까지도 중국 대륙에서는 톈안먼 사건을 언급하는 것이 금기시되어 있기에 당의 공식적인 평가에 대하여 반론이나 토론이 벌어지기는 어렵지만 홍콩이나 타이완 등 중화권을 비롯해 중국 외부의 평가들은 다양하게 이뤄지고 있다. 일반적으로 톈안먼 사건에 대한 평가는 당시 동아시아에서 벌어졌던 민주화 운동이나 소련 및 동구에서 벌어졌던 반체제 운동과 같은 흐름으로 간주하여 권위주의에 대항하는 자유민주주의에 대한 요구로 해석하는 근대화론 혹은 시민사회론적 해석이 주를 이룬다. 이보다는 소수이지만 1980년대 시장 개혁의 부작용으로 인한 불평등 확대, 이중가격제 속에서 가격 개혁이 실패하면서 발생한 인플레이션, 관료들의 부정부패 등에 저항하는 도시 노동계급의 계급투쟁으로 보는 좌파적 해석도 있다. 한편, 위 두 가지 해석이 모두 당시 운동의 한 단면만을 보고 있는 것을 지적하며 보다 내재적인 관점에서 중국의 혁명적 과거로부터 이어져왔던 중국 사회주의체제 내에서 실현되어야 할 사회주의적 민주에 대한 민중들의 요구로 보는 해석도 존재한다.[22]

한편, 톈안먼 사건 이후 불거졌던 개혁 과정의 문제를 조정하기 위해 '치리정돈治理整頓'의 슬로건 속에서 개혁의 속도를 늦추고 정비하는 과정이 있었다. 이 과정 속에서도 중국공산당 내부에서 향후 개혁개방의 방향을 놓고 보수파와 개혁파 간의 노선 투쟁이 발생했다. 특히 당시 소련과 동유럽의 사회주의 국가들이 체제 붕괴를 맞이하는 상황 속에서 중국의 개혁개방 정책이 사회주의의 성격을 가진 것인지, 자본주의의 성격을 가진 것인지를 다투는 일명 '성사성자姓社姓資' 논쟁이 벌어졌다. 덩샤오핑은 이 논쟁 속에서 1991년에 "현재 우리들의 성이 사社씨인지 자資씨인지를 놓고 다투는데 이러다가는 발전의 기회를 놓치게 된다"고 보수파들을 비판하기 시작했다. 그는 1992년 중국 남부의 개방 특구와 상하이 지역 등을 순회하며 '남순강화南巡講話'를 통해 사회주의와 시장경제가 모순되지 않으며 향후 개혁을 심화해야 한다고 못 박았다. 이 과정에서 덩샤오핑은 당내 논쟁에 대해 일명 부쟁론不爭論의 원칙을 내세우며 "논쟁을 하지 않는 것은 나의 발명이다. 논쟁을 하지 않는 것은 무언가를 할 수 있는 시간을 벌기 위한 것이다. 논쟁이 일단 시작되면 복잡해지고 논쟁에 시간을 모두 소모하고, 아무것도 이룰 수 없다. 논쟁하지 말고 대담하게 시도하고 대담하게 돌파해야 한다"고 주장했다.[23] 이후 중국공산당은 내부의 논쟁을 외부로 잘 드러내지 않게 되었고, 기존 사상이나 이론 논쟁은 당 내외부의 지식인들의 몫이 되었다.

5. 당에서 지식인으로: 신좌파 대 자유주의 논쟁

중국공산당은 문화대혁명 이후 권력 엘리트들의 합의를 중시하는 집단 지도체제를 만들었는데 이는 이후 당내에 큰 분열이 생겨 집권당의 지위가 흔들리는 것을 방지하기 위한 것이었다. 문화대혁명 이후 다시 당으로 복귀한 권력 엘리트들이 가장 두려워하는 것은 당내 지배적 통치의 안정성이 깨지는 것이었다. 그렇기에 마오쩌둥같이 한 사람에게 많은 권력이 집중되는 방식을 피하는 동시에, 체제에 불만을 느낀 대중운동과 당 내부의 분파가 결합하는 위협을 최대한 방지하고자 했다. 1989년 톈안먼 사건 당시에도 계엄령이나 진압을 놓고 상무위원회가 팽팽하게 대립하는 모습이 나타나고 일부 당 지도부가 학생운동에 좀 더 동조적인 태도를 보이자 덩샤오핑을 비롯한 당내 원로들이 개입하여 자오쯔양趙紫陽의 해임과 무력진압을 결정하며 신속하게 당내의 분열을 수습하고자 했다. 문화대혁명과 1989년 톈안먼 사건을 거치면서 중국공산당은 내부의 노선 대립을 외부로 표출하는 것을 지극히 꺼리게 되었다. 이렇듯 1990년대 들어서 중국 정치 구조가 일부 변화하게 되면서 중국 지식계의 논쟁이 부분적으로 기존 당내 노선 논쟁의 기능을 대체하게 되었다.

실제로 중국 지식인들은 문화대혁명 시기 많은 탄압을 받다가 개혁개방 이후 복권되기 시작하면서 적극적으로 목소리를 다시 내기 시작했다. 1980년대 들어 중국 지식계는 마오쩌둥 시기를 전제적이고 봉건적이었다고 비판하면서 개인의 가치를 중시하는 새로운 계몽이 필요하다고 주장했으며, 이 흐름은 전반적으로 '신계몽주의'라고 불렸다. 이 영향속에서 1980년대에 중국 사회 전체가 민주에 대한 찬사와 열망에 깊이빠져 있었으며, 이는 점차 권위주의체제에 대한 개조 운동으로 발전했고 체제 변혁을 통해 민주를 실현하려고 했다.[24] 그렇기에 이 주장은 한편으로 1989년 톈안먼 광장의 학생들에게 사상적 자원이 되었지만, 이광장의 운동이 무력으로 진압되고 사회 분위기가 급속하게 보수화되면서 신계몽주의 사조는 분화하기 시작했다.

한편, 위에서 살펴봤듯이 개혁개방 이후 중국의 체제 성격이 무엇인가에 관한 문제는 계속해서 제기되었으며, 그와 관련한 지식인들의 논쟁도 단속적으로 벌어졌다. 그 논쟁의 핵심 주제는 중국이 자신의 체제를 '중국특색 사회주의'로 규정하고 있음에도 불구하고 시장경제와 자본주의적 제도를 수용하여 변화해나가는 경제적 사회관계들 때문이었다. 중국은 공산당 일당통치를 유지하는 가운데 시장을 도입하여 경제의 성격을 변화시켜나가는 정책적 전환으로 인해 일견 상호 모순되는 정치경제적 속성을 지닌 체제로 전환된 것이다.

보다 구체적으로 이 과정을 살펴보자면, 개혁개방이 시작되면서 농촌의 탈집체화로 인해 개별 농촌 가구의 수입이 늘어나기도 했지만, 개혁의 중심이 점차 농촌에서 도시로 옮겨가는 동시에 해외 자본이 유입되기 시작하면서 많은 농민들은 도시로 옮겨가 이주노동자인 농민공이 되었다. 도시에서도 1980년대의 이중가격제와 같은 계획과 시장이 공존하던 과도기를 지나 1990년대 초중반에 이르러 보다 본격적으로 서구의 자본주의적 제도들을 도입하게 된다. 무엇보다 1989년 톈안먼 사건에 대한 폭력적인 진압 이후 노동자와 농민을 비롯한 기층 사회세력들의 저항은 대폭 억압되었고 중국의 엘리트들 사이에서는 권위주의적 통치체제와 경제의 시장화의 결합에 기초한 정치적 합의가 생겨났다. 이러한 합의는 1990년대 이후의 중국의 발전 경로를 규정하게 되었다고 할 수 있다. 이런 경향이 가장 강하게 드러난 것은 도시 지역에서의 국유기업 개혁이었다. 1997년 중국공산당 제15차 당대회에서 국유기업 개혁 조치가 발표되었는데, 이 방침은 큰 기업은 정부가 나서서 살리고 작은 기업은 시장의 원리에 따라 구조조정하겠다는 '조대방소抓大放小'의 원칙으로 요약될 수 있다. 이러한 국유기업의 개혁은 노동제도의 변화도 가져와서 기존의 종신고용의 단위單位 체제는 해체되고 노동자들에 대한 대량의 정리해고가 이뤄졌으며, 새롭게 노동시장에 따른 고용계약이 이루어지는 노동계약제가 전면적으로 실시되었다.

이렇듯 사회 전반적으로 큰 변화가 발생하면서 여러 영역에서 비록 수준은 낮았지만 보편적으로 제공되었던 기존의 사회주의적 복지의 시장화, 상품화가 이뤄져 기층 인민의 삶의 안정성이 깨어져 나가고 빈부격차가 크게 확대되자 이를 둘러싸고 지식인들 사이에서 크게 논쟁이 벌어졌다. 이 논쟁이 바로 잘 알려진 중국의 '신좌파 대 자유주의' 논쟁이다.[25] 이 논쟁에서 다뤄진 쟁점은 중국의 '근대성modernity' 문제, 마오쩌둥 시기 및 문화대혁명에 대한 역사적 재평가, 지구화globalization에 대한 비판적 검토, 향후 중국 정치 제도의 변화 방향 등 굉장히 광범위했지만, 당시 중국 사회의 현실을 놓고 벌어진 논쟁에 국한하여 말한다면,

중국의 개혁방향에 대하여 동조하는 측과 비판하는 측 사이에 벌어진 '신자유주의 논쟁'이라고 볼 수 있을 것이다.[26]

당시 신좌파들은 중국에서 벌어지고 있는 불평등의 확대와 국유기업 개혁 과정을 전지구적으로 진행되고 있는 신자유주의적 구조조정을 수용하는 것으로 보고 거세게 비판했다. 그리고 이를 극복하기 위해서는 문화대혁명을 비롯해 중국의 혁명적 역사에서 사라진 인민민주의 전통과 제도를 다시 시대에 맞게 복원할 필요성도 제기했다. 반면, 자유주의 지식인들은 이 문제에 대한 대응에서 두 갈래로 다시 갈라졌다. 자유주의 우파는 개혁과정에서 발생한 빈부격차 등 부정적 결과는 근대화 과정에서 치뤄야 하는 어쩔 수 없는 대가라고 보며, 정치적 안정을 유지하며 시장경제를 확대하여 경제발전을 달성하면 이 문제들이 자연스럽게 해결될 것이라고 봤다. 반면 자유주의 좌파는 신좌파와 마찬가지로 이러한 사회불공정의 문제를 강력하게 비판하는 입장인데, 이들은 이러한 문제가 시장경제 자체에서 발생하는 것이 아니라 계획경제체제의 전환 과정에서 정치권력이 개입했기 때문이라고 보고 이 문제를 해결하기 위해서는 정치 개혁을 통한 민주화와 시민사회의 권력 감시가 필요하다고 보는 입장이다. 이들의 논쟁은 1990년대 중반에 시작되어 21세기에도 지속되었다.

이 논쟁에 대해서 지식계 내부에서도 여러 평가가 이어졌다. 첸리췬은 자유주의자들은 전체주의적 사회주의는 비판했지만, 중국 사회의 자본주의화라는 현실을 은폐했으며, 신좌파는 중국 사회의 자본주의화와 양극화를 비판했지만 마오쩌둥 시기에 대한 긍정적 전유 속에서 진지한 비판이 부족해 민족주의와 국가주의에 휘둘리게 되었다고 평가한다.[27] 허자오톈賀照田은 이 두 갈래 지식인들이 모두 서구의 역사적 경험과 현실에 의존한 도식적 관념에 의존했기에 중국의 현실을 제대로 포착하지 못했음을 비판하기도 했다. 자유주의 지식인들은 '작은 국가', '시장'이라는 개념으로 문제해결을 하려다보니 중국의 여러 사회 문제들에 현실적 대안을 내놓지 못했고, 신좌파도 서구의 신자유주의 비판 이론을 그대로 수용해 중국의 1990년대 발전 모델을 비판하다보니 마찬가지로 명확한 해답을 내놓지 못했다는 것이다.[28]

2000년대 들어 후진타오胡錦濤가 집권하고 조화사회론 및 과학발전관의 기치하에 국내 불평등을 완화하고 생태 문제와 지속가능한 발전을 제기하며 일부 친민적인 정책을 실시하자 신좌파 대 자유주의 논쟁은 수면 밑으로 가라앉았다. 특히 2008년 글로벌 금융위기가 발생하고 서구의 신자유주의 국제 질서에 대한 불신이 강해지는 반면, 국가 자본주의의 성격이 강했던 중국이 글로벌 금융위기 속에서 버티는 모습을 보여주자 상당수의 신좌파들은 중국의 성과를 강조하는 경향의 중국모델론으로 선회하기 시작했으며, 중국의 전통이나 문명을 강조하는 경향과 민족주의와 애국주의 담론들이 지식인과 대중들에게 영향력을 발휘하기 시작했다.

6. 나가며: 논쟁이 사라진 신시대

시진핑習近平 집권 이후 그나마 활발하게 지식계에서 벌어지고 있던 논쟁도 드물어졌다. 중국공산당은 시진핑 지도부가 등장한 이후 고위 공직자를 비롯한 당 안팎의 부정부패를 감시하고 처벌하는 것을 국가 정책의 우선순위로 놓았으며, 최고지도자인 시진핑에게 권력을 집중해 정책 집행의 효율성을 높이려고 했다. 일명 정층설계頂層設計를 내세워 당 중앙의 의제 및 정책 장악을 우선시했으며, 지속가능한 발전을 추구하면서도 체제 안정의 유지를 최우선 목표로 내세우기 시작했다. 2018년 전인대에서는 헌법 수정을 통해 국가주석의 임기제한 규정을 삭제하고 공산당의 영도를 명문화했으며, 2019년 제19차 당대회에서는 중국 사회의 주요모순을 "인민의 갈수록 늘어나는 아름다운 생활에 대한 수요 증가와 불균형적이고 불충분한 발전 사이의 모순"으로 새로 규정했다. 그리고 당의 새로운 지도 이념으로 '시진핑 신시대 중국특색 사회주의'를 내세웠다. 사회적 갈등을 협상이나 제도 개선을 통해 해결하려는 경향이 있던 후진타오 시기에 비해 시진핑 시기에는 사회에 대한 감시가 강해졌고 당의 통제 역시 강화되었다. 이 가운데 지식사상계에 대한 검열도 강화되면서 중국 지식인들 사이에서는 "감히 얘기하거나 쓸 수 없다 不敢說, 不敢寫"는 말이 자조적으로 회자되기도 한다. 당 내부의 논쟁이나 노선 갈등도 기존에 비해 밖으로 잘 알려지지 않고 있다. 간간이 온라인이나 외신 등을 통해 당 내부 상층 엘리트 간의 권력 투쟁이나 갈등과 관련한 루머 등이 나돌기는 하지만 이러한 내용이 실제 벌어지고 있는 일인지는 확인이 불가능하다.

물론 억압과 통제가 강해졌다고 해서 모든 논쟁이 사라질 수는 없다. 시진핑 집권 이후 2015년 겨울 광둥지역의 노동운동을 지원하던 NGO들에 대한 대대적인 탄압이 벌어지자 다시금 중국의 체제 성격에 관한 논쟁이 촉발되기 시작했다. 21세기 들어서 중국 각지에서는 노동자와 농민의 권리 보장을 주장하는 파업이나 권리 보호 투쟁이 지속적으로 벌어졌다. 하지만 후진타오 시기 일정하게 보장되었던 이러한 대중 조직의 움직임이나 지식인들의 논쟁은 시진핑 시기 들어 위로부터의 강력한 압박에 직면했다. 한동안 당의 지배적 통치만 반대하지 않는다면 온라인이나 지면을 통해 중국이 가야 할 길에 대한 활발한 논쟁이 벌어졌었고, 여러 노동NGO들의 활동도 조금씩 활기를 찾던 중이었지만, 시진핑 시기 들어서는 이 모든 것이 통제되었다. 이러한 중국공산당의 통제와 탄압은 다시금 중국체제의 신자유주의적 성격에 관한 논쟁으로 이어졌다. 주로 홍콩과 해외에 거주하는 중화권 좌파 지식인들 사이에서 벌어졌던 이 논쟁은 중국의 체제 성격을 신자유주의적 세계체계에 맞서고 있으므로 세계의 진보적 변화를 위한 축으로 간주해야 하는지, 아니면 신자유주의적 세계체계에 완전히 편입되어 있기에 투쟁과 저항의 대상으로 삼아야 하는지의 여부를 가지고 촉발되었다.[29] 1990년대 후반 중국의 신좌파 대 자유주의 논쟁이 일종의 좌파 지식인 대 우파 지식인의 논쟁의 구도였다면, 2016년에 벌어진 중국의 신자유주의적 성격에 관한 논쟁은 좌파 및 진보 지식인 내부의 논쟁이라는 점이 그 특징이며, 중국 대륙 내부의 지식인들은 거의 참여하지 않았다는 것도 주목할 점이다.

창당 이전부터 사회주의 시기 내내 논쟁이 이어져왔던 중국공산당은 문화대혁명과 1989년 톈안먼 사건과 같은 거대한 대중운동을 지나면서 점차 당 내부의 논쟁과 노선 투쟁이 사라졌거나 혹은 그 갈등을 드러내지 않기 시작했다. 1990년대 이후로는 지식인들의 논쟁이 당내 이론 논쟁과 노선 투쟁의 기능을 일부 대신하기 시작했지만 일명 '신시대'에 들어서는 그마저 쉽게 허용되고 있지 않다. 오히려 체제 성격에 대한 질문과 논쟁은 기층에서 비록 소수지만 단속적으로 벌어지고 있다. 제이식 사건을 비롯해 중국 각지에서 벌어지는 노동자와 농민 등 기층의 저항과 일부 재야 지식인과 활동가들의 목소리들을 살펴보면, 그들은 왜 사회주의 국가인 중국이 그 주인인 노동계급을 탄압하고 있는지를 끊임없이 묻고 저항하고 있다. 중국의 100년 논쟁의 역사를 살펴보면 항상 대대적인 논쟁이 벌어지고放, 이후 다시 수습하는收 과정이 반복적으로 벌어졌다. 현재 시진핑 시대의 중국은 일단 당 중앙 이외의 목소리들을 누르는 방향으로 가고 있으며, 디지털기술까지 동원해 감시와 통제를 강화하고 있다. 하지만 이러한 통제와 억압 외에 아래로부터의 민의가 반영될 수 있는 통로와 민주적 제도를 만들어내지 못한다면, 이 여론은 언제든지 다시 활발하게 터져 나올 수 있다. 그 가능성은 다름 아닌 바로 중국공산당의 100년 역사가 증명하고 있다.

1 Yoshihiro Ishikawa, Craig A. Smith, "Line Struggle," in Christian Sorace, Ivan Franceschini, Nicholas Loubere eds., *Afterlives of Chinese Communism: Political Concepts from Mao to Xi*, Australia: ANU Press and Verso Books, 2019, p. 115.

2 毛澤東,《毛澤東選集》第1卷, 北京: 人民出版社, 1966, p. 271.

3 위의 책, p. 309.

4 왕후이,《탈정치 시대의 정치》, 성근제 외 옮김, 돌베개, 2014, 24쪽.

5 백영서,《중국현대사를 만든 세 가지 사건 1919, 1949, 1989》, 창비, 2021, 15-21쪽.

6 조경란,《중국 근현대 사상의 탐색》, 삼인, 2003, 107쪽.

7 서진영,《중국혁명사》, 도서출판 한울, 1992, 72-73쪽.

8 중국중앙공산당사연구실,《중국공산당역사》제1권(상), 홍순도·홍광훈 옮김, 서교출판사, 2016, 107-110쪽.

9 서진영, 앞의 책, 77-78쪽; 중국중앙공산당사연구실, 위의 책, 110-112쪽; 조경란, 앞의 책, 108-109쪽.

10 공산당 당사에서의 마오쩌둥 이전 노선 비판에 대한 구체적인 내용은 중국중앙공산당사연구실, 위의 책을 참조.

11 서진영, 앞의 책, 169-173쪽.

12 Chris Bramall, *Chinese Economic Development*, New York: Routledge, 2008, pp. 84-85.

13 하남석, 〈중국의 사회주의적 시초축적과 농민의 희생〉, 박철현 엮음,《도시로 읽는 현대중국 1: 사회주의 시기》, 역사비평사, 2017, 198-199쪽.

14 백승욱, 〈중국적 사회주의의 모색: 대약진에서 문화대혁명으로〉, 중국근현대사학회 엮음,《중국 근현대사 강의》, 한울아카데미, 2019, 289-290쪽.

15 1957년 쌍백운동과 반우파투쟁이 이후 문화대혁명, 1978~1980년 베이징의 민주운동, 1989년 톈안먼 사건 등 이후 중국의 아래로부터의 민간의 민주운동과 단속적으로 어떤 연관관계를 가지고 있는지에 대한 탐색적 연구로는 백승욱, 〈중국에서 '사회

주의적 민주' 논쟁을 통해서 본 아래로부터 비판적 사상 형성의 굴곡〉,《마르크스주의연구》6권 3호, 2009 참조.

16 첸리췬의 쌍백운동과 반우파투쟁에 대한 구체적인 분석은 첸리췬,《망각을 거부하라: 1957년학 연구 기록》, 길정행 외 옮김, 그린비, 2012 참조.

17 안치영,《덩샤오핑 시대의 탄생》, 창비, 2013, 38쪽.

18 孫健,《中國經濟通史》下卷, 北京: 中國人民大學出版社, 1999, pp. 2295-2296.

19 안치영, 앞의 책, 178-180쪽.

20 안치영, 〈개혁 이후 정치·경제 체제의 변화와 한계〉, 중국근현대사학회 엮음,《중국근현대사 강의》, 한울아카데미, 2019, 325-326쪽.

21 하남석, 〈중국 지식인들의 1989 천안문 사건 재해석: 자유민주주의 운동론과 신좌파적 해석을 중심으로〉,《중소연구》제40권 제1호, 2016, 45쪽.

22 1989년 톈안먼 사건의 성격에 대한 이후 논쟁들은 하남석, 위의 글; 하남석, 〈1989년 천안문 사건과 그 이후: 역사의 중첩과 트라우마의 재생산〉,《역사비평》131호, 2020 참조.

23 鄧小平,《鄧小平文選》第3卷, 北京: 人民出版社, 1993, p. 374.

24 류젠쥔,《전환시대 중국 정치의 논리》, 성균중국연구소 옮김, 성균관대학교 출판부, 2021, 56-58쪽.

25 중국의 신좌파 대 자유주의 논쟁에 대하여 그 쟁점과 의의를 소개하는 문헌은 대표적으로 公羊編,《思潮: 中國'新左派'及期影響》, 北京: 人民出版社, 2003; 이욱연,《포스트 사회주의 시대 중국 지성: '중국' 재발견의 길》, 서강대학교 출판부, 2017; 조경란,《현대 중국 지식인 지도》, 글항아리, 2013; 마크 레너드,《중국은 무엇을 생각하는가》, 장영희 옮김, 돌베개, 2011 등이 있다.

26 백승욱,《세계화의 경계에 선 중국》, 창비, 2008, 322쪽.

27 연광석·이홍규 엮음,《전리군과의 대화: 중국의 사회주의, 자본주의 그리고 민주주의》, 한울아카데미, 2014, 106-111쪽.

28 허자오톈,《현대 중국의 사상적 곤경》, 임우경 옮김, 창비, 2018, 237-244쪽.

29 논쟁의 구체적인 내용은 하남석, 〈중국의 신자유주의 논쟁과 그 함의: 중화권 좌파 지식인들의 2016년 논쟁을 중심으로〉,《도시인문학연구》제11권 2호, 2019 참조.

제3장

사회주의 경제와
자본주의 사이에서

서봉교

1. 들어가며

중국공산당은 지난 100년간 중국인들의 번영과 국가체제 유지를 위해 노력했고, 경제성장의 지속이 그 관건이었다. 중국공산당은 때로는 자본주의 국가들의 견제 속에서 공산주의 이상에 기반한 사회주의적 경제발전 정책을 추진하기도 했고, 때로는 자본주의 국제경제 시스템에 적극적으로 참여하여 신자유주의적인 자본주의 경제정책을 도입하기도 했다.

공산당 창당 100주년을 앞둔 지금 중국 경제는 규모로는 세계 2위의 경제대국으로, 세계 1위 미국 GDP의 70%[1]를 넘어설 정도로 성장했다. 하지만 지금 중국은 그 어느 때보다 거센 도전에 직면해 있다. 미국은 중국의 부상을 막기 위한 경제 제재를 시작했다. 그뿐만 아니라 다른 자본주의 국가들과 연대하여 중국을 견제하기 위해 중국이 사회주의라는 다른 경제체제로 운영되고 있다는 것을 부각시키면서 국제적인 대립 구도를 구축하고 있다. 동시에 중국 국내적으로는 지난 수십 년 동안 신자유주의적 자본주의 정책을 도입하는 과정에서 확대된 빈부격차의 부작용을 해결해야 한다. 중국공산당은 사회주의적 재분배 정책을 확대하고 있지만, 이에 대한 기득권층의 반발을 극복하고 지속적인 경제성장의 원동력을 확보하는 어려운 과제에 직면해 있다.

중국공산당은 지난 100년간 자본주의 시스템이 지배하는 세상에서 거의 유일하게 사회주의 경제 시스템을 유지시켜왔을 뿐만 아니라 최근에는 미국의 헤게모니를 위협할 정도로 성장했다. 중국공산당이 실험하고 있는 사회주의라는 경제 시스템은 중국인들뿐만 아니라 자본주의 시스템의 사람들에게도 적지 않은 영향을 미치고 있다. 우리는 1990년대 동유럽 사회주의체제의 붕괴 이후 자본주의 경제 시스템의 승리로 인류 역사의 진화가 종언된 것처럼 보였지만, 지난 수십 년 동안 전 세계 1등만이 살아남는 신자유주의적 자본주의의 진화를 경험했다. 지금 현재 전 세계가 직면하고 있는 빈부격차, 세대갈등, 환경오염 그리고 수많은 갈등까지 여전히 경제 시스템의 실험과 수정이 필요하다는 것은 분명하다. 그런 의미에서 현재 중국공산당이 자신들이 직면한 국내외적인 많은 문제들을 해결하기 위해 추진해왔고, 현재 추진하고 있는 경제정책들을 분석해보는 것은 우리들에게도 많은 시사점을 제공할 것이다.

필자는 이 글을 통해서 중국의 경제정책을 돌이켜보면서 다음의 세 가지를 고민해보고자 한다. 첫째, 중국공산당의 경제정책이 지난 100년 동안 사회주의와 자본주의 사이에서 어떠한 방향성을 가지고 변화되어 왔는지 살펴보고자 한다. 중국공산당의 경제정책을 살펴보면 사회주의적 평등이라는 이념적 유토피아의 실현을 위해 일관된 방향성을 가지고 정책을 운영했다고는 보기 어려운, 오히려 그와 완전히 반대 방향으로 보이는 정책을 추진하기도 했었기 때문이다.

둘째, 중국공산당이 경제정책 방향에서 사회주의와 자본주의 사이에서 큰 변화를 보였던 이유가 무엇인지 살펴보고자 한다. 그 정책 변화의 이유는 중국공산당 내부의 파벌 투쟁의 결과일 수도 있고, 중국의 생산가능인구 구성, 자본의 축적비율과 같은 국내적 생산요소의 변화 때문일 수도 있다. 그러나 필자는 이 글에서 당시 중국이 직면했던 외부적 경제 환경의 변화에 가장 주목하고자 한다. 중국공산당은 자본주의 시스템이 지배하는 세상에서 생존하기 위해 자본주의 국가들의 국제경제질서 변화에 상당히 유연하게 대처하면서 경제정책의 방향을 수정했기 때문이다.

셋째, 중국공산당은 경제정책 추진 과정에서 적지 않은 실패와 정책 방향의 수정을 경험하면서도 일관되게 정권을 유지할 수 있었다. 필자는 그 이유로 중국공산당이 경제정책 추진의 방향성과 당위성을 중국 대중들에게 어떠한 논리로 설득했는지를 중심으로 살펴보고자 한다.

이 세 가지 질문 각각에 대해서 100년이라는 시간을 설명하기에는 중복되는 설명들이 많아질 수밖에 없기 때문에 각 시기별로 중요 사건들과 경제정책 방향성을 중심으로 이 질문들에 대한 해답을 찾아보고자 한다.

2. 1921년 공산당 창당에서 1966년 문화대혁명:
공산주의 이상사회 건설의 실패

1921년 중국공산당은 '공산주의communism'라는 이념을 앞세워 창당했다. 당시 중국공산당 창당을 주도했던 젊은 지식인들이 낡은 봉건제도 때문에 반식민지 상태로 전락해버린 중국을 구하기 위해서 선택한 경제적 이념은 당시 대부분의 나라들이 채택하고 있던 서구의 자본주의가 아니었다. 오히려 서구의 자본주의적 가치를 비판하면서, 1917년 러시아혁명을 통해 새롭게 등장한 공산주의가 불평등을 없애고 모든 사람들이 더불어 살 수 있는 이상사회를 실현할 수 있는 이념이라고 믿었다.

하지만 평등이라는 공산주의 이상을 현실에 실현하는 것은 너무나 어려운 일이었다. 자본주의 경제 시스템을 선택하여 중국의 기존 기득권 세력과 서구 자본주의 국가들의 지원을 받았던 국민당과 동족상잔의 내전이라는 비극적인 전쟁을 해야만 했다. 그럼에도 자금 동원력과 군사력에서 열세였던 공산당이 국민당과의 내전에서 승리할 수 있었던 원동력은 불평등과 부정부패가 만연한 기존 체제에서 희망을 찾지 못했던 일반 대중들에게 더 나은 삶에 대한 희망을 제시했기 때문이다. 마오쩌둥이 이끌었던 공산당은 농촌지역의 토착세력인 지주로부터 토지를 몰수해 소작농들에게 분배하는 토지개혁, 도시지역의 독점 관료자본가의 자산을 몰수하여 국유화하는 사회주의 혁명을 추진하면서 대중의 지지를 얻었다.

1949년 중국공산당은 오랜 내전에서 승리하여 중화인민공화국을 건국했다. 하지만 공산주의 이상사회를 건설하는 길은 여전히 험난했다. 오랜 전쟁으로 생산기반은 철저하게 파괴되었고, 자본주의 국제사회의 중국에 대한 견제와 주변국과의 전쟁으로 체제 위기가 상존했다. 중국 공산당은 이러한 체제 위기를 극복하고 공산주의 이상[2]을 실현하기 위해서 무리한 대중 동원과 정부의 강력한 통제 방식으로 경제 시스템을 운영했다. 심지어 혁명 과정 중에 공산당에 우호적이었던 소상공인 민족 자본가를 향후 50년 동안 보호하겠다는 약속까지 어기면서 모든 토지와 공장을 전면적으로 국유화했다.[3] 당시의 경제 운영방식은 토지와 기업, 재정과 금융까지 공산당이 모든 것을 통제하는 강력한 계획경제 시스템을 구축하는 것이었고, 이를 기반으로 1953년 '제1차 5개년계획'을 시작했다.

하지만 개인의 자본주의적 소유 본성과 연결된 자발적인 경제활동의 원동력이 봉쇄되면서 경제는 급격히 위축되었고, 계획경제를 추진하는 과정에서 공산당이라는 새로운 권력집단이 노동자들을 통제하는 현상이 나타나면서 경제 시스템의 효율성은 철저하게 붕괴되었다. 또한 이 시기에는 공산당 내부의 권력 투쟁뿐만 아니라 대외적으로는 소련 사회주의 진영과의 갈등도 심화되었다. 결과적으로 경제 운영방식에 대한 이념과 현실의 괴리가 나타나면서 1958년의 '대약진운동', 1960년의 '인민공사 정책' 같은 잘못된 경제정책이 추진되었다. 공산주의 이상과 정치적 명분이 우선되는 경제 운영방식은 현실 경제 시스템을 붕괴시켰고, 수천만 명이 굶어죽는 비극이 발생했다. 나아가 1966년부터 10년 동안 기존의 중국 시스템에 존재했던 자본주의적인 요소를 철저하게 제거한다는 명목으로 진행된 급진적 공산주의 운동인 '문화대혁명'은 중국의 교육, 의료, 기술개발 등 기본적인 사회질서마저 파괴해버렸다. 중국은 세계에서 가장 가난한 나라로 전락했다.

3. 1978년 개혁개방에서 1989년 톈안먼 위기:
부분적 시장경제 도입의 한계와 부작용

중국의 최고지도자 마오쩌둥의 사후, 1978년에 열렸던 공산당 제11기 3중전회에서 경제 시스템의 전환이 결정되었다. 문화대혁명이라는 극단적인 사회주의 이상사회 실현 노력이 철저하게 실패했기에 공산당 내부에서는 사회주의적 계급투쟁이 아니라 경제발전을 우선해야 하며 (하나의 중심), 이를 위해 다양한 시도들이 허용되어야 한다는 공감대가 형성될 수 있었기 때문이다.[4] 이러한 공산당의 경제정책 방향의 전환에 따라 1980년대 중국 국내적 경제발전 전략으로 '생산수단의 공유제도는 유지하는 상황에서, 비효율적인 계획경제를 개선하기 위해서 시장경제라는 자본주의적 인센티브 요소를 부분적으로 도입'하기 시작했다.

최초의 시도는 농업생산에서 제한적으로 인센티브를 도입하는 것이었다. 공산주의 이념에 기반한 공동생산–공동분배 방식이 아니라 토지의 소유권은 공유제가 유지되지만, 토지를 '농가단위로 위탁하여 생산하는 방식'[5]으로 전환한 것이다. 생산을 위탁받은 농민이 더 많은 농산물을 생산하면 이를 시장에서 판매할 수 있는 상품으로 '소유'할 수 있도록 자본주의적 인센티브를 허용하면서 농업생산량은 폭발적으로 증가했다.

하지만 1980년대 중반 이후 도시 공장(국영기업)의 생산방식에도 이러한 자본주의적인 위탁경영의 인센티브를 도입했던 시도[6]는 기대만큼의 성과를 내지 못했다. 국영기업 경영자는 위탁받은 공장을 열심히 운영하여 인센티브를 받는 것보다 정부의 감독을 피하거나, 공산당 간부들과 결탁하여 국영기업의 이윤을 빼돌리는 손쉬운 방법을 선택했기 때문이다. 민주적으로 국영기업 경영자를 선출하는 과정에서 종업원들에게 과도하게 보너스를 지급하는 내부담합 문제도 빈번하게 발생했다.[7]

1980년대 공산당은 기본적으로 사회주의 공유제도와 국가 계획경제 시스템을 유지하는 상황에서 부분적인 자본주의적 시장경제 시스템을 도입했기 때문에 계획경제와 시장경제가 동시에 공존했다. 이러한 시스템 전환 방식은 1990년대 동유럽 사회주의 국가들이 급진적인 방식으로 자본주의와 시장경제 시스템을 도입했던 것과 대조되면서 '점진적 시스템 전환 방식(쌍궤제雙軌制)'이라고 지칭된다. 특히 1990년대 동유럽 사회주의 국가들의 급진적 경제 시스템 전환이 극심한 인플레이션과 마이너스 성장, 사회 혼란으로 체제 위기까지 야기했기 때문에, 상대적으로 중국의 점진적 경제 시스템 전환이 중국 경제성장 성공요인의 하나로 언급되기도 한다.

그러나 1980년대 말 당시의 상황에서 중국공산당이 선택했던 부분적 시장경제 도입 정책은 극심한 인플레이션과 부정부패를 야기했기 때문에 일반 대중의 공산당에 대한 불만을 불러일으키는 정책이었다. 계획경제 시스템에서 불법적으로 배급 물품이나 원부자재를 빼돌려 시장에 비싼 값으로 판매하는 민간 유통업자(다오예倒爺)와 이와 연결된 공산당 간부, 매점매석으로 쉽게 돈을 버는 민영기업이 등장했기 때문이다. 극심한 인플레이션은 국유기업 노동자와 농민과 같은 사회주의 시스템의 전통적인 공산당 지지자들조차 불만을 품게 했다. 1989년 톈안먼 광장의 비극은 부분적인 시장경제 시스템 도입의 부작용과 시장 시스템의 도입과정에서 축적된 대중의 불만이 폭발한 결과였다.

더구나 1989년 동유럽 사회주의 국가들에서는 대중의 반反공산당 민주화 시위로 인해 사회주의 정권 유지에 실패했고, 1991년에는 소비에트 연방까지 해체되면서 동유럽 사회주의 진영은 역사 속으로 사라져버렸다. 중국 역시 1989년 톈안먼 광장에서 대규모 시위와 비극적인 무력진압으로 유혈 사건이 발생했다. 당시 중국공산당은 건국 이래 최고의 체제 위기에 직면해 있었다.

중국공산당이 1989년 당시 부분적인 시장경제 시스템의 도입 과정에서 발생했던 극심한 인플레이션과 부정부패, 이에 대한 대중의 불만,

그리고 동유럽 사회주의 진영의 몰락이라는 역사적 흐름 속에서도 동유럽 사회주의 국가들과 달리 정권을 유지할 수 있었던 이유는 무엇이었을까? 경제적인 측면에서 1980년대 동유럽 사회주의 국가들은 경직된 계획경제 시스템과 정치적 불안으로 극심한 경기침체로 어려움을 겪고 있었다. 하지만 중국은 예외적으로 1980년대 부분적인 시장경제 시스템을 빠르게 도입하면서 8%대의 높은 경제성장률을 달성했기 때문에 극명한 대조를 이루었다.[8] 톈안먼 광장의 시위에서 중국 대중들은 주로 시장경제 시스템의 도입과정에서 파생된 심각한 인플레이션과 관료들의 부정부패를 비판했다.[9] 만약 중국공산당이 1980년대 초부터 선제적으로 정치이념이 아니라 경제성장을 위해 시장경제 시스템을 도입하지 않았다면, 톈안먼 광장에서는 오직 공산주의 독재정권의 타도와 사회주의체제에 대한 반대만이 존재했을 것이다. 정치적 이념이 아니라 먹고사는 현실의 문제를 우선하여 시장경제 인센티브라는 자본주의 경제정책을 '도입'했던 공산당의 경제정책 전환이 역설적이게도 공산당 정권 유지의 중요한 이유라고 생각하는 이유이다.

4. 1992년 남순강화에서 1993년 사회주의 시장경제:
자본주의 시장경제 시스템 발전을 통한 공산당의 체제 위기 극복

1980년대 계획경제와 시장경제가 공존하면서 발생했던 인플레이션과 부정부패 문제를 해결하기 위해, 중국공산당은 1990년대에 자본주의 시장경제 시스템을 전면적으로 '발전'시키는 정책을 선택했다. 물론 공산당 내부에서 중국의 경제 시스템이 시장경제 방향으로 전개되는 것에 모두가 찬성했던 것은 아니다. 1989년 톈안먼 사건으로 1980년대 시장 경제 도입을 추진했던 공산당 내 개혁파가 정치적으로 위축될 수밖에 없었다. 대신 주도권을 장악한 공산당 내 강경 보수파들은 자본주의가 아닌 과거의 사회주의 방향으로 회귀하고자 시도했다. 중국의 인플레이션 문제를 해결하기 위해 과거의 사회주의적 국가 계획경제 배급제도를 부활시켰고, 자본주의적 민영기업[10]이 경제적 혼란의 주범이라고 비난하면서 대대적으로 정리하기도 했다. 1980년대 시장경제 시스템을 이용하여 부를 축적했던 민영기업들은 살아남기 위해 자신의 기업과 자산을 공동체에 기부하는 '붉은 모자'를 쓰면서 사회주의 공유기업으로 위장하기도 했다.

하지만 중앙집권적인 계획경제는 경제활동을 급격히 위축시켰고, 중국인들은 다시 과거 문화대혁명과 같은 숨 막히는 통제 시스템으로 돌아가기를 원하지 않았다. 1992년 덩샤오핑이 남쪽 지방의 발전된 여러 경제특구들을 순시하면서 시장경제 시스템으로의 전환을 지속해야 한다고 지시(남순강화)한 것은 이러한 대중의 열망에 부합한 것이었다. 덩샤오핑이 남긴 말들은 사회주의 국가인 중국에서 왜 자본주의적 시장경제 시스템을 발전시켜야 하는가에 대한 문제의 해답을 공식적으로 제시한 것이고, 그렇기 때문에 사회주의와 자본주의에 대한 오래되고 소모적이었던 이데올로기적인 논쟁의 종결을 선언한 것이라고 평가된다.[11]

필자는 덩샤오핑의 경제정책 방향 제시가 당시 중국 대중의 요구와 시대적인 변화의 방향성에 부합되었기 때문에 공산당의 경제정책 전환 과정도 순조롭게 진행될 수 있었다고 생각한다. 1993년 중국공산당 제14기 3중전회에서 '사회주의 시장경제'라는 개념으로 시장경제 시스템을 (1980년대의 '부분적'에서 발전하여) '전면적'으로 도입하는 것이 결정되었다. 또한 '중국특색 사회주의' 건설을 위해 공유경제와 자본주의적 민영경제가 공존하는 시스템을 구축해야 한다고 공식적인 법률이 제정되었다.[12] 이로써 오랫동안 지위가 불안정했던 자본주의적 민영기업이 중국에서 공식적으로 합법화되었다. 그뿐만 아니라 비공유제 기업 관련 법률의 정비公司法(1993년 12월), 현대적인 금융시스템의 구축關於金融體制改革的決定(1993년 12월),[13] 삼각채 문제의 해결[14] 등 자본주의적 시장경제 시스템이 빠르게 발전했다.

하지만 자본주의적 민영기업이 급성장하면 사회주의적 공유제 기업이 위협받고 나아가 중국 경제에 대한 공산당의 통제력이 약화된다는 문제가 발생한다. 1992년 남순강화 직후에 많은 민영기업들이 다시 여러 상품들을 매점매석하기 시작했고, 돈을 벌기 위해 개인기업을 창업하기 시작했다. 많은 사람들이 사회주의 시스템을 버리고 자본주의 시스템에서 돈의 바다에 뛰어들면서 이 현상을 '시아하이(下海)'로 표현했다.[15]

당시 공산당의 가장 큰 고민은 아마도 "어떻게 자본주의적 민영기업의 발전 과정에서도 중국 경제 시스템 운영의 주도권을 잃어버리지 않을 것인가"였을 것이다. 과거 사회주의적 국유기업과 국가계획경제 시스템을 통해서 통제하고 있던 공산당의 역할이 자본주의적 민영기업과 시장경제 시스템으로 대체되는 과정에서 약화될 수밖에 없었다. 필자는 공산당이 시장화된 경제 시스템에서도 공산당이 통제력을 유지하기 위해서 선택한 방법 중의 하나가 공산당 관료조직의 과감한 변신이었다는 사실에 주목한다.

1980년대의 시아하이가 소규모 영세 자영업 위주의 창업이었던 것에 비해 1992년의 시아하이 열풍은 공산당 간부까지 참여하면서 자금력과 기술력이 바탕이 된 실력 있는 민영기업이 대거 등장하는 창업열풍이었다. 1992년 한 해에만 중국 관료조직에서 12만 명에 달하는 대규모 인원이 퇴직했고, 다양한 분야에서 창업하면서 중국 시장경제의 중요한 주체가 되었다. 흥미로운 것은 전직 공산당 간부의 시아하이[16]는 기존 중국의 국유기업 시스템과 충돌하기보다는 보험, 기업신용평가, IT, 물류, 주식거래 등 중국이 시장경제 시스템을 구축하기 위해 새롭게 필요로 했던 분야에서 시장경제 시스템을 빠르게 발전시켜주는 방향으로 협조적으로 진행되었다는 사실이다. 시아하이를 하여 민영기업의 경영자가 된 전직 공산당 간부와 공산당과의 관계는 상당히 협조적이었는데, 일부는 나중에 다시 중국공산당 조직에서 중요한 역할을 수행하기도 했다.

서구 경제학의 관점에서는 중국에서 자본주의적 민영기업이 대거 등장하고 발전하는 것은 중국의 사회주의적 정체성이 약화되는 신호였다. 민영기업의 끊임없는 자본주의적 이익추구 특성 때문에 민영기업은 필연적으로 공산당과 사회주의 시스템과 충돌할 수밖에 없다고 예측했다. 중국 경제가 발전할수록 공산당의 지위가 약화될 수밖에 없다는 논리의 기본 가설이다. 그러나 만약 중국의 시장경제 시스템에서 중요한 역할을 담당하는 핵심적인 민영기업이 사실은 공산당이 의도적으로 육성한 혹은 적어도 공산당에 우호적인 '새장 속鳥籠의 기업들'[17]이라면 서구 경제학자의 기대와는 다른 결과가 발생할 수밖에 없었을 것이다. 우리가 서구 경제학의 기존이론이 아니라 중국의 주요 민영기업에 대한 역사적인 사실을 추적하면서 검증을 통해서 공산당과 민영기업에 대한 관계를 재검토하는 연구를 해야만 이들의 미래를 보다 정확하게 예측할 수 있는 이유이다.

동시에 중국공산당은 당시 대외적으로 동유럽 사회주의 진영의 몰락에 따른 국제적인 고립국면을 탈출하기 위해서 한국과의 국교수립(1992년)

등 자본주의 국가들과의 경제 교류를 확대하고, '자본주의 국제 분업 경제 시스템에 전격적으로 편입'되는 전략을 선택했다. 특히 중국은 계획경제 시스템에서 고평가되어 있던 위안화 공식 환율을 시장 환율과 통합하는 단일 환율 시스템을 도입했다. 이에 따라 위안화의 공식 환율은 1993년 1달러당 5.75위안에서 1994년 8.62위안으로 크게 평가절하되었다. 위안화 환율의 이러한 대규모 평가절하는 중국의 수출 경쟁력을 급격하게 높였다. 이후 수출은 중국 경제성장을 견인하는 중요한 원동력이 될 수 있었다. 동시에 외환거래에 대한 규제를 대폭 완화하고, 1996년에는 무역결제 관련 외환거래를 전면적으로 자유화했다. 또한 수출 기업에 대해 세금을 환급해주는 등 적극적인 수출 확대정책을 추진했는데, 이는 당시 한국과 타이완 같은 동아시아 수출주도형 경제발전 모델을 채택한 것이다.[18]

5. 1997년 동아시아 외환위기와 국유기업 구조조정: 자본주의적 소유권 개혁

1990년대 중국공산당은 경제 운영방식에서 시장경제 시스템을 전면적으로 도입하고, 자본주의 국제 분업구조에 능동적으로 편입하면서 중국 경제의 성장을 추진했다. 그러나 이러한 시장경제 시스템으로의 전환 과정에서 기존 국유기업의 역할과 지위는 크게 약화되었고, 경영환경은 악화되었다. 국유기업은 중국 사회주의의 핵심이면서 동시에 공산당의 기득권 세력과 연결되어 있었기 때문에 시장경제 시스템으로의 전환을 적극적으로 추진하기 어려웠다. 특히 지방정부 산하의 국유기업은 새로운 시장경제 시스템에 적응하지 못하여 매년 적자가 확대되고 있었지만, 몇 번의 개선 노력들도 성과를 거두지 못했다. 국유기업을 정리한다는 것은 사회주의 시스템의 확실한 지지기반인 국유기업 노동자들이 일자리를 잃어버리는 것이었고, 지방정부와의 정치적인 문제가 얽힌 민감한 문제였기에 해결방법을 찾지 못했다. 결국 국유은행을 통해 적자 국유기업에 지속적으로 자금을 지원하고 있었지만, 이로 인해 국유은행의 부실이 심각해지고 있었다.

이런 상황에서 1997년 한국을 포함한 동아시아 개발도상국에서 발생했던 외환위기는 중국공산당의 국유기업 구조조정에 대한 전략을 극적으로 전환하게 가능하게 만든 중요한 계기가 되었다. 동아시아 국가들의 경제발전 모델은 양적인 투자확대와 수출주도형 성장모델이며, 이를 뒷받침하고 있었던 것은 권위주의 정부의 금융 시스템에 대한 통제력이었다. 하지만 이러한 동아시아 자본주의 모델은 1등만이 살아남는 세계화의 무한경쟁 시대에서 취약성이 드러났다. 세계경제 시스템이 통합되고 영·미식 신자유주의가 글로벌 스탠더드로 확산되고 있던 과정에서 동아시아 자본주의의 양적투입 확대를 통한 경제발전 모델은 한계에 직면했다. 결과적으로 부실한 대기업과 은행들이 파산하거나 국제금융 자본에 매각되었다.[19]

중국이 1990년대 자본주의 시장경제 시스템으로 전환되는 과정에서 형성된 국유은행을 통해 자본주의적 시장경제 시스템에 적응하지 못한 국유기업을 지원하는 '관치금융 시스템'은 동아시아 국가들의 양적투입 확대 모델과 유사한 문제점을 가지고 있었다. 동아시아 외환위기는 공산당과 국유은행, 국유기업이 밀접하게 얽힌 중국 금융 시스템의 구조적 문제가 체제 위기로 이어질 수도 있는 심각한 리스크라는 것, 그 핵심 고리가 되는 부실한 국유기업 문제의 해결을 더 이상 미룰 수 없음을 인식하는 계기가 되었다.

동아시아 외환위기 이후 주룽지 총리는 대중형 국유기업을 포함한 국유기업 전체에 대한 과감한 구조조정을 추진하는 정책을 선택했다. 이 정책방향을 선택하면서 수천만 명에 달하는 중국 국유기업 노동자들이 정리해고(시아강下崗)되었고, 1997년 10만 개를 넘었던 제조업 분야의 국유기업의 수가 1998년에는 6만 개, 2000년대에는 4만 개 이하로 급감했다.[20] 국유기업이 제공하던 주택이나 교육, 육아 등 사회주의적 사회보장 기능도 제거되었다. 중국의 사회주의적 '단웨이' 복지 시스템도 해체되었다.[21] 그리고 이전까지 매우 조심스럽게 진행되었던 '국유기업의 소유권 매각'도 과감하게 허용되었다. 중국의 사회주의는 급격하게 후퇴하는 것처럼 보였다.

당시 중국공산당의 경제정책 방향이 사회주의에서 자본주의로 급격하게 전환하면서 기존의 사회주의적 소유권이 자본주의적인 소유권으로 전환되는 과정에서 나타났던 대표적인 현상은 다음의 세 가지이다.

첫째, 가장 대표적인 자본주의적 소유권 정책은 1998년의 '주택 상품화 정책'이다. 과거 사회주의 경제 시스템에서 주택과 토지는 국유기업과 지방정부라는 공동체가 소유했고, 사회복지 차원에서 주택이 무상으로 제공되었다. 그러나 국유기업 구조조정과 시장경제 시스템의 활성화를 위해 1998년부터 국유기업에 의한 주택 공급을 중단하고 기존 주택 거주자에게 주택을 매각했다.[22]

이제 주택은 시장에서 매매가 가능한 상품이면서 동시에 중요한 투자자산이 되었다. 가장 자본주의적 불로不勞소득인 부동산 자산이 부활하면서 어느 지역의 주택을 얼마나 가지고 있는가에 따라서 빈부의 격차가 확대되는 자본주의적 불평등이 부활했다.

둘째, 국유기업에 대한 대규모 구조조정으로 사회주의적 공적 생산수단의 소유권이 민영경제 주체에게 매각되면서 자본주의적 자산 불평등도 급격하게 확대되었다. 공적 생산수단의 소유권이 거래되는 투명한 시장이 발달하지 못한 상황에서 이를 매각하는 관료조직과 민영기업 혹은 외국인 투자기업 사이의 소유권 이전 과정에서 '국유자산의 유실'을 방지하는 것은 매우 어려운 일이기 때문이다. 어떤 국유기업은 위탁경영을 하고 있던 경영진에게 헐값으로 매각MBO[23]되기도 했고, 국유기업의 핵심자산이 자회사 분리매각이라는 형태로 자본주의 시장경제 주체에게 불법적으로 매각되기도 했다. 이처럼 공유자산이 사적 소유권으로 전환되는 것을 자본주의적 사유화라고 비판하는 의견은 일부 학자나 영향력이 제한된 소수의 관료였고, 우징롄吳敬璉[24]과 같은 시장화 개혁을 지지하는 학자들의 이야기가 언론을 지배했다.

필자는 당시 중국공산당이 자본주의적 소유권 개혁을 추진할 수밖에 없었던 이유가 당시 중국에서 전면적인 시장화 개혁에 반대하는 진영에서는 중국의 구조적인 문제를 해결할 수 있는 다른 대안을 제시하지 못했기 때문이었다는 중국인 학자의 의견[25]을 읽었다. 그리고 한국 사회에서도 1997년의 외환위기 당시 신자유주의 이외의 대안이 제시되지 못했던 기억을 떠올리며 그 의견에 공감했다.

셋째, 자본주의적 소유권이 합법적으로 허용되면서 이제는 공적소유 기업이라는 거추장스러운 붉은 모자가 필요 없어진 향진기업[26]과 같은 공동체 기업들은 공적 소유권이 개인에게 귀속되면서 자본주의적 민영기업으로 전환되었다. 민영기업가는 법적인 지위의 확보뿐만 아니라 2002년에 이후에는 공산당 입당까지 공식적으로 허용三介代表論[27]되었다.

하지만 이 시기 사회주의 중국에서 소유권의 명확화라는 명목으로 진행되었던 '사회주의적 공유자산의 대 방출' 과정은 매우 흥미로운 연구 주제지만 접근하기가 쉽지 않다. 확실한 것은 오랜 기간 자본주의적인 시장경쟁을 통해 부를 축적하여 형성된 서구의 자본가 계급과 달리 중국의 자본가 계급 부활은 그 과정에서 공적 소유권의 불법적인 이전이라는 약점을 가지고 있는 경우가 적지 않았다고 보인다. 당시 사회주의 공유자산의 민영화 과정에서 형성된 공산당과 민영기업의 힘의 우위가 서구의 민영기업이 서구의 정부에 대해서 가지는 힘의 우위와는 근본적으로 다를 수밖에 없는 중요한 요인의 하나이다.

6. 2001년 중국의 WTO 가입:
신자유주의적 자본주의 시스템을 통한 경제부흥의 선택

중국공산당은 2001년 12월 세계무역기구wto 가입을 통해 신자유주의적 자본주의를 전면적으로 수용했다. WTO 가입으로 중국은 상품수출에서 관세 인하 혜택을 받는 대신 서구 글로벌 기업들에게 중국 내수시장을 개방해야 했다. 당시 중국 로컬기업들에 비해 월등한 경쟁력과 브랜드 파워를 가진 글로벌 기업들의 중국 진출로 많은 중국 기업들이 도태될 것이라는 위기감도 대단히 높았다. 하지만 앞에서도 언급했듯이 당시 세계화와 신자유주의의 수용은 불가피한 선택이라는 공감대가 공산당 내부에서도 형성되었기 때문에 일부의 반대와 우려에도 불구하고 WTO 가입이 결정되었다.[28]

강력한 경쟁력을 갖춘 글로벌 기업들의 중국 진출에 대비한 중국공산당의 선택은 중국 경제 시스템의 전면적인 체질 개선이었다. 무한경쟁과 적자생존의 논리가 적용되는 신자유주의적 시장경쟁 시스템에서 살아남는 것이 가장 중요한 과제가 되었고, 이는 중국공산당이 추구했던 이상적인 사회주의 이념과는 완전히 상반되는 선택도 허용되는 것으로 인식되었다. 이러한 공산당의 경제정책 방향성 변화는 중국 경제와 사회에도 다음과 같은 큰 변화를 야기했다.

첫째는 국유기업의 이윤 추구 경향이다. 특히 중국인들의 생활과 밀접한 공공서비스를 독과점적으로 제공하는 국유기업이 공공의 복지가 아니라 이윤을 추구하면서 공공서비스의 비용은 상승하고 품질은 저하되었다. 국유기업의 경영 효율을 높이기 위해 지분의 일부를 주식시장에 상장하거나 외국인 투자자에게 매각하면서, 국유기업에게서 이윤을 추구하는 자본주의 기업가적 본색이 더욱 두드러지게 나타났다. 국유기업은 이윤 확대를 위해 구조조정을 더욱 강력하게 진행했고, 독과점체제의 공고화를 위해 국가권력도 활용하면서 대부분의 국유기업이 단기간에 흑자로 전환했다.[29]

둘째는 민영기업의 배금주의 경향이다. 돈을 벌기 위해서는 폐식용유에 화학약품을 넣어서 깨끗한 식용유로 둔갑시키고, 아이들이 먹는 우유에 멜라민 화학약품을 첨가하고, 가짜 술을 만들어 팔아서 많은 사람들이 실명하고, 폐수를 하천에 몰래 버리는 사건들이 끊임없이 발생했다. 이러한 문제에 대해서 중국의 소유권 개혁 및 경제발전 모델을 비판하는 대표적인 경제학자인 랑셴핑郎咸平 교수는 중국의 경제발전과 산업정책이 성장이라는 목표에 지나치게 집중되었기 때문에 빈부격차와 노동착취, 환경문제와 같은 중요한 이슈들이 소홀해지면서 중국인들의 삶이 힘들어지고 있다고 설명했다.[30]

셋째, 신자유주의적 자본의 이익 추구가 우선되면서 노동환경이 극도로 악화되었다. 물론 중국의 노동환경 악화는 1990년대 이후 자본주의적 시장경제 시스템의 도입과정에서 지속적으로 진행되어왔던 현상이었다. 하지만 WTO 가입 이후 신자유주의적 노동 유연화 정책은 더욱 가속화되었고, 사회주의 중국의 노동자들 지위는 비참할 정도로 하락했다.

마지막으로 대규모 외국인 투자의 유입과 중국 기업에 대한 외국인 지분 참여, 또는 중국 기업과 외국인 투자의 합작 기업이 증가했다. WTO 가입으로 중국 경제가 자본주의적 국제 분업 시스템에 완전히 편입되는 것이 확실해지면서 '세계의 공장' 중국은 국제 금융자본의 매력적인 투자처로 급부상했다. 외국인 직접투자는 1990년대 초 10억 달러 수준에서 2001년 이후에는 매년 500억 달러 이상, 2000년 중반에는 매년 1000억 달러 이상으로 급증했다.[31]

당시 중국의 노동자와 내수시장을 사이에 두고 형성된 사회주의 중국 기업과 자본주의 글로벌 기업과의 밀접한 연계가 중국인 학자의 눈에는 '자본의 혈맹' 관계로 인식[32]되기도 했다. 중국에 진출한 수많은 글로벌 기업은 중국 경제성장의 과실을 공유하고 있지만, 이는 중국인의 노동과 환경, 중국 민영기업의 성장기회를 헐값에 매각한 결과라는 비판[33]도 제기되었다.

당시 중국공산당은 자본주의 선진국들과 달리 국민들에게 자유권과 정치권을 허용하지 않는 대신에 대중의 경제적 지위를 획기적으로 향상시키는 성과로 이를 보충하는 정책을 추진한 것으로 보인다. 필자는 중국공산당의 경제정책이 이렇게 변화된 이유는 공산당이 이념 정당이 아니라 대중의 생활수준 향상을 책임지는 집권 정당으로 지속적으로 변신했기 때문이며, 이는 한국의 과거 독재 국가권력에 의한 개발시민권과 유사하다는 의견에 동의한다. 그렇기 때문에 한국의 경험과 마찬가지로 '선先 성장, 후後 분배'와 같은 개발시민권의 유효성은 제한적이고, 궁극적으로 제도적·사회적 불평등은 국가경제 발전의 지속가능성 자체를 훼손시킬 수밖에 없는 한계가 있을 것이라는 문제의식[34]을 바탕으로 중국을 지속적으로 연구하는 것도 필요하다고 생각한다.

WTO 가입 이후 중국은 경제적으로는 호황을 누리고 있었지만, 구조적인 불평등의 심화는 매우 심각한 수준에 달했다. 물론 2004년 후진타오 주석이 공산당 제16기 3중전회에서 '조화사회和諧社會' 이념을 제시하면서 사회주의적 공평과 정의에 대해서 얘기했고, 중국의 심각한 소득 불평등을 완화시키기 위한 다양한 시도들이 추진되기도 했다.[35] 하지만 매년 10%가 넘는 경제성장률과 30%가 넘는 수출증가율, 매년 새로운 기록을 갱신하는 외국인 투자 유입이라는 계속되는 '자본의 성대한 만찬'을 즐기고 있던 중국의 대중에게는 현실과는 거리가 먼 원론적인 담론으로 인식될 수밖에 없었을 것이다.

7. 2008년 미국발 글로벌 금융위기: 국부國富에서 민부民富로의 정책 전환

전 세계가 신자유주의적 경제정책을 글로벌 스탠더드로 당연하게 받아들이고 있었을 때, 신자유주의적 자본주의의 종주국인 미국에서 발생한 2008년의 글로벌 금융위기와 그 이후의 전개 과정은 자유시장 만능주의자들을 패닉에 빠지게 했다. 시장경쟁의 효율성과 규제완화를 주장하던 사람들이 당장의 생존을 위해 정부의 지원을 호소했고, 각국 정부는 천문학적인 자금을 투입하여 금융사들을 지원했다.[36] 글로벌 금융위기 이후 신자유주의 정책은 급격하게 퇴조했고, 세계 각국은 적자재정을 편성하고 정부지출을 확대하는 등 재정지출이 중요해지면서 국가주도의 재정정책이 부활했다.[37]

2008년 글로벌 금융위기가 중국공산당의 경제정책 방향성에 어떤 영향을 주었을까? 이후 중국의 거시경제정책과 외환정책, 위안화 국제화, 외국인 투자정책의 변화 등 수많은 경제정책이 직간접적으로 글로벌 금융위기와 밀접하게 연계되어 있다.[38]

또한 필자가 이 글에서 보고자 했던 중국공산당의 사회주의와 자본주의 경제정책 방향성에도 결정적인 영향을 미쳤다. 이후 중국공산당의 경제정책을 통해 간접적으로 확인할 수 있는 가장 큰 변화는 그 이전까지 진행되었던 신자유주의적 시장경쟁과 효율성을 우선하던 정책이 약화되고, 사회주의적 재분배와 국가의 역할이 중시되는 방향성으로 급격하게 선회한 것이다.

첫째, 글로벌 금융위기로 인한 전 세계적인 혼란이 어느 정도 수습된 2010년 10월 공산당 제17기 전체회의에서 이후 5년간(2011~2015년) 중국 경제의 중요한 경제정책의 추진방향을 제시하는 12차 5개년 규획[39]이 결정되었다. 이 규획에서는 이전과는 다른 정책 방향성을 확인할 수 있었는데, 과거의 5개년 규획이 국부에 초점을 맞춘 양적인 경제성장을 목표로 했다면, 12차 5개년 규획에서는 민부에 초점을 맞춘 질적인 경제성장으로 전환된 것이다. 구체적인 내용으로는 균형과 분배의 중시, 지속적인 임금인상, 농촌소득 증대, 사회보장 시스템의 구축, 소득분배제도 조정 등의 민생 개선과 실질 소득 증가가 중시되었다.[40]

둘째, 중국 2012년 중국공산당 제18차 대표회의에서 채택된 '소득 2배 확대정책收入倍增計劃'에서는 2020년까지 주민의 가처분 소득을 2010년의

2배로 확대한다는 목표가 제시되었다. 특히 중산층과 저소득층의 소득 증대를 위해 최저임금의 인상, 내수소비형 경제성장 방식으로의 전환, 소득 분배의 개선을 제시했다. 2010년을 전후하여 몇 년 동안 중국의 실질 임금 상승률은 매년 두 자릿수 상승을 지속했다.[41] 소득확대 정책의 성공으로 2010년 중반 이후에는 소비의 GDP에 대한 기여도가 60% 이상으로 증가하면서 경제성장을 견인하는 경제성장 모델의 전환도 성공적으로 진행되고 있음을 알 수 있다. 양로보험이나 의료보험 가입률도 2010년 이후 급상승하면서 사회주의적 복지정책도 다시 확대되기 시작했다.[42] 1980년대 이후 악화되기만 했던 소득불평등 지수도 2010년을 기점으로 다시 감소하기 시작하여 소득불평등이 완화되었다.[43]

셋째, 2014년 시진핑 주석이 제시한 '신창타이新常態'는 더 이상 중국 공산당의 경제정책 우선순위가 경제성장이 아님을 공식적으로 선언한 것으로 인식된다. 중국의 경제성장 단계가 고속성장에서 중속성장 단계로 진입하면서 더 이상 과거와 같은 투자 확대를 통한 인위적인 경기 부양을 추진하고 않고, 일자리나 물가 그리고 민생 문제와 같은 국민생활의 질적인 향상을 위해 노력하겠다는 공산당의 경제정책 방향성의 전환을 공식화한 것이다.

필자는 지금까지 중국 경제를 설명하기 위해 표나 그림을 사용하지 않으면서 지난 100년의 중국 경제를 설명했다. 지면의 한계도 있었지만, 가능하면 경제학적인 기초가 없어도 중국 경제 변화의 흐름을 독자들이 쉽게 이해하기를 원했기 때문이다. 이제 지금까지 필자의 설명을 그림 하나를 제시하여 요약해 보이고자 한다. 서론에서 필자가 제시했던 첫 번째 고민은 중국공산당이 사회주의와 자본주의 사이에서 어떻게 변화했는가를 살펴보는 것이었다. 이를 설명하는 변수로 중국의 GDP 대비

임금총액의 비율을 사용하여 중국의 분배 구조를 살펴볼 수 있다. 사회주의적인 경제정책 방향성이 노동의 분배 비율이 높은 것으로 이해한다면, 자본주의적 정책 방향성은 자본의 분배 비율이 높아지는 따라서 노동의 분배 비율이 떨어지는 것으로 이해할 수 있기 때문이다.

그 결과는 아래 도표에서 보듯이 분명하게 U자형의 모습을 보이고 있다. 이 도표는 지금까지 설명한 바와 같이 중국공산당의 경제정책이 1980년대 자본주의적 시장화 방향을 채택한 이후 2010년도까지 경제성장의 과실이 자본부문에 상대적으로 더 많이 분배되었다는 것을 보여주고 있다. 하지만 2010년 이후에는 공산당의 경제정책 방향이 전환되어 노동부문에 대한 분배가 크게 증대했다는 것을 보여주는 것으로 해석할 수 있는 데이터이다. 중국공산당의 사회주의적인 분배정책이 2010년 이후 부활했다는 것을 공산당의 구호가 아니라 실제 데이터로도 확인할 수 있다.

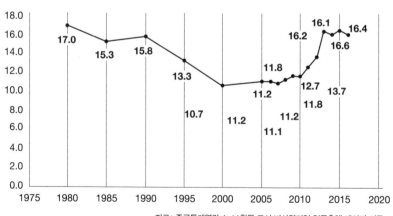

중국의 GDP 대비 임금총액의 비율 추이(%)

자료: 중국통계연감 4-11항목 도시 비사영기업 임금총액 데이터 기준.

8. 미·중 무역 분쟁 이후의 중국공산당

지금까지 필자는 서론에서 두 번째 고민으로 언급했던 공산당의 경제정책 전환과 대외적인 요인과의 연관성을 살펴보기 위해서 1950년대 중국 건국 이후의 국제적 고립 국면, 1989년의 동유럽 사회주의 진영의 해체, 1997년의 동아시아 외환위기, 2008년의 글로벌 금융위기를 설명했다. 이 글을 읽는 독자들도 한국의 경험과 마찬가지로 중국을 둘러싼 대외적인 변수는 중국공산당이 경제정책 방향성을 결정하는 데 매우 중요한 변수가 되었음을 이해했을 것이다.

하지만 현재 중국을 둘러싼 대외경제 여건은 과거 어느 때보다 급격하게 변화되고 있다. 2016년 중국 위안화에 대한 국제 금융자본의 공매도 공격,[44] 2018년부터 시작된 미국과의 무역 분쟁, 2019년의 코로나 책임론까지 국제 여론은 급격하게 중국공산당에 호의적이지 않은 방향으로 변화되고 있다. 이러한 대외경제 환경의 변화는 공산당의 향후 경제정책에도 영향을 미칠 것이 분명하다. 그렇다면 그 방향은 무엇일까?

만약 미국이 앞으로 국제적으로 중국 경제를 강력하게 '봉쇄'한다면 중국은 경제성장의 원동력을 중국 내수에서 찾을 수밖에 없을 것이다. 하지만 이는 중국이 지난 수십 년 동안 대외대방과 국제경제와의 협력을 확대하면서 경제성장을 추진했던 것과는 완전히 반대되는 것이다. 중국공산당 상무위원회에서 2020년 5월 제시된 '국내·국제쌍순환國內國際雙循環' 정책을 필자가 주목하고 있는 이유이기도 하다. 물론 중국 정부는 국내대순환을 우선하겠다는 쌍순환 정책이 결코 보호무역주의가 아니라, 중국이 지난 수년간 지속적으로 추진하고 있는 내수 소비확대, 과잉산업 구조조정(공급 측 개혁),[45] 유통시스템의 혁신 등과 같은 경쟁력 강화를 통해 국제경제와의 연계를 강화할 수 있는 원동력을 확보하는 것[46]이라고 답변하고 있다.

그렇지만 쌍순환 정책이 공교롭게도 이 시기에 제시된 이유는 중국이 직면한 국제경제 환경의 급격한 변화가 중국공산당에게는 그만큼 심각한 위기상황으로 인식되었기 때문일 것이다. 만약 전 세계가 지난 수십 년 동안 번영과 평화를 가져다준 것이 자유무역이었다는 사실을 망각하고, 다시 미·소 냉전시대와 같이 진영을 나누고 서로를 적대하는 과거로 회귀한다면 중국공산당도 국제적 고립국면에서 생존할 수 있는 경제정책을 추진해야 할 것이기 때문이다. 하지만 그 방향성은 중국뿐만 아니라, 중국과 무역과 투자 분야에서 매우 밀접한 관계를 형성하고 있는 한국에게도 매우 불행한 방향일 것은 분명하다.

필자는 중국 경제를 연구하는 한국인 연구자로 이 문제의 해답을 서론에서 제시한 세 번째 고민인 공산당의 정권유지 역량에서 찾아보고자 한다. 이 글에서 중국공산당이 정권을 유지하고 있는 이유가 시대적인 변화의 흐름에 능동적으로 대응하고 집권 정당으로서 때로는 대중의 요구를 적극적으로 수용하고, 때로는 합리적인 논리로 대중을 설득했음을 설명했다.

하지만 새로운 100년을 시작하는 중국공산당이 현재 직면하고 있는 문제는 필자로 하여금 과연 앞으로도 계속 합리적으로 중국 대중들을 설득하고 자발적인 동참을 유도하여 지속적인 성장을 지속할 수 있을 것인지 의문을 제기하게 만든다. 필자가 지금까지 접해본 중국 대중들은 자신의 경제적 지위와 정치적 성향에 따라서 이미 매우 다양하게 분화되어 있었다. 중국공산당이 최근 사회주의적 소득재분배 정책의 수단으로 추진하고 있는 상속세, 부동산 보유세, 디지털 플랫폼 독과점에 대한 규제 등에 대해서도 큰 불만을 표시하기도 했다.

이런 상황에서 만약 미국이 주도하여 자본주의 국가들이 중국에 대해서 사회주의-자본주의의 체제 대립 구도를 강요한다면 중국정부는 중국 대중에 대한 통제를 강화하는 방식으로 사회주의체제를 유지시키기 위해 노력할 수밖에 없을 것이다. 하지만 과거 문화대혁명의 실패를 경험했던 공산당은 이러한 정책 방향이 결코 좋은 결과로 이어지지 않을 것임을 너무나 잘 알고 있을 것이다.

나아가 이러한 체제 대립 구도가 형성되는 것은 자본주의 국가들에게도 불행한 일이 될 것이다. 우리는 사회주의체제가 붕괴된 1990년대 이후 견제와 균형이라는 자체 정화능력을 상실한 자본주의의 폐단을 경험했다. 그뿐만 아니라 지난 수십 년간 우리들에게 번영을 가져다준 글로벌 가치사슬, 가성비 좋은 상품들, 그리고 높은 자본투자 수익들을 포기해야만 한다.

우리는 중국공산당이 앞으로의 100년을 어떻게 설계하고 있는지 보고 싶은 것만 '필터링'해서 보지 않도록 노력을 해야 한다. 미·중 대립 국면이 격화된 지난 수년간 중국은 금융시장을 포함한 대외 개방을 더욱 확대했고, 글로벌 투자자들은 이 기회를 어떻게 활용할 것인지 고민하고 있다. 또한 중국은 '다자多者주의'에 입각한 국제질서를 통해 전 세계가 직면한 빈곤, 환경오염, 국제 갈등 등 많은 문제를 함께 해결해나가자고 얘기하고 있다는 사실을 무시하지 않아야 한다.

아마 이 글을 읽은 독자들은 중국인들의 경험과 문제 해결 방향성들이 사실 우리 한국이 지난 수십 년 동안 걸어왔던 방향성과 크게 다르지 않았음을 느꼈을 것이다. 그렇기 때문에 비록 우리와 조금 다른 사회주의라는 독특한 경제 시스템을 가진 중국이지만, 그들의 문제를 해결하기 위해 추진하고 있는 정책들을 인류 사회의 소중한 실험의 하나로 참고할 필요가 있다. 그것이 우리가 직면하고 있는 빈부격차나 사회적 갈등, 환경문제, 국제관계 등의 문제를 해결하는 데 도움을 줄 수도 있기 때문이다. 갈등과 대립이 아니라 공존과 번영을 위해 우리는 여전히 열린 마음으로 '14억 인과의 대화'를 이어갈 필요가 있는 것이다.

1 2019년 말 미국 GDP는 21조 4277억 달러, 중국은 14조 3429억 달러, 한국은 1조 6463억 달러이다(한국 통계청 데이터 KOSIS 기준). 2020년에는 미국과 중국의 GDP 비중이 72%에 달하는 것으로 추정되고 있다.

2 이 글에서는 완전한 평등과 공동소유가 실현된 사회주의의 극단적이고 특수한 형태를 공산주의라고 구분하여 사용했다.

3 중국공산당은 신민주주의新民主主義 정책에서 민족자본가가 소유한 공업과 산업을 사회주의 정부의 지도 아래 최소 50년을 보장해준다고 했다. 그러나 1956년 이후의 중공업 우선 발전전략 추진을 위해 모든 민영기업을 국유화했다. 린이푸, 《세계경제 부총재 린이푸 교수의 중국 경제 입문》, 서봉교 옮김, 도서출판 오래, 2012, 80쪽; 위의 책, 94쪽.

4 1978년 당시 공산당 전체회의에서 채택된 방침은 "당과 국가사업의 중점을 계급투쟁에서 경제건설로 이동한다"는 것이다. 이것이 중국에서 말하는 '하나의 중심'이다. 경제건설이라는 하나의 중심 아래 그것을 실현해가는 두 개의 기본방향(기본점)이 있는데, 그것이 개혁개방과 네 가지 기본원칙이다. 이남주, 〈중국 내 사상논쟁과 사회주의의 미래〉, 한국고등교육재단 엮음, 《중국, 새로운 패러다임: 18인 석학에게 묻다》, 한울아카데미, 2015, 47쪽.

5 농촌지역의 농가 단위 위탁생산承包制 방식은 초기 농가별 위탁생산包產到戶에서 농민들의 자율성이 더 높은 농가별 위탁경영包乾到戶 방식으로 전환되었다. 1983년 말 전체 농가의 98%가 농가별 위탁경영 방식을 채택했다.

6 이를 중국용어로는 일반적으로 '승포경영책임제承包經營責任制'라고 지칭한다.

7 이근, 《중국경제구조론》, 서울대학교출판부, 1994, 36쪽.

8 테리 보스웰·크리스토퍼 체이스던, 《자본주의와 사회주의의 나선형》, 이수훈·이광근 옮김, 한울아카데미, 2004, 162쪽.

9 하남석, 〈중국 지식인들의 1989년 천안문 사건 재해석: 자유민주주의 운동론과 신좌파적 해석을 중심으로〉, 《중소연구》 제40권 1호, 2016, 43쪽.

10 1980년대 초 개인재산이나 가족재산을 경영 자본으로 국가가 허용하는 범위 내에서

상공업에 종사하는 개인기업을 개체공상호個體工商戶라고 지칭했는데, 이들에 대한 법적인 보호 장치는 매우 취약했고 종업원 수도 8명 이하로 제한되는 등 제약이 많았다. 1987년에는 종업원 수 8명 이상의 개인기업을 사영私營기업이라고 분류하면서 합법적인 경제주체로 인정하기도 했다. 이 글에서는 이 모두를 포괄하여 이하에서는 민영民營기업이라고 지칭한다.

11 덩샤오핑은 남순강화를 통해 장기간 중국인의 사상을 속박한 중대한 인식 문제에 해답을 제시했다. 예를 들면 판단의 주요 기준은 사회주의 사회의 생산력 발전에 유리한지, 사회주의 국가의 종합적인 국력에 유리한지, 인민의 생활수준 제고에 유리한지 보아야 한다고 제시했다. 샤오궈량·수이푸민, 《현대중국경제》, 이종찬 옮김, 도서출판 해남, 2015, 356-358쪽.

12 1993년 11월 〈中共中央關於建立社會主義市場經濟體制若干問題的決定〉에서 중국은 공유제를 주主로 하고 다양한 소유제가 공동으로 발전하는 시스템을 구축해야 한다고 제시했다.

13 시장경제에 적합한 현대적인 금융시스템으로의 전환을 위해 중앙은행의 독립, 국유은행에서의 정책금융 기능의 분리, 전업專業은행의 상업은행으로의 전환, 주식시장과 같은 비은행 금융시스템의 육성 등과 같은 자본주의적 금융시스템이 이러한 비제도권 금융을 빠르게 대체했다. 서봉교, 《중국 경제와 금융의 이해: 국유은행과 핀테크 은행의 공존》, 도서출판 오래, 2018, 41-52쪽.

14 삼각채三角債란 경영곤란에 빠진 기업 간에 대금 지불이 미루어지면서 채권·채무 관계가 서로 연결되어 있는 상태를 지칭했다. 삼각채는 단순히 기업과 기업 간의 채무 문제가 아니라 국유기업의 지배구조, 중국 경제 시스템의 구조적인 문제였다. 중국 정부는 1990년대 이후 정부의 고위 조직(영도소조領導小組)이 주도하여 대규모 재정 투입을 통해 이 문제를 해결했다. 김동하, 《현대중국경제사》, 차이나하우스, 2019, 202-204쪽.

15 이들 중에서는 나중에 중국 경제성장의 신화가 된 사람들이 많았고, 가전, 음료, 제약, 주류 산업 등의 다양한 영역에서 중국의 로컬 브랜드가 글로벌 다국적기업의 수입품과 경쟁할 수 있는 원동력의 원천이 되었다. 시장경제 시스템이라는 바다에서는 무수한 비즈니스 기회가 존재했고, 단기간에 거대 기업집단으로 성장한 수많은 로컬 민영기업들의 성공 스토리가 창출되었다.

16 1992년 시아하이를 한 92파派의 대표적인 인물은 마오쩌둥의 손녀사위인 천둥성 陳東昇 박사인데, 그는 당시 국무원 발전연구센터의 거시경제실장과 《관리세계管理世界》라는 기관지의 부편집장을 담당하고 있었다. 1992년 사직서를 제출하고 중국

최초의 경매회사인 쟈더中國嘉德國際拍賣有限公司를 설립했다. 또한 1996년에는 타이캉보험泰康保險集團을 설립했는데, 이후 중국 5대 보험사로 성장했고 현재도 CEO로 재직하고 있다. 타이캉보험은 2016년 세계 최대 미술품 경매회사 소더비의 지분 13.5%를 인수하여 최대 주주가 되었다.

17 1979년 공산당 부주석 천윈陳雲이 계획과 시장과의 관계를 언급할 때 새장 안에 새를 가두고 관리하듯이 계획경제 안에 시장경제를 두고 관리해야 한다는 개념을 제시했다. 김동하, 앞의 책, 182쪽.

18 서봉교, 앞의 책, 39-40쪽.

19 위의 책, 54-56쪽.

20 위의 책, 58쪽.

21 중국 사회주의 단웨이單位 시스템의 핵심은 종신고용, 완전고용이며, 임금격차의 제한, 단웨이에서 복지를 책임지는 시스템이다. 단웨이 복지는 1980년대 중반 이후 기존 직공은 그대로 두고 새로운 직공에게 차별적으로 적용하는 형태로 점진적으로 축소되다가, 1998년에서 2002년 사이에 급격히 정리되었다. 백승욱, 〈포스트 사회주의 중국의 사회변동〉, 한국고등교육재단 엮음,《중국, 새로운 패러다임: 18인 석학에게 묻다》, 한울아카데미, 2015, 217-222쪽.

22 서봉교, 앞의 책, 60쪽.

23 MBO Management Buy Out은 경영자매수를 지칭한다. 기존 기업의 경영자가 중심이 되어서 기업의 전부 혹은 일부 사업부를 인수하는 형태의 기업 구조조정 방법을 지칭한다.

24 우징롄吳敬璉은 중국의 시장경제 경제학을 대표하는 학자이다. 국무원 발전연구센터 부주임, 중국정치협상회의상무위원 및 경제위원회 부주임, 중국기업발전연구센터 고문, 국무원정보화자문위원 등 화려한 이력을 가지고 있다. 주로 중국의 현대적 기업 제도 구축, 비교경제학, 시장경제 이론경제학 등을 연구했고,《개혁》,《비교》와 같은 잡지의 편집장, 수많은 책들과 강연으로 중국의 시장경제 시스템 전환에 기여했다. 2005년 제1회 중국경제학상 공헌상을 수상했다.

25 우징롄은 "개혁은 이미 전통체제의 핵심 부분까지 추진되었고, 이러한 영역 내에서 전통 사상의 영향력 아주 강력하고도 유해한 것임을 보여주었다"라고 말했다. 이러한 반박에 대해 반대론자들은 현실 상황을 개선할 수 있는 보다 효과적인 경제 방안을 제시하지 못했고, 전국의 국유 및 집체기업들은 바꾸지 않고서는 망할 수밖에 없는 상황에 이미 처해 있었다. 우샤오보어,《격탕 30년》, 박찬철·조갑제 옮김, 새물결, 2014, 593-594쪽.

26 향진기업鄕鎭企業은 1980년대 발전한 중국 농촌지역의 마을 공동체 기업으로 ① 공동으로 자금을 조달하여 ② 농촌 지역의 저렴한 잉여 노동력을 활용하여 ③ 시장에서 수요가 많은 소비재를 공급했다. 향진기업의 설립부터 자금 조달, 공장용지의 제공, 경영진과 기술자의 초빙, 원재료 조달과 제품 판로의 확보 등에서 해당 농촌지역의 ④ 향진정부가 상당히 주도적인 역할을 했다.

27 삼개대표론三介代表論은 2000년 장쩌민 주석이 제시한 이후, 2002년 공산당 제16기 당대회에서 공산당의 공식적인 지도 이념이 되었다. 이에 따르면 공산당은 21세기에 ① 선진 생산력, ② 선진 문화, ③ 광대한 인민의 이익을 대표해야 한다고 제시했다. 이 중 '선진 생산력'을 담당하는 사영기업가는 사회주의 계층으로 공식 인정되었고, 공산당 입당이 공식 허용되었다. 조영남, 〈중국의 정치개혁: 성과와 한계〉, 이현정 엮음, 《개혁 중국 변화와 지속》, 한울아카데미, 2019, 108쪽.

28 서봉교, 앞의 책, 73쪽.

29 2000년 국유기업의 이윤은 전년 대비 140%가 증가하여 1990년 이래 가장 높은 수준을 기록했다. 우샤오보어, 앞의 책, 683-720쪽.

30 랑셴핑, 《부자중국 가난한 중국인》, 이지은 옮김, 미래의 창, 2010, 34-36쪽.

31 서봉교, 앞의 책, 115쪽.

32 우샤오보어, 앞의 책, 688쪽.

33 란셴핑, 앞의 책, 125-201쪽.

34 장경섭, 〈개혁기 중국의 개발다원주의와 차등적 시민권〉, 이현정 엮음, 《개혁 중국 변화와 지속》, 한울아카데미, 2019, 215-222쪽.

35 후진타오 체제(2004~2013년)에서도 중국공산당과 지식인들 사이에서는 빈부격차 확대나 국유자산 유실, 권력과 자본의 유착 등에 대해서 비판하면서 사회 공평을 중시하는 방향으로의 정비가 필요하다는 진영(신좌파)의 주장이나 국유기업 중심의 경제발전 모델인 충칭重慶모델의 부각 등의 노력이 있었다. 하지만 빈부격차의 확대는 오히려 시장화 개혁을 더욱 과감히 하고 정부의 개입을 줄이는 방향으로 해결해야 한다는 진영(자유주의자)의 논리가 더 우위에 있었고, 시장화 개혁이 우선하면서 중국의 개혁이 후퇴했다는 비판이 많이 제기되고 있다. 이남주, 앞의 글, 45-55쪽.

36 미국은 서브프라임 모기지 사태 이후 2009년 3월 3조 달러(미국 GDP의 11%)에 달하는 1차 양적완화QE, 2010년 6조 달러에 달하는 2차 양적완화, 2012년 이후의 3차 양적완화까지 막대한 유동성을 공급했다. 2009년 이후 연방준비은행의 자산규모는 연평균 증가율이 30% 이상에 달했다. 미국뿐만 아니라 G20 회의에 참석한 많은 국가들이 대규모 양적완화 방식의 재정지원을 통해 글로벌 금융위기 극복을 추진

하기로 했다. 서봉교, 앞의 책, 175쪽.

37 유종일, 〈세계 금융위기와 경제정책 패러다임의 변화〉, 서울사회경제연구소 엮음, 《글로벌 경제 위기와 새로운 경제 패러다임의 모색》, 한울아카데미, 2010, 16-25쪽.

38 서봉교, 앞의 책, 176-223쪽.

39 중국의 5개년 계획은 1953년 시작된 이후 2005년의 10차 5개년 계획까지는 계획計劃이라는 용어가 사용되었지만, 2006년 11차 5개년 규획부터는 대중의 의견 수렴, 준강제성, 국민생활과 직결된 목표 중시 등을 강조하는 의미에서 규획規劃이라는 용어로 대체되었다. 김동하, 앞의 책, 357쪽.

40 위의 책, 388-396쪽.

41 서봉교, 앞의 책, 189쪽.

42 중국통계연감의 자료에 따르면 2009년 중국 양로보험의 가입률은 18%에 불과했지만, 2012년에는 양로보험 가입률이 58%로 급상승했다. 중국통계연감 24-25항목, 〈社會保險基本情況〉.

43 중국통계연감의 자료에 따르면 소득불평등 지수인 지니계수가 2009년 0.49로 최고수준을 기록한 이후 2010년 0.48로 감소하기 시작했고, 2015년에는 0.46까지 감소하여 소득불평등이 완화되었음을 알 수 있다.

44 2016년 국제 투기자본의 대부라고 표현되는 조지 소로스가 중국 위안화 대규모 평가절하를 예견하고 공매도(하락장을 예상하고 투자하는 것) 공격을 단행했다. 당시 소로스는 중국 경제가 2008년 미국 글로벌 금융위기 직전과 같이 많은 문제가 내재되어 있기 때문에 금융위기에 직면할 것이라고 주장하면서 많은 투자자들이 위안화의 평가절하 배팅에 참여할 것을 독려했다.

45 2015년 11월 중국공산당 고위급 경제회의中央財經領導小組 11차 회의에서 제시된 '공급 측 개혁供給側改革'은 거시경제 시스템의 공급 시스템의 수준 및 효율성을 높이는 데 초점을 맞추었다. 주요 내용으로는 과잉생산설비 구조조정, 정부의 거시경제 조절 역량 강화, 부동산 및 금융 리스크 해소, 재정 및 조세 제도의 개혁 등 다양한 경제정책 방향을 제시하고 있다.

46 《中國經濟時報》, 〈如何理解'國內大循環''國內國際雙循環〉, 2020. 8. 13.

◆ 제4장 ◆

사회동원과 조직화

장영석

1. 들어가며

1921년 100명이 채 안 되는 당원으로 출발했던 중국공산당은 100년이 지난 지금 9100여만 명의 당원을 두고 있는 거대한 집권 정당으로 변모해 있다. 이 100년 동안 중국공산당은 중국을 서구 제국주의 열강의 분할·점령의 대상이 되었던 '반식민지 반봉건 국가'에서 독립적인 주권을 행사하면서 세계에 큰 영향을 미치는 'G2'로 평가받는 국가로 변모시켜 놓았다. 지난 100년 동안 중국의 당·국가가 비약적으로 성장·발전하는 동안 과연 중국의 사회도 그에 상응할 정도로 성장·발전했는가?

그런데 당·국가의 성장·발전은 당원의 수와 국력을 통해서 가늠해볼 수 있지만, 사회의 성장·발전은 무엇을 통해서 알 수 있는가? 중국 사회의 성장·발전을 파악하기 위해서는 무엇보다 중국적 맥락, 즉 중국 당국이 제시하고 있는 사회의 성장·발전과 관련된 주요 내용을 살펴보고, 그에 대해 해석해보는 작업이 필요하다. 아래는 지난 2020년 8월 24일 시진핑 중국공산당 총서기 겸 국가 주석이 '국민경제와 사회발전 제14차

5개년 계획(2021~2025년)'의 제정을 앞두고 경제·사회 영역의 전문가를 초청하여 좌담회를 가졌는데, 그때 그가 강조한 것이다.

공건共建·공치共治·공향共享으로써 사회발전의 새로운 국면을 열어야 합니다. 더욱 충분하고 질 좋은 취업을 실현하고, 전면적이고 지속가능한 사회보장체계를 완비하며, 공공위생과 질병 통제를 강화하고, 인구의 장기적인 균형 발전을 촉진하며, 사회 거버넌스社會治理 제도를 강화하고, 사회 모순을 해소하며, 사회 안정을 유지해야 합니다. 공건·공치·공향의 사회 거버넌스 제도를 완비하고, 기층사회의 거버넌스를 강화·혁신하며, 사회의 공평과 정의를 더욱 중시하고, 사람의 전면적 발전과 사회의 전면적 진보를 촉진해야 합니다.[1]

위의 언급에서는 기본적 생활을 보장하는 항목(취업, 사회보장체계, 공공위생과 질병 통제, 인구의 장기적 발전), 사회를 발전시키는 방법(공건·공치·공향의 사회 거버넌스 제도), 사회가 추구해야 할 가치관(사회의 공평과 정의, 사람의 전면적 발전과 사회의 전면적 진보)이 제시되어 있다. 기본적 생활을 보장하는 항목의 구성 요소는 사회의 발전 상황에 따라서 바뀔 수 있는 가변적 과제이고, 사회가 추구해야 할 가치관은 인류 사회가 장기적으로 추구하고 달성해야 할 항구적 과제라고 할 수 있는데, 필자는 이 가변적인 과제와 항구적인 과제를 실현해나가는 방법, 즉 '공건·공치·공향의 사회 거버넌스'에 대해 주목하고자 한다.

'공건·공치·공향'은 말 그대로 '함께 건설하고, 함께 다스리며, 함께 향유한다'는 의미이다. 그런데 여기서 문제가 되는 것은 누구와 누가 공건·공치·공향하는 사회 거버넌스인가 하는 점이다. 중국공산당과 사회,

중국 국가와 사회가 공건·공치·공향하는 사회 거버넌스를 말하는 것이 자명하지만, '사회'의 경계가 모호하기 때문에 이 문제에 접근하는 것은 결코 쉽지 않다. 중국공산당과 국가에 '포섭되는 사회'와 '포섭되지 않는 사회', 중국공산당과 국가가 형성하고자 하는 사회와 중국공산당과 국가로부터 독립적인 사회를 상정해보면, '공건·공치·공향하는 사회 거버넌스'의 내용은 대단히 복잡해진다.

필자는 중국공산당 창당부터 지금까지 당·국가와 사회의 역동적인 관계를 '공건·공치·공향하는 사회 거버넌스'라는 기준을 통해서 분석해보고자 한다. 분석 대상이 되는 100년의 시기는 크게 혁명기, 건설기, 개혁개방기로 나누어진다. 지난 100년의 역사를 되돌아보았을 때 중국공산당이 사회를 대면하면서 역점을 두었던 지점은 시기별로 다르다. 혁명기 때에는 혁명의 수요에 맞추어 사회의 역량을 동원하는 데, 건설기에는 건설의 수요에 맞추어 사회를 개조하는 데, 개혁개방기에는 정치적 안정을 위해 사회를 관리하는 데 역점을 두어왔다.

그러나 중국공산당의 사회 동원·개조·관리는 중국공산당의 의지가 일방적으로 사회에 관철되는 것이 아니었다. 중국 사회 역시 다른 모든 국가의 사회와 마찬가지로 국가에 다양한 방식으로 반응하는 능동적인 존재라는 점을 고려한다면 중국공산당의 사회 동원·개조·관리의 과정은 국가와 사회가 함께 엮어내는 정치적 과정이라고 볼 수 있다. 필자는 이런 관점에 기초하여 중국공산당과 사회의 관계를 시기별로 분석하고, 현재 중국 사회의 발전과 관련하여 당·국가가 직면한 문제, 그 문제를 해결하기 위해 고려해야 하는 점은 무엇인지를 제시해보고자 한다.

2. 혁명기, 사회의 형성과 지원

'혁명기'는 1921년 중국공산당이 창당된 후부터 1949년 중화인민공화국이 수립된 기간을 말한다. 1921~1949년 동안 중국공산당이 비교적 '안정적으로' 중국 사회와 관계를 맺었던 기간은 옌안延安 시기, 즉 중국공산당 중앙과 홍군이 장정長征을 거쳐 산시성陝西省 북부에 들어가서 근거지를 만들기 시작한 1935년 10월부터 국민당 군대와 전면전을 치르기 위해서 황하를 건넜던 1948년 3월까지의 13년이다. 중국공산당은 국민당보다 열세에 처해 있었고, 중국의 전역을 통치했던 것은 국민당이었으며, 중국공산당이 마주했던 중국 사회는 편벽한 농촌사회였다.

혁명기의 중국공산당·국가와 사회의 관계를 서술하려면 옌안 시기의 당·국가와 사회관계를 중점적으로 보아야 하지만, 그 경우 중국의 전체 사회가 드러나지 않는다. 이 점을 고려하여 이 절에서는 국민당이 마주했던 중국 사회와 중국공산당이 마주했던 사회를 구분하여 서술하고자 한다.

우선 중국공산당이 창당되었던 배경부터 살펴보자. 중국공산당이 창당되었던 1921년을 기점으로 중요한 사건들을 소급하여 나열해보면 1919년 5·4 신문화운동의 출현, 1918년 제1차 세계대전 종료, 1917년 러시아 10월 혁명, 1911년 신해혁명, 1898년 무술변법 등을 들 수 있다.

무술변법으로 대표되는 위로부터의 개혁, 신해혁명으로 대표되는 아래로부터의 혁명이 모두 벽에 부딪힌 가운데 중국의 엘리트는 제1차 세계대전(1914~1918) 기간, 서구 민주국가 내부의 노사갈등과 빈부격차의 심각성을 보았고, 1917년 러시아 10월 혁명에서는 차르 황제와 자산계급의 통치가 전복되고 재부가 평균적인 분배되는 것을 보았다. 무술변법과 신해혁명 전후 중국의 엘리트 사이에서는 '국가' 변혁의 담론이 확산되었지만, '사회' 변혁의 담론도 움트고 있었다. 1919년 5·4 신문화운동 시기 중국의 엘리트는 중국의 국가와 사회의 변혁과 새로운 국가와 사회 건설에 필요한 서구의 모든 자원을 비판적으로 검토하고 활용했다. '더 선생德先生(서구의 민주주의)', '사이 선생賽先生(서구의 과학)', '모 아가씨莫小姐(서구의 도덕과 윤리)'가 회자되는 가운데 중국에서 자생적인 자유주의자, 사회주의자, 무정부주의자가 형성되었고, 중국의 전통을 더욱 강조하는 문화적 보수주의자도 나타났다.[2]

중국공산당은 중국 지식계에서 국가와 사회 변혁의 담론이 광범위하게 확산되어나가는 가운데 창당되었다. 중국 지식계에서 확산되고 있던 국가와 사회 변혁의 담론은 제1차 세계대전 직후 독일이 점령했던 산둥 반도가 일본의 점령으로 대체되자 중국의 민중들 사이에서 급격히 고양되었던 민족주의와 결합되면서 대중 속으로 확산되었다. 중국의 사회주의자들은 민족해방운동을 제창한 러시아 볼셰비키의 도움도 받았다. 러시아 10월 혁명 이후 유럽 각국에서 무산계급의 혁명적 열기가 식어가자 레닌은 동방의 식민지, 반식민 국가의 민족해방운동에 관심을 돌렸고, 1922년 코민테른이 중국에 파견한 마링Maring은 국민당과 중국공산당에 국공합작을 제안했다. 쑨중산孫中山도 소련의 도움으로 국민당을 키우고자 했고, 국공합작이 추진되었다.

국공합작의 결과, 중국공산당의 세력이 크게 확대되었다. 1921년 100명도 되지 않던 당원 수는 1924년까지만 하더라도 500명을 넘지 않았으나 1925년 말이 되면 2만 명으로 증가했고, 1927년 초에는 5만 8000명으로 증가했다.[3] 그러나 국공합작은 1927년 4월 12일 새벽 국민당의 지시를 받은 청방靑幇과 국민당의 지하비밀조직들이 국민당의 정규군과 함께 공산주의자와 노동조합 지도부를 공격하면서 파탄 나고 말았다. 1927년

말, 백색공포 속에서 잔존한 중국공산당 당원 수는 1만 명이 채 되지 않았다.[4]

1927년 10월 마오쩌둥毛澤東은 패잔병을 이끌고 후난성湖南省과 장시성江西省의 경계에 있는 징강산井岡山으로 들어가 근거지를 확대하여 소비에트를 수립했다. 그러나 국민당 군대의 공격으로 근거지를 포기하고 1935년 10월 산시성 북부로 들어갔다. 1934년 장시성을 떠난 8만 명의 남자와 35명의 여자는 산시성 북부에 도착했을 때 1만 명이 채 안 되었다.[5]

산시성 북부는 중국에서 가장 가난하고 낙후된 지역 중 하나였다. 장시 소비에트의 인구는 300만 명이었는데, 이곳은 많이 잡아도 60만 명이다. 1936년 말 중국공산당의 홍군이 점령하여 산陝-간甘-닝寧 변경지구의 행정수도가 된 옌안은 인구 1만 명 정도의 가난한 도시였다. 중국공산당이 산간벽지에서 근거지를 형성하고 있는 동안 국민당은 북벌을 통해서 중국 전역을 통일해나갔다. 국민당의 제2차 북벌은 1928년 6월 완료되었다. 신장新疆의 난징南京 정부 귀순, 동북 3성 군벌의 국민당 편입으로 국민당은 형식적으로나마 중국 전역을 통일했다.

1937년 일본의 중국 침략이 전면화되기 전까지 국민당은 중국공산당의 세력 확장을 막기 위해 공개, 비공개 조직을 통해서 중국 사회를 전면적으로 통제했다. 1928년 국민당 중앙조직부 조사과가 설립되었고, 1932년 조사과를 기초로 '특공총부特工總部'가 설립되었다.[6] 특공총부는 정치, 경제, 교육, 사회생활 영역에 공개, 비공개 사회단체를 설립하여 중국공산당의 이데올로기를 비판하는 선전활동을 하거나 공산당의 지하조직을 파괴하는 활동을 했다.[7]

국민당의 난징 정부는 사회단체를 사회 통제의 수단으로 삼았다. 지역의 행정적 구분에 따라 기층 자치조직을 설립하는 것 이외, 각계의 지도적 인사들에게 직업에 따라서 직업단체를 설립하도록 했고, 항회行會, 동향회 등 전통적인 조직을 전면적으로 개편해나갔다. 1933년 1월 발표된 〈난징시 민중단체 정리 방법 대강 초안〉은 다음과 같은 내용을 담고 있다.[8] "수도 경찰청이 시 당부의 허가를 거치지 않고, 사회국에 설립 신청을 하지 않은 민중단체를 발견하면, 즉시 신청 서류를 발급하고, 시 당부, 사회국에 송부하여 상세하게 조사한다. …… 본 시 민중단체 조직 설립 이후, 만약 그 단체 존립의 기본요건을 갖추지 못했거나 혹은 삼민주의와 정부 법령을 위반했을 경우, 시 당부, 사회국은 즉시 수도 경찰청에 해산 조치를 요청해야 한다."

국민당의 난징 정부는 사회 통제를 위해 보갑제保甲制를 도입했다. 호戶를 단위로 호장戶長을 두고, 10호를 갑甲으로 하고 갑장甲을 두며, 10갑을 보保로 하고 보장保長을 두었다. 갑장과 보장은 정부가 임명했는데, 세금 징수와 공산당 타도를 위해 장정을 동원해야 했다.[9] 보갑 내의 모든 주민은 〈보갑공약〉에 서명해야 했다. 보장은 호구의 특수한 변동, 무기 은닉, 도적질 등을 보고하지 않은 자, 호구 허위 기입 및 문패 훼손자를 주민자치기구인 구區의 장에 보고하고, 구 보위단이 벌금, 구류 등의 조치를 취했다.[10]

1936년 12월 시안西安 사건[11]을 계기로 국공합작이 다시 추진되었다. 1937년 일본의 전면적인 중국 침략으로 국민당 정권의 도시와 농촌의 기반이 급속하게 와해되었지만, 중국공산당은 농촌에서 근거지를 확대하면서 세력을 키워나갔다. 옌안 시기 중국공산당의 토지정책은 장시 소비에트 시절과 비교했을 때 상대적으로 온건했다. 항일전쟁에서 지주와 부농의 자원을 끌어들이기 위해서 지주의 재산을 완전히 몰수하고 분배하는 대신 소작률을 인하하는 정책을 폈다.

중국공산당은 사회적 약자와 함께 근거지를 '공건·공치'했고, 성과를 '공향'했다. 중국공산당 통치하에 있던 농촌 지역들에서는 2000년간 중국 사회를 지배해왔던 신사-지주층의 힘이 쇠락하고 종종 붕괴되기도 했다. 기원전 221년 제국 질서 성립 이래 중국 역사상 처음으로 진정한 사회혁명이 시작되었다고 해도 과언이 아니다.[12] 중국공산당은 농촌사회의 자원을 동원하면서 자신의 세력을 확대해나갔고, 혁명에 성공했다.

옌안의 유산은 제도적 유산과 혁명적 가치의 유산으로 구분될 수 있다. 대중노선의 원칙을 강조하면서 관료제적 통제의 병폐가 감소되었다. 자급자족의 원칙에 기초한 다양한 노동 조직 방식이 나타났다. 합작공업과 합작농업이 나타났다. 생산과 교육을 결합하는 다양한 제도와 프로그램이 개발되었다. 반공반독半工半讀 학교, 야간학교, 노동-면학 프로그램 등이다. 금욕적이고 평등주의적인 가치관이 확산되었다. 인민을 위한 헌신적 투쟁과 희생의 가치, 근면, 검소, 이타주의, 자기수양, 자기부정의 가치였다.[13] 중국공산당은 농촌사회의 지지를 받으면서 정치·경제·사회 영역에서 새롭고 독특한 제도를 형성했고, 이를 뒷받침하는 윤리 규범을 확립하면서 세력을 확대해나갔으며, 혁명을 승리로 이끌면서 새로운 국가의 건설과정에 들어갔다.

3. 건설기, 사회의 개조와 동원

건설기는 신민주주의 단계, 사회주의 국가 건설의 과도기, 사회주의 계획경제체제 확립기로 구분할 수 있다. 사회주의 중국 사회의 원형은 이

세 단계를 거치면서 형성되었다. 중국공산당은 신민주주의 단계와 사회주의 국가 건설의 과도기 동안에는 국가의 수요에 맞게 중국 사회를 철저히 개조하는 데 역점을 두었고, 사회주의 계획경제체제 확립기 동안에는 동원하는 데 역점을 두었다.

혁명 승리 이후 어떤 성격의 정부를 수립할 것인가? 1939년 12월과 1940년 1월 마오쩌둥이 발표한 〈중국혁명과 중국공산당〉과 〈신민주주의론〉은 이 문제에 대해 답하고 있는데, '자본주의 독재가 끼어들어오는' 시기도 허락해서는 안 되고, 그렇다고 곧바로 사회주의 사회를 수립할 수도 없기 때문에 '신민주주의 사회'와 '신민주주의공화국'의 과도기가 필요하다는 것이다.

1949년 10월 1일 중화인민공화국 수립이 선포되었다. 마오쩌둥은 신민주주의를 처음 구상할 때 신민주주의는 10년, 20년, 심지어는 좀더 긴 기간 존속할 것이라고 했는데 1953년 신민주주의 구상을 폐기하고 '사회주의 과도기'로 넘어간다고 선언했다.[14] 그리고 그로부터 4년이 지난 1957년 사회주의 개조를 완성했다고 선언했다. 도대체 1949~1952년 사이에, 그리고 1953~1957년 사이에 무슨 일이 발생한 것일까?

신생 정권의 최대의 과제는 전쟁으로 피폐해진 경제를 재건하고, 사회주의 국가의 제도적 기반을 구축하며, 반사회주의 세력을 소탕하는 것이었다. 나아가 새로운 사회를 뒷받침하는 도덕적 규범도 확립해야 했다. 이 절에서는 중국 사회의 개조를 농촌과 도시로 나누어서 살펴보겠다.

농촌사회를 획기적으로 바꿔놓은 것은 토지개혁이다. 1949년 토지개혁이 진행되었던 지역은 중국 농촌의 1/5을 넘지 않았다. 1950년 6월 토지개혁법이 발표되었고, 토지개혁운동은 1952년 말 소수민족 거주 지역을 제외한 모든 지역에서 완료되었다. 중국공산당은 토지개혁을 통해서 적어도 두 가지의 목적을 달성하고자 했다. 첫째, 신사-지주계급을 분쇄하여 농촌지역에 신생 정권의 기반을 확고하게 구축하고자 했다. 둘째, 토지개혁을 통해서 생산성을 증대하고, 농업과 공업의 사회주의적 개조를 위한 기반을 다지고자 했다.[15] 토지개혁의 결과는 어떠한가? 아래는 장시성江西省 가오가촌高家村의 토지개혁 전후의 상황이다.

중국공산당이 1949년 권력을 장악했을 때 20호로 구성된 가오가촌의 촌민은 촌의 280무畝 경지를 평균적으로 분배했다. 토지개혁 당시 ○○○은 지주로, △△△는 부농으로 분류되었는데, 촌에는 중농이 12호가 더 있었으며, 빈농은 6호가 있었다. 빈농은 대략 평균 6무, 중농은 13.8무의 토지를 소유하고 있었다. 지주는 45무를, 부농은 33무를 소유하고 있었다. ○○○이 지주로 분류된 것은 누가 봐도 알 수 있듯이 그가 농사를 짓지 않았기 때문이다. 그는 빈농에게 토지를 임대했고, 자신은 사숙에서 글을 가르쳤다. △△△이 부농으로 분류된 것은 무엇보다 그가 소유한 토지가 다른 사람들보다 더 많았기 때문이고, 그 역시 토지를 빈농에게 임대해주고 자신은 재봉 일을 했기 때문이었다. …… 1951년 토지개혁에서 ○○○과 △△△의 토지는 몰수되어 공유지로 되었다. 가오가촌의 모든 토지는 사람의 머리수에 따라서 평균적으로 분배되었다. 평균 이상으로 소유하고 있던 중농의 토지는 공유지로 되었고, 빈농에게 분배되었다.[16]

가오가촌의 사례에서 알 수 있듯이 지주와 부농에 대한 기준은 명확하지 않았고, 촌민들 사이에서는 토지를 평균적으로 분배하려는 경향이 있었다. 토지개혁의 결과, 가오가촌에서는 지주와 부농의 경제적 기초가 완전히 붕괴했다. 그러나 중국의 모든 농촌이 가오가촌의 토지개혁처럼 진행된 것은 아닌 것으로 보인다. 일부 농촌지역에서는 부농과 중농이 여전히 토지를 소작농에게 임대해주기도 했고, 임금노동자를 고용하고 있었다.[17]

토지개혁법이 발표되었던 1950년 6월에는 한국전쟁이 발발하여 토지개혁운동에 심대한 영향을 미쳤다. 한국전쟁은 중국공산당 지도부에 외부세력과 내부세력이 결탁하여 반혁명을 전개할 수도 있다는 망령을 불러왔다. 중화인민공화국 수립 과정에서 관료 자본가계급의 대다수는 중국 본토를 떠났지만 지주계급의 대다수는 여전히 중국의 농촌과 도시에 남아 있었다. 1951년 2월 21일 마오쩌둥은 〈반혁명 처벌조례〉를 포고했고, 중국 전역에서는 공포정치가 나타났다.[18] 중국공산당은 지주계급의 잠재적 위험을 분쇄하기 위해 계급투쟁의 심화, 토지개혁운동의 가속화를 요구했다.[19] 토지개혁을 위해 지방 당 간부들의 훈련, 농민협회와 각종 대회의 조직, 토지소유권 조사, 농민에 대한 계급 분류, 교육운동이 전개되었다. 토지개혁운동은 정치적 과정이었고, 그 과정에서 농민은 정치적으로 각성해나갔다.[20]

토지개혁이 진행되는 동안 지식분자들도 토지개혁 운동에 어떤 형태로든 참여하지 않으면 안 되는 분위기가 형성되었다. 예를 들면, 판광단潘光旦 칭화대학淸華大學 사회학과 교수는 청년 교원 취안웨이톈全慰天과 함께 1951년 2월 20일~4월 9일 타이후太湖 유역의 토지개혁운동을 참관했고, 토지개혁 과정에서 보고 들었던 것을 베이징北京, 톈진天津, 상하이上海의 간행물에 게재했다. 토지개혁에 참여한 지식인들은 과거 자신이 토지개혁에 대해서 가졌던 부정적이거나 올바르지 않은 견해와 입장에 대해서 비판하는 글을 게재하기도 했다.[21] 이처럼 토지개혁운동은 경제적, 정치적 성격을 띠었을 뿐만 아니라 이데올로기적 성격도 띠었다.

한편 중국공산당은 1950년 10월 한국전쟁 참전을 계기로 '항미원조抗美援朝, 위국보가衛國保家',[22] '항미원조, 보위평화保衛和平'를 대대적으로 선전했다. 중국공산당은 미군의 한국전쟁 참전, 특히 미 7함대의 타이완 해협 진입 및 타이완 진주를 '주권 침해', '내정 간섭', '중국의 안전을 위협하는 죄악'이라고 비난했다.[23] 중국 내부에 존재하는 미 제국주의적 요소와 반사회주의적 요소를 제거하는 반미운동과 애국운동이 전개되었다.[24] 영미권에서 유학을 하고 귀국한 유명한 교수들이 미 제국주의를 비판하는 글들을 썼다. 초·중·고등학교, 대학교 가운데 미국의 지원을 받고 있던 학교는 '치욕'의 상징이 되었고 설립이 취소되거나 다른 학교로 통폐합되는 과정을 밟았다. 영미식의 개인주의와 자유주의에 대한 비판도 대대적으로 전개되었다.[25] 이처럼 한국전쟁은 중국의 교육·문화의 내용과 교육제도 개편에도 상당히 큰 영향을 미쳤다.

다음은 중국의 도시 사회개조 상황이다. 1949년 중국은 농업국가였지만, 6000만 이상의 중국인이 인구 10만이 넘는 여러 도시에 거주하고 있었다.[26] 중국공산당이 도시를 접수했지만 공산당 간부의 도시 관리·건설 업무는 미숙했다. 중국의 어느 지역보다 빨리 해방되었던 동북지역에서 축적했던 도시 사회개조의 경험이 중화인민공화국 신생 정부의 도시 개조사업에 주요 참고 자료가 되었다.[27] 중국공산당동북국中國共産黨東北局은 1947년 가을 공세로 창춘長春, 선양瀋陽, 진저우錦州 등을 제외한 중국 동북지역의 주요 지역을 해방하자 1948년 6월 〈도시를 보호하고 새롭게 회복하는 데 관한 지시〉를 발표하고, 해방된 지역에서는 군사관리위원회를 실시한다고 선포했다. 그러나 중국공산당의 간부들은 도시 공작의 경험이 부족했고, 접수된 도시 관리에 혼란이 발생했다. 그래서 중국공산당 동북국은 동년 8월 〈공영기업 중 직원 문제에 관한 결정〉

(이하 〈결정〉)을 발표하고 접수한 관료자본가 기업의 직원을 대하는 원칙과 방법을 아래와 같이 제시했다.

> 소수의 고급 직원, 관료, 구사회에서 특수한 지위에 있었던 직원, 인민에게 복무하길 원하지 않는 자, 노동자가 증오할 정도로 나쁜 짓을 많이 하여 남겨둘 수 없는 자를 제외하고, 인민에게 복무하고, 직무에 충실하며, 파괴 활동을 하지 않는 자에게는 업무를 부여한다.[28]

〈결정〉은 기업 직원 중 국민당에 가입한 당원, 삼청단三民主義靑年團에 가입한 단원에 대해서는 다음과 같이 차별적으로 대처하는 방법을 제시하고 있다.

> 직업 보장을 위해서 가입한 국민당원과 삼청단원은 정해진 시기에 입당과 입단의 보고를 거치되, 파괴 활동에 참여하지 않는다고 보증하는 조건하에서 업무를 부여하지만, 단기 내에서는 중요한 직무를 맡을 수 없다. 당무와 단무를 책임졌던 인원은 반드시 특무분자인지 아닌지를 명확하게 가려낸 뒤 내보낼지 남겨둘 것인지를 결정한다. 신분을 숨긴 특무분자에 대해서는 반드시 경계심을 더욱 높이고, 기업에서 내보낸다.[29]

중국공산당은 국민당 정부가 남기고 간 관료기구와 기업을 접수하고, 고위 관료와 직원, 특무분자를 제외한 대부분의 중·하급 관료와 직원을 그대로 수용하여 도시 사회를 관리했다. 그러나 중국공산당이 계속 구 관료와 직원에 의지했던 것은 아니었다. 중국공산당은 각급 당교黨校, 당 훈련반 등을 통해서 당 간부를 집중적으로 양성하고 그들을 일선 업무에 배치해나갔다. 간부 교육의 내용은 시기에 따라 달랐다. 중화인민 공화국 수립 직전에는 당의 기본이론, 정치노선, 조직원칙, 당면 실천 투쟁의 임무 등 정치학습이 주가 되었고, 중화인민공화국 수립 이후부터는 소련의 사회주의 건설 이론과 경험 등 경제학습도 병행되었다.[30]

중국공산당은 신생 정부의 정치적·경제적 안정이 확보되자 정치적으로 신뢰할 수 없는 구 관료와 직원을 정리해나갔다. 1951년 말부터 1952년까지 중국 도시에서 '항미원조, 위국보가', '항미원조, 보위평화' 운동이 심화되는 가운데, 중국 도시의 사회계층을 정치적으로 억압하고 단속하는 세 가지 운동이 전개되었다. 지식인에 대한 사상개조운동, 관료의 부패와 비효율성에 대항하는 '삼반三反' 운동,[31] 사실상 부르주아지에 대한 공격이었던 '오반五反' 운동[32]이 그것이다.[33] 이 세 가지 급진적인 대중운동을 통해서 중국공산당은 도시에서 신생 정권의 기초를 공고하게 다져나갔고, 1953년 10월 1일 〈사회주의 과도기의 총노선〉을 선포했다.

중국 사회가 '신민주주의 단계'에서 '사회주의 과도기'로 전환되는 과정에서 1949년 이전부터 존재하고 있던 각종 사회단체들도 중국공산당과 국가의 통제를 받고 개조되었다. 1950년 9월 정무원이 제정한 〈사회단체 등기 임시 방법〉과 1951년 3월 내무부가 제정한 〈사회단체 등기 임시 방법 실시 세칙〉에 근거하여 각 사회단체들은 인민군중단체, 문예공작단체, 학술연구단체, 종교단체로 분류되었고, 정부의 기관에 등록 절차를 밟았다. 상당수의 사회단체들은 봉건적 조직, 반동조직으로 낙인찍혀 폐쇄되었고, 등록된 사회단체들은 "당의 방침을 대중에게 관철하고 대중의 요구를 당에 전달하는 교량 역할ranmission belt을 해야 한다"는 레닌의 조직 원칙에 따라 철저하게 당·국가에 종속되었다.[34]

구사회의 계급적 토대가 철저히 파괴된 상황에서 중국공산당은 1952년 말 제1차 5개년 계획(1953~1957년)을 선포하고 소련식 사회주의 계획경제체제를 확립해나갔다. 정부의 재정 투입은 공업이 농업보다 압도적으로 많았고, 공업에서는 중공업이 경공업보다 압도적으로 많았다. 국유제 공업기업이 건설되는 가운데 1953~1956년 도시경제의 사적 부문의 대부분이 국유화되었고, 농업의 집단화가 추진되었다. 이런 성과를 바탕으로 마오쩌둥은 1956년 1월 '올해 말에는 사회주의의 승리가 실제로 확실해질 것'이라고 예언했고, 저우언라이周恩來 등 그 밖의 지도자들도 '사회주의로의 이행 고조'를 경축했다.[35] '사회주의 과도기'는 불과 5년 만에 끝났다.

'사회주의 과도기' 동안 마오쩌둥은 소련식 사회주의체제 건설방법이 중국의 실정에 맞지 않는다는 것을 간파했다. 중국공산당은 1955년 3월, 동년 하반기에 개최될 중국공산당 제8차 전국대표대회를 앞두고[36] 〈정치보고〉와 〈제2차 5개년 계획 건의〉 기초 작업에 착수했다.[37] 이 중대한 대회를 앞두고 마오쩌둥은 외지 시찰을 통해서 현장을 점검했고, 외지에서 돌아온 뒤 1956년 2월 14일~4월 22일까지 30여 부서의 보고를 청취했다. 마오쩌둥은 이를 바탕으로 1956년 4월 25일에 개최된 정치국 확대회의에서 〈10대 관계론〉을 연설했는데, 소련의 사회주의 건설과정에서 나타난 문제점을 지적하면서 중국 국정에 맞는 사회주의 건설방법을 강조했다.

1956년 9월 제8차 전국대표대회에서 통과된 〈정치보고〉는 결과론이긴 하지만, 이후 중국에서 전개되었던 복잡한 정치적 상황을 이해하기 위해 꼼꼼히 들여다볼 필요가 있는 문건이다. 적어도 두 가지의 점을 염두에 둘 필요가 있다. 먼저, 마오쩌둥은 1957년부터 〈정치보고〉를 '우경이자 반모험'이라고 비판하기 시작했고,[38] 그 후 마오쩌둥이 추동한 사회주의 건설이 가속화되었다. 그다음, 〈정치보고〉에 제기된 '관료주의 현상에 대한 투쟁' 요구이다. 마오쩌둥의 사회주의 건설 기획에는 사회주의 건설을 가속화하면서도 관료주의를 극복하는 문제가 중심 의제로 포함되어 있었다. 마오쩌둥이 추동한 사회주의 건설의 가속화 기획은 대약진운동으로 나타났는데, 대약진운동은 실패로 끝나고 말았고, 그 기획은 파기되었다. 사회주의 건설 초기에 나타난 중국의 관료주의의 문제는 국가기관에 한정되지 않고 경제와 사회의 전 영역에 걸친 광범위한 문제였기 때문에 해결하기가 어려웠다. 중국의 관료주의의 문제가 경제와 사회의 전 영역에 걸친 광범위한 문제가 된 것은 중국공산당이 사회주의 계획경제체제 건설과정에서 형성한 독특한 경제·사회체제 때문이다.

중국공산당의 사회주의 계획경제체제 건설과정은 중국의 경제와 사회를 하나하나의 계획 단위로 재편성하고, 그 계획 단위의 역량을 당·국가의 수요에 동원하는 과정이었다. 중국의 기업과 비영리단체는 모두 중앙과 지방의 계획 당국의 관리 범주에 포함되어 하나의 계획 단위로 재편되었는데, 농촌과 도시에서 그 계획 단위의 표현 형식은 각각 '인민공사人民公社'와 '단위單位'였다.[39] 인민공사와 단위는 중국의 계획 당국이 입안한 경제와 사회 계획을 실행하는 기초단위였다. 나아가 인민공사와 단위는 경제와 사회 단위일 뿐만 아니라 중국공산당의 정책을 집행해나가는 정치 단위이기도 했다. 중국공산당은 인민공사와 단위 내부에 설립된 중국공산당의 조직을 통해서 인민공사와 단위의 성원을 중국공산당의 정치적 수요에 동원하기도 했다.

중국공산당의 사회주의 계획경제체제 건설 초기에 관료주의의 문제가 제기되었다는 것은 인민공사 및 단위와 지방 및 중앙의 계획 단위를 매개하는 간부의 역할에 문제가 있었고, 그 문제로 인해 경제·사회·정치적 문제가 발생했다는 것을 의미한다. 사회주의 계획경제체제가 잘 운영되기 위해서는 인민공사·단위와 지방 및 중앙의 계획 단위 사이에 정보의 흐름이 막히거나 왜곡되지 않아야 하는데, 그러기까지는 인민공사 및 단위와 지방 및 중앙 계획 단위에 이르는 중국의 위계 조직이 너무 복잡하고 방대했다. 복잡하고 방대한 위계 조직을 제대로 감독하지 못할 경우 관료주의가 나타난다. 마오쩌둥은 1957년 2월 최고국무회의에서 〈인민 내부의 모순을 정확히 처리하는 것에 관한 문제〉(이하 〈문제〉)를 연설하면서 정부와 대중 사이에 존재하는 '여러 모순'을 지적했는데, 그 당시만 하더라도 그는 관료주의에서 비롯되는 인민 내부의 문제는 토론이나 대중운동을 통해서 극복할 수 있을 것으로 믿었던 것 같다.

총 12개의 주제로 된 〈문제〉의 여덟 번째의 주제가 '백화제방, 백가쟁명, 장기공존, 상호감독에 관하여'이다. "사회주의 사회에서 여전히 여러 가지 모순이 존재한다는 것을 인정한 기초 위에서 제기된 것이고, 국가가 신속하게 경제와 문화를 발전시켜야 한다는 절박한 요구에서 제기된 것"이라며, 예술계와 과학계에 자유롭게 토론하고 건설적으로 문제를 제기해줄 것을 주문하고 있다. 1951~1952년 사상개조의 대상이 되었던 중국의 지식계는 이 '백화제방, 백가쟁명' 운동에 처음에는 소극적으로 대처하다가 점점 과감하게 국가와 사회의 관계, 지도자와 피지도자의 관계, 지적인 자유의 문제 등 중국 사회주의의 현재와 미래에 대한 문제들에 대한 견해를 그 어느 때보다 더 솔직하고 밝히기 시작했다.[40]

그러나 지식인들의 비판적인 문제제기는 1957년 6월 반우파운동이 전개되면서 중단되고 말았다. 관료주의와 불평등 문제에 대한 지식인의 비판은 마오쩌둥의 문제의식과 맞닿아 있었지만, 마오쩌둥의 기획에는 지적 자유와 정치적 민주주의의 보장 문제는 없었다.[41] 도시의 각 단위마다 반우파운동이 조직되었고, 55여만 명이 '우파분자'로 낙인찍혔는데, 이들 상당수는 지식인, 경영관리의 경험을 가졌던 공·상업자였다. '우파분자'의 절반 이상은 공직을 잃었고, 상당수는 '노동교화소勞動敎養'에 피송되었으며, 본래의 단위에 남게 된 사람들은 자신의 특기를 발휘할 수 없는 업무에 배치되었다.[42] 중국공산당은 당의 방침에 순응하는 사회와 그렇지 않은 사회를 구분하고, 순응하지 않은 사회에 대해서는 철저하게 배제하는 방식을 채택했다.

1956년 중국공산당 제8차 전국대표대회 전후로 사회주의 건설방법과 속도, 사회주의 건설과정에서 등장한 문제에 대한 인식과 해결 방법을 둘러싸고 중국공산당 지도부 내부에서는 견해 차이가 발생했고, 마오쩌둥은 그 견해 차이를 때로는 회의(1959년 루산회의盧山會議)를 통해, 때로는 '대중운동'의 방식(1964년 사청운동四淸運動)으로 해소하고자 했지만 실패했고, 중국공산당의 상층 지도부는 분열되고 말았다. 중국공산당 상층 지도부의 분열로 문화대혁명 기간(1966~1976년)에 중국 사회는 크게 분열되고 말았다. 인민공사의 대원과 단위의 성원은 마오쩌둥의 노선을 추종하는 '마오파', 류사오치劉少奇의 노선을 추종했다는 '주자파', 이 두 파벌의 어느 편에도 가담하지 않은 '소요파'로 갈라졌고, 대중운동의 주도권을 획득한 '마오파'는 다시 '급진파'와 '온건파'로 갈라졌다.[43] 문화대혁명의 대중운동이 무장투쟁으로 전환되자 각 파벌은 서로의 적이 되었고, 이성적이고 합리적인 방안으로는 문제를 해결할 수 없는 지경이 되었다. 문화대혁명의 이상이 사라지자 중국의 일부 지식인들은 다양한 모임을 통해서 '마오주의로부터 빠져나오기'를 시도하면서 '중국의 길'을 모색해나갔다.[44]

4. 개혁개방기, 사회의 복원과 관리

1976년 마오쩌둥의 사망과 사인방四人幇의 체포로 문화대혁명이 종결되었다. 문화대혁명이 종결되었을 때 중국은 아시아의 '네 마리의 용'보다 훨씬 낙후되어 있었고, 중국공산당의 새 지도부는 사회주의 정권의 정당성 위기를 극복하기 위해 개혁개방 정책을 채택했다. 중국공산당 제11기 3중전회가 개최되어 개혁개방 정책을 선언한 1978년 12월을 개혁개방기의 출발점으로 보면 개혁개방기는 40여 년, 건설기는 30년으로 개혁개방기 기간이 건설기보다 더 길다.

개혁개방 초기 두 가지 정책의 성공이 중국 사회구조의 변화에 심대한 영향을 미쳤다. 우선, 농촌에서의 개혁정책이다. 인민공사체제가 해체되고, 토지가 농가 단위로 분배되어 경영되었다. 농가 단위로 노동이 조직되면서 농촌의 잉여노동력은 비농업 분야에서 일할 수 있게 되었다. 농촌에서 설립된 향진기업은 그 잉여노동력을 흡수했고, 저렴한 노동력을 활용하여 발전했다. 농산물을 판매·유통하는 농민, 도시에서 일자리를 찾으려는 농민이 도시로 흘러 들어왔다.

그다음, 경제특구의 설치다. 서구의 자본과 화교자본뿐만 아니라 소득세 혜택과 희소 상품의 내지 수출로 자본을 축적하고자 한 내련기업內聯企業[45]이 경제특구로 대거 들어오면서 경제특구는 설립된 지 얼마 지나지 않아 활성화되었다.[46] 경제특구의 성공적인 운영 경험은 중국의 지방정부를 자극했다. 중앙정부가 각 지방정부의 요구를 수용하면서 1980년대를 걸쳐서 연해 도시들이 하나씩 개방되었다. 중국의 도시에서는 독자기업, 합자기업, 합영기업, 사영기업, 자영업자個體戶 등 사회주의 계획경제체제하에서는 볼 수 없었던 '다양한 성분'의 경제가 출현했다.

개혁개방 초기의 정책이 성과를 내자 중국공산당은 1990년대 들어 국유기업을 본격적으로 개혁하기 시작했다. 국유기업은 비국유기업과의 경쟁에서 패배하여 적자가 확대되고 있었고, 그 적자는 국가의 재정으로 보전되었다. 국유기업의 구조조정을 위해서는 국유기업이 담당하고 있던 사회보장 기능을 국유기업으로부터 분리하지 않으면 안 되었다. 1990년대 중·후반기의 대대적인 국유기업의 구조조정은 양로보험제도, 의료보험제도, 실업보험제도 확립과 동시에 추진되었다.[47]

1980~1990년대 중국의 도시에서는 사회주의 계획경제체제 시기에는 없었던 농민공, 실업노동자, 자영업자個體戶, 사영기업가, 외자·합자·합영기업에 고용된 화이트컬러 등 다양한 계급·계층이 등장했다.[48] 이 시기 각 계급·계층의 이익을 대변하려는 사회단체들도 속속 등장했다. 중국의 사회단체는 특히 1990년대 중반기 이후 폭발적으로 증가했는데, 1990년 4560개에서 1998년 18만 1138개로 증가했다.[49] 중국의 도시에서 다양한 계급·계층이 등장하고, 그들의 이익을 대변하는 사회단체가 폭증하자 중국공산당과 정부는 건설기 때 확립되었던 도시주민 관리 방식을 보완하고, 또 사회단체를 규율하는 새로운 제도를 도입하여 그에 대처해나갔다.

우선 건설기 때 확립되었던 도시 주민의 관리 방식의 보완이다.[50] 건설기 때 중국공산당은 단위 성원은 단위를 통해서, 비단위 성원은 도시의 행정 조직 체계인 '가도-거민위원회'를 통해서 도시 주민을 관리하는 방식을 확립했다. 중국의 도시 행정체계는 시 정부-구 정부-가도판사처로 구성되어 있고, 가도판사처 산하에는 자치조직인 거민위원회를 두었는데, 가도-거민위원회는 도시에 막 진입한 사람, 범법 등의 원인으로 단위로부터 배제되거나 단위에 진입할 수 없는 사람 등 주로 비단위 성원을 관리해왔다. 1980년대 이후 도시에 유입된 농민의 수가 급증하고, 1990년대 중반기 이후 국유기업의 구조조정이 가속화되면서 직장을 잃은 도시 노동자가 급증하고 단위체제가 해체되자[51] 가도-거민위원회가 이들 인원을 관리할 책임을 떠안게 되었다.

그러나 가도-거민위원회는 기존의 한정된 인력과 재원으로는 이들 인원을 제대로 관리할 수가 없었다. 각 도시별로 가도-거민위원회의 역량을 강화하는 실험이 전개되었고, 국무원 판공청은 그 실험을 종합하여 2000년 11월 〈전국에 도시 사구 건설을 추진하는 데 대한 민정부의 의견〉을 하급 정부에 하달했다. 이 문건은 중국공산당의 도시 거주 주민 관리 방식이 크게 변화했다는 것을 보여준다. 그 변화는 크게 두 가지로 요약할 수 있다. 첫째, 각 도시에 가도 산하에 행정 관리 단위로 '사구社區, community'를 설치하라는 요구이다. '사구'는 본래 주민이 거주하는 공간적 의미를 가진 말이었으나 이 문건이 발표된 이후 공간적 의미뿐만 아니라 행정이 개입되는 행정적 의미를 띠게 되었다. 둘째, 당 조직과 자치조직을 건설할 때 전임직과 겸직이 결합된 사구 공작대오를 건설하도록 요구하고 있는데, 가도판사처는 이 요구를 근거로 전임직 사구 공작자를 채용할 수 있게 되었다. 가도판사처가 채용한 전임직 사구 공작자는 각 사구에 파견된 후 주민의 '민주'적 선거 절차를 거쳐서 사구 거민위원회의 간부가 되었다.[52]

2000년대 이후 가도판사처-사구를 통해서 도시 거주 주민을 관리하는 방법은 계속 진화하고 있다. 베이징 시가 가도-사구를 '격자로 세분화網格化'하여 주민을 관리하는 실험을 가장 먼저 전개했는데, 그 성과가 입증되자 2013년 중국공산당 제18기 3중전회는 '격자로 세분화'하는 방법을 '혁신적인 사회관리 방법'으로 공식화하고, 전국의 사구에 주민에게 제공하는 서비스를 관리하는 플랫폼을 건설할 것을 요구했다.[53] 베이징 시의 사례를 살펴보자.

2004년 베이징시 둥청구東城區는 17개 가도, 205개 사구를 589개 격자로 세분화하여 주민을 관리하는 실험을 전개했다. 베이징 시는 이 실험을 기초로 하여 2008년 베이징올림픽 때에는 각 격자의 주민들로부터 수집된 정보를 시민에게 제공하는 온라인 플랫폼을 운영하면서 주민 관리의 범위를 치안 문제로까지 확대했고, 2010년에는 사회 서비스의 관리로까지 확대했다.[54]

격자는 어떤 방식으로 조직되는가? 아래는 쑤저우蘇州 시의 한 격자의 조직 구조이다.[55] 하나의 격자는 통상 3~5동의 아파트, 대략 300~600가구를 포괄한다. 하나의 격자에는 5~7명의 격자원網格員이 있는데, 이들은 거민위원회의 위원, 각 동의 주민 봉사자, 주민 사회활동 집단의 대표, 주택 소유자 대표, 아파트 관리자 등으로 구성된다. 격자는 거민위원회와 당 지부의 지도를 받는다. 거민위원회가 격자에서 주도적인 역할을 담당하는데, 거민위원회의 당 서기는 직접적으로 일을 처리하기보다는 격자 팀의 일처리를 지도한다.

중국공산당은 '격자 당 조직'의 건설을 강조하고 있다. 위에서 사례로 살펴본 베이징 시 둥청구의 경우 2004년 당시 589개 격자에 822개 '격자 당 조직'이 건설되었다. 격자를 단위로 사회 서비스를 제공하는 것은 당 조직, 사구로 진입하는 전임직 사구 공작자, 사회 서비스를 담당하는 사회단체, 사회 서비스에 필요한 재원의 문제 등 여러 문제와 연관되어 있다.[56] 격자를 단위로 도시 주민에게 사회 서비스를 제공하는 것은 중국공산당과 정부의 사회단체 관리 방식의 변화와 맞물려 진행되고 있다.

중국공산당과 정부는 사회단체를 제도 내로 편입시키고, 도시 주민에게 사회 서비스를 제공하는 매개 조직으로 활용해 나가고 있다. 개혁개방기 사회단체가 대량으로 출현하자 중국 정부는 1988년, 1989년 각각 〈기금회 관리 방법〉,〈사회단체 등록 관리 조례〉를 발표하고 사회단체를 관리하는 법적 근거를 마련했다. 사회단체는 정부의 관련 부문에 등록해야 하고, '등록 기관'과 '업무 주관단위'의 '이중적 관리'를 받도록 했다. 등록 부문은 사회단체의 성격에 따라서 달라진다. 통상 영리를 목적으로 하는 사회단체의 등록 부문은 공상국이고, 비영리를 목적으로 하는 사회단체의 등록 부문은 민정부이다. '업무 주관단위'는 사회단체가 업무적으로 소속되는 기관을 말하는데, 사회단체를 관리하는 일종의 상급 사회단체라고 할 수 있다. 한 사회단체가 등록 부문에 등록하려면 업무 주관단위가 있어야 하는데, 그 업무 주관단위를 찾기가 쉽지 않다. 이처럼 이중적 관리 방법은 중국 사회단체의 발전을 제약했다.[57]

이런 제약에도 불구하고 사회단체가 지속적으로 증가하자 중국공산당과 정부는 사회단체를 유형별로 분류하여 관리하고, 나아가 사회단체를 적극적으로 활용하는 정책을 확립해나가고 있다. 사회단체의 유형별 관리와 관련하여 중국공산당과 정부가 내놓은 중요한 조치는 두 가지이다. 먼저, '경내境內'와 '경외境外' 사회단체의 구분이다. 2016년 중국 당국은 〈경외 비정부조직 경내 활동 관리법〉을 발표했는데, 여기서 '경외'는 외국뿐만 아니라 중국의 주권 범위인 홍콩과 타이완까지를 포괄하는 개념인데, 경외 비정부조직NGO이 중국 국내에서 영리활동과 정치활동, 종교활동에 대한 자원 지원을 금지하고 있다. 중국의 공안기관은 권리투쟁, 문제 야기 조직을 지원하는 국제조직의 지원은 중국의 레짐을 불안정하게 만든다고 우려한다.[58]

그다음, 경내 사회단체를 유형별로 분류하여 관리하는 방법이다. 공·

상업 유형, 사회복지 유형, 공익자선 유형의 사회단체에 대해서는 업무 주관단위가 없이 직접 등록할 수 있도록 등록의 문턱을 낮추었다. 중국 공산당과 정부는 이들 유형의 사회단체를 적극적으로 양성하고 활용하여 사구의 주민에게 서비스를 제공해나가고 있다. 중국공산당과 정부는 이들 유형의 사회단체에게 프로젝트를 발주하고, 그 프로젝트를 수주한 사회단체가 사구의 주민에게 서비스를 제공하는 '정부의 서비스 구매政府購買服務' 방식을 장려하고 있다.[59] '정부의 서비스 구매' 방식은 정부의 책임을 사회에 전가하는 홍콩의 사회복지 모델인데, 그 모델이 중국에 이식되고 있다.[60]

'정부의 서비스 구매'는 지방정부의 재정 능력과 지방의 사회단체 발전 정도에 따라서 그 표현 방식이 다르다. 크게 두 가지의 유형이 있다. 지방정부의 재정 능력이 약하고, 국유기업의 유산이 많이 남아 있으며, 사회단체의 발전 정도가 낮은 동북지역과 지방정부의 재정 능력이 강하고, 국유기업의 유산이 많지 않으며, 사회단체의 발전 정도가 높은 광둥성 등 연해지역의 방식이 그것이다. 전자는 당의 기층조직과 당원이 조직한 사회단체를 적극적으로 활용하는 것이 두드러지고,[61] 후자는 민간이 설립했지만 당·정부의 통제 범위 내에 들어와 있는 사회단체를 적극적으로 활용하고 있는 것이 두드러진다.[62]

'정부의 서비스 구매' 방식은 외주를 줄 수 있는 사회단체가 존재할 때 추진될 수 있다. 그렇다면 권리투쟁과 관련되어 있어 외주를 주기가 힘든 영역의 서비스는 어떠한가? 그 영역 가운데 대표적인 영역이 바로 노동 영역의 사회 서비스이다. 이 노동 영역의 서비스에 대해서는 노동쟁의가 일상적으로 발생하고 있는 광둥 지역에서 중국공산당의 노동대중 조직인 광둥성총공회廣東省總工會가 전개하고 있는 실험이 주목을 끈다.

광둥성총공회, 그 산하의 지역 총공회는 공회가 외부의 전문인력을 채용하여 공회의 기층조직에 파견하는 방법,[63] 노동 관련 사회단체를 직접 육성하거나 총공회 산하로 편입시키는 방법 등을 통해서 노동쟁의 발생을 사전에 방지하려고 하고 있다.[64]

종합하면, 중국공산당과 정부는 사구를 세분화한 격자 단위로 도시 주민의 일상적 상황을 점검하고 있고, 프로젝트 발주의 형식을 통해서 사회단체를 동원하여 도시 주민에게 사회 서비스를 제공해나가고 있다. 개혁개방기 중국 사회에서는 다양한 계급·계층이 형성되어서 자신의 이익을 대표하는 사회단체를 만들고 목소리를 높여가고 있고, 중국공산당과 정부는 사회의 이런 변화에 정교한 '사회관리' 방법으로써 대처해나가고 있다. 2000년대 이후 중국공산당의 사회관리 방법의 변화에서 알 수 있듯이 중국공산당은 '공건·공치·공향'의 방법으로써 사회를 발전시키고자 하지만, 중국공산당이 발전시키고자 하는 사회는 결국 중국공산당의 수요에 호응하는 사회이고, 그 수요에 부합하지 않는다고 간주되는 사회는 배제되거나 감시와 억압의 대상이 된다.

5. 나가며

본문에서는 중국공산당 100년의 역사를 혁명기, 건설기, 개혁개방기로 나누고 각 시기별로 중국공산당과 '사회'의 관계를 살펴보았다. 혁명기 중국공산당은 사회적 자원을 동원하고, 사회가 중국공산당을 지원하는 과정에서 발전했다. 건설기 중국공산당은 사회주의 건설의 수요에 맞게 사회를 개조하고 사회의 역량을 동원하면서 신속하게 사회주의 계획경제체제를 확립해나갔다. 개혁개방기 중국공산당은 사회를 관리하면서 중국 경제를 비약적으로 발전시켜나갔다.

지난 100년 동안 중국공산당의 중국 사회 동원·개조·관리가 항상 잘 되었던 것은 아니다. 혁명기 중국공산당은 혁명운동의 노선을 잘못 채택하여 산간벽지로 내몰려 고난의 세월을 보내기도 했다. 건설기와 개혁개방기 동안 중국공산당의 중국 사회 동원·개조·관리에 문제점이 나타났던 두 시점을 되돌아본다. 첫 번째 시점은 중국공산당이 '백화제방, 백가쟁명'을 선언했던 1956년 봄에서 반우파운동을 전개했던 1957년까지의 기간이다. 중국공산당에 다양한 비판적 의견을 제시했던 지식인과 공·상업자는 반우파운동에서 큰 타격을 입었다. 그 결과 중국공산당 정책에 대한 중국 사회의 비판의 목소리는 사라지고 말았다.[65] 만약 당시 중국공산당이 중국 사회가 제기했던 다양한 비판적인 의견과 요구를 제도적인 통로를 통해서 수렴하고 문제를 합리적으로 해결해나갔더라면 중국 사회는 과연 어떤 식으로 발전해나갔을까?

두 번째 시점은 톈안먼天安門 민주화운동이 발발한 1989년이다. 톈안먼 민주화운동은 중국공산당의 사회관리가 이완되었을 때 중국 사회는 그간 표현하지 못하고 누적시켜왔던 다양한 요구를 집중적으로 표출한다는 것을 보여주었다. 톈안먼 민주화운동 이후 사회관리는 중국공산당의 주요 의제agenda가 되었다. 중국공산당은 사구 공간을 격자로 세분화하고, 그 세분화된 격자에 당 조직 건설을 강화하며, '정부의 서비스 구매' 방법을 통해서 사회단체를 포섭·육성하고 그 사회단체를 통해서 사회를 관리하는 등 사회관리의 방법을 정교하게 발전시켜나가고 있다.

격자에 건설된 당 조직은 중국 사회의 요구를 정확하게 포착하고 있는가? 중국의 사회단체는 과연 중국 사회가 정말 원하는 서비스를 제대로 제공하고 있는 것일까? 중국 사회가 원하는 사회 서비스는 과연 중국공산당에 포섭된 사회단체가 제공하는 사회 서비스로 한정되는 것일까? 중국 사회는 중국공산당의 사회관리의 틀 속에서 자신의 요구와 의견을 제대로 표현하고 있는가?

중국공산당은 '공건·공치·공향'의 방법을 통해서 '사회발전의 새로운 국면'을 열어야 한다고 요구하고 있다. '공건·공치·공향'의 방법이 잘 작동하기 위해서는 무엇보다 중국 사회가 사회적 요구와 의견을 솔직하게 제시할 수 있는 환경이 조성되어야 한다. 또한 중국 사회가 솔직한 의견과 요구를 제기할 수 있는 제도적 통로도 열어야 한다. 이 두 가지 조건은 100년 중국공산당이 해결하지 못한 것이다. 100년 중국공산당이 국가와 사회를 발전시키려면 사회의 잠재적 역량을 최대한 발현시켜서 사회의 역량으로써 국가의 발전을 추동하는 길을 열어야 한다.

1 《人民日報》,〈習近平主持召開經濟社會領域專家座談會强調: 着眼長遠把握大勢開門問策集思廣益研究新情況作出新規劃〉, 2020. 8. 25.

2 楊念群,《五四的另一面: '社會'觀念的形成與新型組織的誕生》, 上海: 上海人民出版社, 2019, p. 89.

3 모리스 마이스너,《마오의 중국과 그 이후 1》, 김수영 옮김, 이산, 2004, 54쪽.

4 위의 책, 56쪽.

5 위의 책, 66쪽.

6 王雲駿,《民國南京城市社會管理》, 南京: 江蘇古籍出版社, 2001, p. 54.

7 위의 책, p. 169.

8 위의 책, p. 137.

9 高黙波,《高家村: 共和國農村生活素描》, 章少泉·喩鋒平 等 譯, 香港: 中文大學出版社, 2013, p. 207.

10 王雲駿, 앞의 책, pp. 61-62.

11 1936년 12월 12일 동북군 총사령원 장쉐량張學良의 군대가 국민당 정권의 총통 장제스蔣介石을 시안 화청지華清池에 구금한 후 중국공산당과 내전을 중지하고 일본의 제국주의적 침략에 함께 싸울 것을 요구한 사건이다.

12 마이스너, 앞의 책, 73-76쪽.

13 마이스너, 앞의 책, 87쪽.

14 蕭冬連,〈再論新民主主義的提早結束〉,《中共黨史研究》第8集, 2014.

15 마이스너, 앞의 책, 143쪽.

16 高黙波, 앞의 책, p. 15.

17 마이스너, 앞의 책, 153-154쪽.

18 위의 책, 117쪽.

19 위의 책, 151쪽.

20 위의 책, 155쪽.

21 閻明,《中國社會學史: 一門學科與一個時代》, 北京: 清華大學出版社, 2010, pp.

283-285.

22 '항미원조抗美援朝'는 미국에 대항하여 북한(조선)을 돕는다는 뜻이고, '위국보가衛國保家'는 나라를 지키고 집을 보호한다는 뜻이다.

23 伍修權, 〈官司打到聯合國〉, 魯林·衛華·王剛 編, 《中國共産黨歷史口述實錄: 紅色(1949~1978)》, 濟南: 濟南出版社, 2002, pp. 158-159.

24 김옥준, 〈중국 '항미원조운동'의 대내적 성격과 의의〉, 《중국학논총》 제23호, 2007, 206-209쪽; 김옥준, 〈중국의 한국전 참전이 중국 국내정치통합에 미친 영향〉, 《대한정치학보》 제15집 3호, 2008, 254쪽.

25 閻明, 앞의 책, pp. 279-280.

26 마이스너, 앞의 책, 123쪽.

27 戴茂林·李波, 《中共中央東北局(1945~1954)》, 沈阳: 遼寧人民出版社, 2017, p. 249.

28 위의 책, p. 250.

29 위의 책, p. 251.

30 위의 책, pp. 280-283.

31 부정, 낭비, 관료주의를 비판하는 운동이다. 1952년 초에 시작되어 사상개조운동과 동시에 진행되었다. 삼반운동은 신생 정부의 행정기관을 운영하는 데서 발생한 문제점들을 해결한다는 명목으로 추진되었으나 정치적으로 신뢰할 수 없는 정부 관료와 당 간부를 제거하는 것을 목표로 했다. 마이스너, 앞의 책, 136-137쪽.

32 뇌물, 세금기피, 부정행위, 정부자산의 유용, 국가경제 기밀누설을 대상으로 했는데, 그 범위와 의의가 삼반운동보다 훨씬 컸다. 이 운동은 부르주아지에게 집중되었고, 1952~1953년 초까지 국가권력이 공식적으로 조사한 기업의 수는 45만 개를 넘었다. 위의 책, 137쪽.

33 위의 책, 135쪽.

34 장영석, 〈중국 시민사회를 둘러싼 논쟁과 NGO 태동의 의미〉, 한국비교사회학회 엮음, 《동아시아 발전사회학》, 아르케, 2002, 198-199쪽.

35 마이스너, 앞의 책, 224쪽.

36 1955년 10월에 개최되었던 중국공산당 제7기 6중전회는 1956년 하반기에 제8차 전국대표대회를 개최하고, 구체적인 개최 시기는 중앙정치국이 확정하기로 결정했다.

37 李雪峰, 〈'八大'的籌備〉, 魯林·衛華·王剛 編, 《中國共産黨歷史口述實錄: 紅色(1949~1978)》, 濟南: 濟南出版社, 2002, p. 283.

38 鄧力群, 〈毛澤東與'八大'〉, 魯林·衛華·王剛 編, 《中國共産黨歷史口述實錄: 紅色

(1949~1978)》, 濟南: 濟南出版社, 2002, p. 302.

39 인민공사人民公社는 생산대, 생산대대로 구성되었다. 인민공사는 평균 5000호(약 3만 명)으로 구성되었다. 인민공사의 인구는 5000명 미만에서 10만 명 이상에 이르기까지 그 편차가 상당히 컸다. 마이스너, 앞의 책, 308쪽. 단위체제와 인민공사체제에 대해서는 다음 문헌을 참조. 잉싱,《중국사회》, 장영석 옮김, 사회평론, 2017, 85-90쪽; 백승욱,《중국의 노동자와 노동정책: '단위체제'의 해체》, 문학과지성사, 2001; 마이스너, 앞의 책, 299-333쪽.

40 마이스너, 위의 책, 227쪽; 閆明, 앞의 책, pp. 304-314.

41 마이스너, 위의 책, 256쪽.

42 李維漢,〈事情正在起變化〉, 魯林·衛華·王剛 編,《中國共産黨歷史口述實錄: 紅色 (1949~1978)》, 濟南: 濟南出版社, 2002, p. 316.

43 백승욱 엮음,《중국 노동자의 기억의 정치: 문화대혁명 시기의 기억을 중심으로》, 폴리테이아, 2007.

44 전리군,《모택동 시대와 포스트 모택동 시대 1949-2009》, 연광석 옮김, 한울아카데미, 2012.

45 경제특구 밖의 중국 내지에 있는 국유기업이 경제특구에 설립한 자회사, 합자회사를 말한다.

46 中共深圳市委宣傳部,《深圳實踐與中國特色社會主義》, 廣州: 廣東人民出版社, 2002, p. 51.

47 장영석,〈중국 국유기업 개혁과 노동관계 변화〉,《한국사회학》제36권 3호, 2002.

48 陸學藝 編,《當代中國社會階層研究報告》, 北京: 社會科學文獻出版社, 2002.

49 잉싱, 앞의 책, 368쪽.

50 위의 책, 311-312쪽.

51 1995~2002년 사이 국유기업과 집체기업은 약 6000만 명에 달하는 직공을 감원했다. 이들 중 재취업을 한 사람도 있지만, 상당수는 도시 빈민으로 전락했다. 위의 책, 317쪽.

52 위의 책, 321-322쪽.

53 Beibei Tang, "Grid Governance in China's Urban Middle-class Neighbour-hoods," *The China Quarterly*, Vol. 241, Mar 2020.

54 위의 글.

55 위의 글.

56 백승욱·장영석·조문영·김판수,〈시진핑 시대 중국 사회건설과 사회관리〉,《현대중국연구》제17권 1호, 2015, 15쪽.

57 잉싱, 앞의 책, 369쪽.

58 Jude Howell and Dukett Jane, "Reassessing the Hu-Wen Era: A Golden Age or Lost Decade for Social Policy in China?," *The China Quarterly*, Vol. 237, Mar 2019, p. 5.

59 Mun Young Cho, "Unveiling Neoliberal Dynamics: Government Purchase (goumai) of Social Work Services in Shenzhen's Urban Periphery," *The China Quarterly*, Vol. 230, June 2017; 조문영·장영석·윤종석, 〈중국의 사회 거버넌스 治理 확산 속 동북지역 사회건설의 진화: 노후사구老舊社區의 모범화〉, 《중소연구》 제 41권 2호, 2017.

60 백승욱·장영석·조문영·김판수, 앞의 글.

61 조문영·장영석·윤종석, 앞의 글.

62 뤄쓰치羅斯琦·백승욱, 〈사회치리社會治理로 방향전환을 모색하는 광둥성의 사회관리 정책〉, 《현대중국연구》 제17권 2호, 2016; Cho, 앞의 글.

63 장영석·백승욱, 〈노동자 집단적 저항의 일상화와 중국의 노동정책 변화: 광둥성을 중심으로〉, 《산업노동연구》 제23권 2호, 2017.

64 백승욱·뤄쓰치羅斯琦, 〈사회관리 강화를 위한 중국노동조합의 개혁: 포산시 스산진 S조직의 사례를 중심으로〉, 《현대중국연구》 제21집 4호, 2020.

65 첸리췬, 《망각을 거부하라: 1957년학 연구 기록》, 길정행 옮김, 그린비, 2012.

제5장

대외인식과 외교정책 노선

강수정

1. 들어가며

개혁개방 이후 급속한 발전을 통해 신형 대국으로 부상한 중국이 강대국화를 추구하며 동아시아 지역을 넘어 글로벌 거버넌스의 많은 영역에서 영향력을 확대하고 있다. 이러한 중국의 부상은 중국의 외교정책과 대외관계에도 상당한 영향을 미쳐왔다. 중국의 부상에 따른 외교정책 노선의 변화에서 특히 주목할 필요가 있는 것은, 증대된 경제력을 바탕으로 국제적 영향력을 계속해서 확대해가고 있는 중국이 대외관계에서 보다 적극적으로 중국의 핵심이익뿐만 아니라 중국이 지향하는 외교적 이념과 규칙을 제시하고 추구하려는 움직임을 보인다는 점이다.[1] 이러한 현상은 2008년 글로벌 금융위기 이후 미국의 쇠퇴와 중국의 부상이 명확한 대비를 이루면서 더욱 두드러지게 나타나고 있다. 이와 함께 중국 국내외에서는 신흥 강대국으로 부상하는 중국이 기존의 규칙기반 국제질서에서 소극적인 규범 준수자norm-taker로 남을 것인지, 아니면 보다 적극적인 규범 촉진자norm entrepreneur가 될 것인지, 아니면 현상변경을 추구하는 새로운 규범 제정자norm-maker가 될 것인지에 대한 논쟁이 제기되고 있다.[2] 중국의 강대국화 과정에서 나타나고 있는 이러한 현상과 논쟁들은 "비서구 사회주의 부상국rising power인 중국의 외교정책과 전략이 기존 서구 중심의 자유주의 국제질서에 어떠한 영향을 미칠 것인가?"라는 의문을 제기한다.

중국의 부상과 강대국화 추구는 역내·외 국제질서의 재편을 예고하는 것으로, 그 변화는 한국을 비롯한 주변국들뿐만 아니라 글로벌 거버넌스에도 상당한 영향을 미칠 것으로 예상된다. 흔히들 과거는 현재를 비추는 거울이라고 말한다. 중국 대외관계의 역사에서 중국의 대외인식과 외교정책의 주요한 변화와 계속성을 파악하는 것은 현재 부상하는 중국의 대외인식과 외교정책의 변화가 가지는 함의와 그것이 중국의 대외관계, 더 나아가 국제질서에 미치는 영향을 이해하는 데에 필수적이다. 이러한 맥락에서, 이 연구는 중국공산당 창당 100주년이 되는 현시점에서 지난 100년의 중국 대외관계의 역사를 되짚어보면서, "기존 국제질서의 형성과 재편 과정에서 중국은 어떠한 대외인식에 따라 어떠한 대외정책 목표를 추구해왔는가?", 그리고 "그러한 중국의 대외인식과 목표의 변화에 따라 중국의 외교정책과 대외관계에 어떠한 변화들이 발생해왔는가?"에 초점을 맞추어 분석을 진행한다. 크게 중국혁명 시기, 중화인민공화국 수립 이후 시기, 개혁개방 이후 시기, 글로벌 금융위기 이후 시기로 나누어 시기별로 중국의 대외인식과 목표가 어떠한 변곡점을 계기로 어떻게 변화되었는지를 살펴보고, 그러한 변화가 중국의 외교정책 노선과 전략에 어떻게 투영되어왔는지를 살펴볼 것이다. 그뿐만 아니라, 그러한 변화에도 불구하고 중국의 대외인식과 대외정책 목표에서 변하지 않는 지속성은 무엇이며, 그러한 지속성을 보여주는 외교정책 노선이 무엇인지도 확인해보고자 한다.

2. 중국혁명 시기

일반적으로 현대 중국의 대외관계사는 중화인민공화국 수립을 기점으로 서술되는 경우가 많다. 하지만 현대 중국의 대외관계에서 지속해서 강조되는 반외세, 반패권의 외교정책 기조는 그 이전의 역사적 경험 속에서 만들어졌다. 아편전쟁 이후 서구 열강들의 침략을 받아 반식민지 상태로 전락했던 '100년 국치百年國恥'의 역사적 경험과 기억은 지속성을 띠며 중국의 외교정책과 대외관계에 영향을 미쳐왔다.[3] 중국을 침탈했던 서구 열강들에 대한 반감과 주권 상실·침해에 대한 두려움으로 인해, 근대 이후 중국의 대외관계는 반제국주의·반패권주의를 중심으로 대외 인식과 목표가 형성되었다고 해도 과언이 아니다. 즉, 중국은 대외관계에서 외국 세력, 특히 강대국들의 침략과 간섭에 반대하며 이에 대응하여 국가 주권과 안보를 수호하는 것을 최우선 목표로 삼아왔다.[4] 아울러 이러한 대외정책 목표를 실현하는 수단으로 국력 증강을 강조해왔다. 즉, 지속적인 국가 발전을 통해 국력을 신장함으로써 강대국화를 이루는 것이 국가 주권과 안보를 지키고 국가의 존엄과 국제적 지위를 회복할 수 있는 유일한 방식이라고 인식하는 것이다. 따라서 중국의 대외관계에서 주권 수호와 국가 안보, 국가 발전이 핵심적인 목표를 구성해왔다.[5]

여기에서는 중국혁명 시기를 거치면서, 반제국주의·반패권주의가 어떻게 중국공산당의 대외인식과 외교정책의 핵심 기조로 자리 잡게 되었는지를 살펴보고자 한다. 중국혁명 시기는 신해혁명(1911) 이후 중화인민공화국 수립(1949) 이전까지의 시기로, 중국공산당과 국민당이라는 근대적 의미에서의 새로운 정치세력들이 등장하여 국민 혁명을 완수하고 신중국을 건설하기 위해 경쟁하던 시기이다. 아편전쟁 이후 서구 열강들의 계속된 침략으로 청 왕조가 몰락하고 신해혁명을 통해 중국 최초의 근대적인 공화정인 중화민국이 수립되지만, 군벌세력이 정권을 장악하면서 중국의 근대화 과정은 지연될 수밖에 없었다. 당시의 국제정세와 동아시아 국제질서의 재편 과정을 살펴보면, 유럽을 무대로 제1차 세계대전이 발발했고 동아시아에서는 역내, 특히 중국에서의 이권을 둘러싸고 제국주의 열강들 사이에 각축전이 벌어졌다. 이들 사이에서 일본도 중국에서 독일이 차지하고 있던 이권을 빼앗고 만주와 내몽골에서의 권익을 확대해 중국 침략의 교두보를 마련하고 동아시아에서의 지배권을 확대하기 위해, 독일에 선전포고를 하고 참전했고, 독일 조차지인 산둥 지역에 대한 일본의 이권 보장과 남만주와 내몽골에서 일본의 우월한 지위를 보장하는 내용을 포함하는 '21개조 요구안'을 중국에 요구했다. 당시 중화민국은 군벌 출신의 위안스카이가 정권을 잡고 있었는데, 일본은 이 위안스카이 정권을 압박하여 요구안에 대한 동의를 얻어냈다. 제1차 세계대전 이후 재편된 동아시아 국제질서는 일본에 유리하게 흘러갔고, 1919년 1월 제1차 세계대전의 전후 처리를 위해 열린 파리강화회의에서 중국 문제 처리를 논의하면서 참가국들은 민족자결주의 원칙에 따라 중국의 주권을 인정하면서도, 일본이 독일로부터 빼앗은 중국에서의 이권도 함께 인정하기로 합의했다. 이렇게 열강들의 이해관계에 따라 조정된 파리강화회의 결과를 받아들일 수 없었던 중국 민중들은 일본의 21개조 요구와 베르사유강화조약의 조인에 반대하는 대규모의 반제국주의·반일 시위를 벌였고, 이러한 시위는 전국적으로 확산되었다. 그 결과 파리강화회의에 파견된 중국 대표단은 베르사유강화조약에 대한 조인을 거부했다.

결국, 중국 문제는 파리강화회의에서 제대로 마무리되지 못했고, 이후 워싱턴회의로 이어졌다. 1921년 11월부터 약 3개월에 걸쳐 열린 워싱턴회의에서 열강들은 중국 대표단이 요구했던 치외법권 철폐, 관세자주권의 회복, 조차지 반환 등을 받아들이지 않은 채, 9개국 조약을 통해 중국에서 열강 간에 상업상의 우월권과 독점권을 부인하고 기회 균등에 노력하기로 합의하면서 중국 문제를 마무리 지었다. 그 결과 열강들의 이해관계가 일시적으로 조정되면서 동아시아 지역에서의 열강 간 세력 다툼은 일시적으로 안정기에 들어갔다. 이후 성립된 워싱턴체제는 동아시아에서 제국주의적 이해관계에 바탕을 둔 열강들의 협조체제로 만들어진 새로운 국제질서를 형성했다. 이러한 체제하에서 열강들은 직접적인 무력을 사용하지 않고도 공동으로 중국에서의 이권을 누릴 수 있었기 때문에, 당시 중국은 사실상 열강들의 반식민지 상태에 놓여 있었다.[6]

이러한 국제질서 속에서, 1919년 국제사회주의운동을 이끌기 위해 새롭게 조직된 코민테른이 제국주의 열강들의 협조체제인 워싱턴체제에 대항하는 국제적 움직임을 조직하고 있었고, 이러한 코민테른의 지원을 받아 중국에서는 반봉건, 반군벌, 반제국주의의 기치를 내걸고 1919년 국민당과 1921년 중국공산당이 창당했다. 이들은 근대적 의미에서의 새로운 정치세력으로, 대내적으로는 북벌을 완수하고 신중국 건설을 위한 중국혁명의 주도권 놓고 경쟁하는 한편, 대외적으로는 제국주의 열강들에게 빼앗긴 국권을 회복하고 외세의 침략으로부터 영토 주권과 안보를 수호해야 했다. 특히, 일본이 중국에 대한 지배욕을 드러내며 중국 침략의 교두보를 마련하고 아시아·태평양 지역에서 세력을 확장하여 제국주의 열강들 사이에서 위상을 강화하려 했기 때문에, 이들은 이러한 일본의 침략에 대항하여 항일 투쟁을 통해 영토와 주권을 수호해야 했다. 따라서 중국혁명 시기 중국의 대외관계는 제국주의 열강들에게 빼앗긴 국권을 회복하기 위한 외교전을 펼치면서, 반제국주의적 구국 투쟁의 일환으로 항일 투쟁을 전개해 영토 주권과 안보를 수호하는 데 초점이 맞추어졌다.[7]

그 과정에서 중국공산당과 국민당은 코민테른의 중재로 제1차 국공합작을 추진하여 모든 혁명 역량을 반봉건, 반군벌, 반제국주의에 집중하기로 결정하고, 공산당원들은 국민당 정치위원의 자격으로 국민당에 합류하여 북벌 운동을 전개했다. 제1차 국공합작은 국민당과 중국공산당, 코민테른, 즉 소련의 삼각관계에 내재된 현실적 이해관계가 부합되면서 통일전선이 결성된 것이었다. 국민당은 반군벌 세력의 결집을 통한 국민혁명의 완수라는 대의명분을 내세웠지만 실제로는 소련의 원조를 받기 위해 중국공산당과 손을 잡았고, 중국공산당은 명분상으로는 국민당과 노선을 같이 하면서도 프롤레타리아 계급의 역량이 성숙되어 있지 못한 중국의 상황에서 반봉건, 반군벌, 반제국주의 운동을 통해 세력을 확장하여 정치적 기반을 확보하는 것이 궁극적인 목적이었다. 코민테른, 즉 소련은 중국혁명을 지원하여 세계혁명의 동조 세력을 규합함으로써 자본주의 세계로부터의 포위와 공격에 대응하여 자신의 세력을 강화하고자 했다. 하지만 쑨원의 사망으로 장제스가 국민당의 지도권을 가지게 되면서 국공합작은 결렬되었고 국민당에 대한 코민테른의 지원은 중단되었다. 이로 인해 서구 열강과의 잠정협정을 통해 서구 열강의 지원을 받으면서 국민당의 반제국주의적 색채는 약화될 수밖에 없었다. 이때부터 국민당과 중국공산당은 반제국주의 노선에서 서로 다른 입장을 취할 수밖에 없었고, 이러한 차이는 중일전쟁의 과정에서 보다 명확히 드러났다.

국민당은 북벌을 완수하고 국민당 정부를 세우지만, 제1차 국공내전 중 공산당 토벌 작전에 전력을 집중하면서 1920년대 말부터 점증하는 일본의 침략에 주의를 기울이지 못했다. 그 결과, 중국 민중들의 국민당 정부에 대한 좌절감이 팽배해졌고, 반일 감정과 시위가 고조되면서 항일통일전선 결성에 대한 요구가 전국적으로 확산되었다. 이 시점에 1931년 만주사변을 시작으로 일본의 중국에 대한 침략이 본격화되었고, 1936년 시안 사건을 계기로 항일 투쟁을 위한 제2차 국공합작이 이루어졌다. 하지만 국민당 정부는 항일 투쟁 과정에서 1941년까지 대부분 지역에서 일본군에 패배하면서 1941년 참전한 미국에 의지하여 전쟁에서 승리하고자 했다. 결국 1945년 미국이 일본의 히로시마와 나가사키에 원자폭탄을 투하하면서 일본이 항복을 선언하고 제2차 세계대전은 연합국의 승리로 마감되었다. 이후 미국은 국민당 정부에 의한 중국 통일을 전제로 전후 동아시아 질서를 재편하고자 했고, 이에 따라 국공내전 과정에서 국민당을 지원했다. 하지만 국민당 정부는 부패와 파벌주의 등 내부적 취약성과 전략적 오류들, 극심한 인플레이션으로 정치적 기반과 전력이 약화되었고, 이러한 요인들은 제2차 국공내전에서 국민당의 패배에 영향을 미쳤다.[8]

중국공산당은 아편전쟁 이후 중국 사회가 반식민지화되었다는 인식에 근거해서 혁명을 추진하는 데 있어서 최우선 과제가 반제국주의 투쟁을 전개해 국가적 독립과 자주를 수호하는 데 있다고 보았다. 이러한 대외인식에 따라, 중국공산당은 대내적으로는 사회주의 혁명 정당으로서의 지지 기반을 확대하여 중국혁명을 완수하고 사회주의 신중국을 건설하기 위해 혁명의 주도권을 놓고 국민당과 경쟁하면서, 동시에 대외적으로는 제2차 국공합작을 통해 국민당과 항일통일전선을 구축하고 반제국주의적 항일 투쟁에 전력을 집중했다.[9] 중일전쟁 시기 중국공산당은 신민주주의 혁명노선과 반제국주의 항일 투쟁을 통해 지지 세력을 확장하면서 혁명 정당으로서의 정치적 기반을 확보할 수 있었고, 제2차 세계대전 종전 직후 국민당과의 내전에서 승리하며 1949년 10월 1일 사회주의 신중국, 즉 중화인민공화국을 수립했다. 이러한 역사적 경험으로, 반제국주의의 연장선상에서 반패권주의가 중국공산당의 기본 외교 원칙으로 자리 잡게 되었고, 이후 중국의 대외관계에서 반패권주의 원칙이 지속적으로 강조되어왔다.[10]

3. 중화인민공화국 수립 이후

1949년 중화인민공화국 수립 이후부터 30여 년간 중국의 대외관계는 냉전체제하에서 형성된 동아시아 냉전질서의 구조적 제약에서 자유롭지 못했다. 따라서 이 시기 중국의 대외인식과 외교정책 노선의 변화를 이해하기 위해서는 당시 동아시아 냉전질서의 구조적 특징을 먼저 이해할 필요가 있다. 제2차 세계대전 종전 이후 국제질서의 재편 과정에서 체제와 이념을 달리하는 두 강대국, 미국과 소련이 충돌하면서 1947년부터 본격화된 두 국가의 갈등이 전 세계로 확산되었고, 이때부터 1991년 소련이 해체될 때까지 약 반세기에 걸쳐 미국이 이끄는 자유주의 진영과 소련이 이끄는 사회주의 진영이 대립하는 냉전 양극체제가 형성되었다. 미국과 소련은 상호 간의 적대적 공존을 본질로 하는 냉전 구조 속에서 이데올로기 대결, 군비 경쟁을 하며 대립하는 한편, 그 긴장을 이용해 각자의 진영에서 패권을 유지했다. 하지만 당시 냉전질서는 전 세계에서 균일한 방식으로 작동했다고 보기 어려우며, 동아시아의 냉전은 유럽보다 더 동태적이고 불안정한 양상을 보였다. 유럽에서는 서유럽의 자본주의 국가와 동유럽의 사회주의 국가가 양분되어 대립했고 미국과 소련은 각각 북대서양조약기구NATO와 바르샤바조약기구WTO를 통해 각 진영을 관리·통제하며 세력균형을 이루는 집단안보체제가 만들어지면서 유럽에서의 냉전은 비록 첨예하기는 했지만 두 초강대국의 패권 아래 힘의 균형을 미루며 비교적 안정적으로 관리되었다. 하지만 전후 동아시아에서는 제국주의 지배에서 벗어나 새로운 국가와 사회를 건설하려는 움직임이 활발하게 전개되었고, 이러한 민족·사회운동은 서로 다른 이념과 결합하며 역내 혁명·반혁명의 조류를 형성했다. 동아시아의 냉전 구조가 유럽과는 달리 동태적이고 불안정한 양상을 보인 것은 미국과 소련이 각자의 이념과 이해관계에 따라 이러한 아시아 지역 내부의 혁명·반혁명 움직임에 개입하면서 갈등이 증폭되었고 이러한 양대 진영의 대립이 실제 전쟁으로 이어졌기 때문이라고 볼 수 있다. 전후 동아시아 구상에서 소련의 가장 핵심적인 목표는 자국의 안전보장에 있었고 이를 위해 주변 지역에서 자국에 우호적인 정권이 수립되도록 지원하는 정책을 추진했던 반면에, 미국은 군사력과 경제력에서의 우위를 바탕으로 동아시아에서 공세적인 봉쇄 정책을 통해 사회주의 진영의 확장을 저지하고 자국의 영향력을 확장하여 동아시아에서의 주도권을 잡고자 했다. 특히, 냉전 초기에 양대 진영 간 국제전의 성격을 명확하게 드러냈던 한국전쟁의 발발은 동아시아의 냉전 구조를 심화시키는 계기가 되었다. 당시 신생 사회주의 국가였던 중국은 북한의 지원 요청을 받아들여 사회주의 진영의 편에 서서 "미국에 저항하는 조선을 도와 가족과 국가를 지키자"라는 '항미원조抗美援朝 보가위국保家爲國'의 기치를 내걸고 참전함으로써 냉전의 한가운데에 서게 되었다.[11] 한국전쟁 이후, 미국과 그 동맹 네트워크를 중심으로 한 자유주의 진영과 소련과 중국을 중심으로 한 사회주의 진영 간의 대립이 동아시아 냉전 구조의 기본 축이 되었다.

이러한 동아시아 냉전 구조의 적대와 대립을 기초로 성립된 샌프란시스코체제는 제2차 세계대전 이후 동아시아 지역에서 사회주의 진영의 영향력 확장을 저지하는 것을 목적으로 미국 중심의 양자동맹 네트워크를 기반으로 구축된 안보체제로, 전후 동아시아 질서를 규율하면서 이 지역에서 미국의 주도권을 유지하는 데 유리하게 작용했다.[12] 이러한 안보체제에서 미국은 미일동맹에 가장 큰 전략적 가치를 부여했다. 전후 동아시아 질서를 재구축하는 과정에서 중화인민공화국의 수립으로 국민당 정부의 중국 통일을 전제로 한 미국의 전후 초기 동아시아 구상이 좌절되자, 미국은 중화민국을 대신해 일본을 반공의 보루로 재건하려는 정책을 추진해나갔다.[13] 이에 따라, 1951년 9월 미국 주도로 연합국과 패전국 일본 사이에 체결된 샌프란시스코강화조약은 일본에게 침략 전쟁의 책임을 묻고 피해국들에 대한 사죄와 보상을 요구하는 대신 일본의 주권 회복과 정치·군사·경제적 재건을 통해 동아시아에서 사회주의 진영의 영향력 확장을 막기 위한 미국의 봉쇄 전략을 지원할 중요한 안보파트너로서 일본을 국제무대에 복귀시키고자 하는 미국의 의도가 관철된 것이었다고 볼 수 있다. 이러한 샌프란시스코강화조약을 기반으로 샌프란시스코체제를 형성하는 과정에서 미국은 1951년 미일안전보장조약을 체결하고 1953년과 1954년에는 각각 한국, 타이완과 상호방위

조약을 체결함으로써 동아시아에서 사회주의권의 팽창을 저지하기 위한 군사안보동맹 네트워크를 구축했다.

이와 같은 동아시아 냉전 구조의 심화와 사회주의 진영의 팽창을 봉쇄하기 위한 미국 주도의 샌프란시스코체제 형성 과정에서, 신생 사회주의 국가였던 중국은 국제적 고립 상태에 놓여 있었고, 사회주의 신중국의 생존과 안보가 당시 중국 대외정책의 최우선 목표가 될 수밖에 없었다. 따라서 소위 마오쩌둥 시기(1949~1976년) 중국의 대외관계는 이데올로기와 안보라는 두 개의 요소가 주요한 결정 변수로 작용했다고 볼 수 있다. 양극 냉전체제하의 이데올로기 대립 속에서 사회주의 국가를 수립한 중국은 대외관계에서 이데올로기의 영향으로부터 자유로울 수 없었다. 이 시기, 중국은 국제정세를 '전쟁불가피론戰爭不可避論'과 '계속혁명론不斷革命論'에 근거하여 인식하고 대외정책 목표를 규정했고, 1960년대까지 중국 대외정책의 주요한 목표 중의 하나는 프롤레타리아 국제주의를 주창하며 세계 사회주의 혁명을 지원하는 것이었다. 이에 따라, 마오쩌둥을 중심으로 한 중국공산당 지도부는 제3세계 국가 내 공산당 또는 친공세력의 민족해방운동과 혁명 활동을 지원했고, 아시아의 사회주의 국가들에 대한 지속적인 지원과 마오주의의 확산을 위한 노력도 계속해나갔다. 하지만 이데올로기에 대한 집착이 강했던 마오쩌둥 시기에도 중국의 대외관계에서 국가 주권과 안보에 대한 위협 앞에서는 이데올로기에 대한 강조가 약해질 수밖에 없었다는 것은 실제 중국의 대외정책에서 현실적으로 가장 중요한 목표가 주권 수호와 국가 안보에 있었음을 단적으로 보여준다. 1970년대 중국이 모두의 예상을 깨고 이념적 적대국인 미국과 전략적 협력을 하게 된 것은 당시 소련을 미국보다 더 큰 안보적 위협으로 인식하면서 소련으로부터 중국의 주권과 안보를 수호하기 위함이었다고 볼 수 있다.

따라서 중화인민공화국 수립 이후부터 개혁개방 이전까지 약 30여 년 간 중국의 외교정책은 동아시아 냉전질서 속에서 두 초강대국인 미국과 소련과의 관계 설정을 핵심축으로 삼아왔고, 미국과 소련 중 "어느 쪽이 중국의 안보에 더 큰 위협인가"를 기준으로 적과 동지를 이분법적으로 구분하여 주적主敵을 설정하고 그로부터 제기된 안보적 위협에 대항하는 연합전선을 구축하는 동맹·준準동맹 전략이 그 외교정책의 핵심을 이루 었다. 이에 따라, 매 시기 변화하는 국제정세 속에서 중국공산당 지도부 의 안보적 위협인식에 따라 외교정책 방향이 변화했고, 이 시기 중국의 외교전략은 1950년대 말까지는 대소일변도對蘇一邊倒전략, 1960년대에 는 반미반소反美反蘇전략, 1970년대에는 연미항소聯美抗蘇전략으로 극적 인 변화를 보여주었다. 이러한 외교전략의 변화는 일면 단절적이고 상 호 배타적으로 보이지만, 결국 본질적으로는 중국공산당 지도부의 안보 적 위협인식이 중국 외교정책 방향을 결정하는 주요 변수로 작용했고, 최대 안보적 위협에 대항하여 주권 수호와 국가 안보를 최우선 목표로 연합전선을 구축하는 외교전략을 추진했다는 점에서 지속성을 보여주 었다. 이러한 마오쩌둥 시기 중국 외교전략의 기저에는 근대 이후 중국 이 대외관계에서 일관되게 강조해온 반패권주의 원칙이 자리 잡고 있었 다. 즉, 중국은 자국의 주된 안보적 위협을 패권주의 세력으로 규정하고 이에 대항하는 연합전선을 구축하는 외교전략을 추진하면서 반패권주 의의 기치를 전면에 내세웠다. 따라서 중국공산당 지도부의 안보적 위 협인식에 따라 '사회주의 진영의 지도자'였던 소련이 어느 순간 '사회주 의 패권국'으로 정의되고, 대소련 일변도 정책이 소련의 패권주의에 반 대하는 반소 반패권주의 국제통일전선전략으로 극적인 변화를 이루었지만, 반패권주의의 기치 아래 이러한 외교정책 노선의 변화가 하나의 틀 속에서 성당화될 수 있었다.

시기별로 당시 중국의 대외인식과 외교정책 노선의 변화를 좀 더 자세히 살펴보면, 1950년대 중국은 사회주의권의 확장을 저지하기 위한 미국의 봉쇄 정책과 그에 기반을 둔 샌프란시스코체제의 형성으로 다수의 국가들로부터 주권 국가로서 인정을 받지 못한 채 국제적 고립 상태에 놓여 있었다. 당시 미국은 국공내전 중에 국민당을 지원했을 뿐만 아니라, 내전 종결 후에도 지속적으로 타이완의 국민당 정부를 지지하며 중국에 대한 봉쇄 정책을 펼치고 있었기 때문에, 중국에게는 실질적인 안보적 위협이자 주적主敵이었다. 이러한 위협인식에 따라 중국은 국가 주권과 안보를 수호하기 위해 '양대진영론'에 근거하여 소련과 동맹을 맺어 미국 패권주의에 대항하는 '대소일변도' 정책을 채택했다. 이러한 편향외교 노선에 따라 중국은 1950년 2월 소련과 중소우호동맹상호원조조약을 체결했고, 소련에 대한 안보적 의존을 통해 미국 및 서방으로부터의 안보위협을 상쇄시키려 했다.

하지만 1960년대에 들어서면서 중국과 소련의 대립은 중·소 간의 이데올로기 논쟁에서 정치적 대립으로 확대되었다. 그리하여 사회주의 진영은 흐루쇼프의 대미평화공존 노선을 지지하는 소련파와 마오쩌둥의 세계혁명론과 반미강경노선을 지지하는 중국파로 나뉘어 심각한 대립과 분열 양상을 보였다. 이에 따라, 중국은 냉전 구조 속에서 미국과 대립할 뿐만 아니라 사회주의 진영 내에서 소련과 대립하면서 두 개의 전선兩條線이 형성되어 협공의 위협에 직면한 상황에서 미국과 소련 모두에 대한 위협인식이 고조되었다. 이러한 대외인식에 따라, 이 시기 중국의 외교정책 노선은 '반제국주의', '반수정주의', '세계혁명론'을 기치로 내걸고 중간지대 국가들과의 연합을 통해 '소련의 수정주의와 미국의 제국주의에 모두 반대反帝反修'하는 '반미반소전략'으로 전환되었다.[14] 하지만 중간지대 국가들과의 연대가 미국과 소련의 위협으로부터 중국의 안보를 담보하기에 충분한 방어막이 되지 못했고, 중국의 국제적 고립은 심화되었다.

1960년 후반 들어서면서 중·소 갈등이 국경분쟁으로까지 악화되자 소련에 대한 중국의 위협인식이 한층 더 고조되면서 미국에 대한 위협인식을 압도하기 시작했다. 특히, 1969년 중·소 접경지역인 전바오다오珍寶島에서 무력 충돌이 발생하면서 소련이 중·소, 중·몽 국경에 병력을 집결시키자 소련의 침공에 대한 중국의 위기의식이 최고조에 이르면서 소련을 최대의 안보적 위협세력으로 인식하게 되었다. 이러한 대외인식에 따라, 중국은 미국과의 협력을 통해 소련의 위협에 대항하는 '연미항소전략'을 채택했다. 이 시기, 중국은 미국보다 더 큰 안보적 위협으로 인식되었던 소련의 군사적 팽창으로부터 중국의 안보를 확보하기 위해 미국의 데탕트 제안을 수용하는 전략적 도박을 감행했다. 1972년 리처드 닉슨 미국 대통령의 중국 방문으로 양국은 양국 간 적대관계가 종식되었음을 선언했고, 소련으로부터의 안보적 위협을 공유했던 미국과 중국은 전략적 협력을 통해 데탕트 시대를 열었다.[15]

4. 개혁개방 이후

1970년대 말 덩샤오핑을 중심으로 한 제2세대 중국공산당 지도부는 이데올로기적 교조주의의 종언을 선언하고 경제발전과 현대화를 위한 개혁개방 노선을 채택했고, 이와 함께 마오쩌둥 시기의 외교정책을 폐기하고 새로운 외교정책을 추진하기 시작했다. 따라서 개혁개방 시기 중국공산당 지도부의 대외인식과 외교정책 노선은 마오쩌둥 시기와는 확연한 차이를 보였다. 먼저, 대외인식에서 덩샤오핑을 비롯한 당 지도부는 마오쩌둥이 주장한 '전쟁불가피론'을 폐기하고, 당시 국제정세의 핵심 의제는 더 이상 '혁명'과 '전쟁'이 아니며 '평화'와 '발전'이 시대적 과제가 되었다고 판단했다.[16] 이러한 새로운 국제정세 인식과 판단에 따라, 중국의 경제발전에 유리한 안정적이고 평화적인 국제환경을 조성하는 것이 중국 대외관계의 핵심 목표로 설정되었다.[17] 이러한 목표를 위해, 중국은 특정 국가와 배타적인 동맹 관계를 맺는 것에 반대하고, 국익에 도움이 된다면 어느 국가와도 협력할 용의가 있다고 천명하면서, 철저하게 국익 증진과 국가 발전을 목표로 이념과 체제를 뛰어넘어 세계 각국과 우호협력 관계를 수립하는 보다 개방적이고 실용주의적인 외교정책 노선을 채택했다. 이에 따라, '독립자주외교'와 비동맹원칙이 개혁개방 이후 중국 외교의 기본방침이 되었다. 1982년 중국공산당 제12차 전국대표대회에서 공식화된 독립자주외교 노선은 중국의 전통적인 반패권주의와 합리적 실용주의가 결합된 것으로, 건국 이후부터 30년 가까이 대미관계와 대소관계를 대외관계의 핵심축으로 삼아왔던 중국이 미국과 소련 두 초강대국과의 등거리 외교를 표방하면서 자국의 이익에 기반을 둔 실리 외교를 통해 독자적인 노선을 견지하면서 외교적 행동반경을 확대하려는 시도였다고 볼 수 있다. 이러한 독립자주외교의 핵심은 비동맹원칙이라고 할 수 있는데, 이는 적과 동지를 이분법적으로 나누어 특정 국가를 적대시하는 동맹을 맺지 않는다는 외교 방침을 의미한다. 이러한 점에서 개혁개방 시기의 외교정책 노선은 이전 마오쩌등 시기의 외교정책 노선과 명백한 대비를 이루었다.

1990년대 초 소련을 비롯한 사회주의권의 붕괴로 냉전체제가 종식되면서 국제체제는 급변했고, 동시에 1989년 톈안먼 사건 이후 미국을 중심으로 한 서구 선진국들이 대중국 제재를 강화하면서 중국은 다시 한 번 국제적 고립상태에 놓였다. 하지만 중국은 기존의 독립자주외교 노선을 유지하면서 거기에 주변국들에 대한 선린우호善隣友好외교와 동반자외교를 새롭게 추가하여 보다 다층적이고 전방위적인 외교를 전개했다. 이러한 외교정책 노선을 통해, 중국은 톈안먼 사건과 사회주의권의 몰락 이후의 국제적 고립에서 탈피하고 대외관계의 외연을 확대하여 자국의 부상에 유리한 안정적이고 평화적인 국제환경을 만들고, 궁극적으로는 자국이 선호하는 다극화된 국제체제를 추동하고자 했다.[18] 이러한 전방위적인 개방의 노력이 결실을 맺으면서, 중국은 이념과 체제의 구애를 받지 않고 한국, 싱가포르, 사우디아라비아, 이스라엘 등 다수의 국가들과 수교를 맺었고 중국 대외관계의 폭이 크게 확대되었다. 그뿐만 아니라, 중국은 '신안보관新安全觀'에 기초하여 전 세계 주요 국가들과 각종 동반자관계를 체결했다. 동반자외교는 냉전 시기와는 달리 외교관계의 구축에 있어 적과 동지를 이분법적으로 구분하여 주적主敵을 설정하는 '동맹'을 추구하지 않고 국가 간에 상호 적대시하지 않는다는 비동맹원칙을 전제하고 있다는 점에서 독립자주외교의 연장선상에 있다고 볼 수 있다.[19] 동반자관계의 가장 핵심적인 특징은 상호 공동 이익의 추구를 전제로 협상과 타협을 통한 협력을 추구한다는 것을 원칙으로 한다는 점이다. 실제로 중국은 1990년대 중반 이후 동반자관계 구축을 통해 세계 주요국들과의 상호 교류를 제도화·일상화하고, 대화와 협력을 확대해 상호 간의 불신을 해소하고 갈등과 분쟁을 막음으로써 양자 관계의 안정과 평화를 도모하고자 했다.

　개혁개방 시기 덩샤오핑을 중심으로 한 중국공산당 지도부는 자국의 경제발전에 유리한 안정적이고 평화로운 국제환경 조성을 위해 서구 강대국들과의 전면 대결은 피하고, 자국의 이익과 관련되지 않은 국제분쟁에의 개입을 회피해야 한다는 판단에 따라, '28자 방침'[20]을 통해 중국 외교의 기본 방향을 제시하면서 '도광양회韜光養晦(자신을 드러내지 않고 때를 기다리며 실력을 기른다)'식의 소극적인 저자세low-key 외교 방침을 강조했다. 이러한 외교 방침에 따라, 이 시기 중국의 대미정책은 '중국위협론'을 불식시켜 미국의 견제에서부터 벗어나 자국의 발전에 유리한 미국과의 전략적 협력관계를 유지하면서, 미국에 대응할 수 있는 종합국력을 키울 때까지 미국과의 갈등 및 마찰을 최소화하는 것에 초점이 맞추어졌다. 즉, 중국이 경제적 발전과 종합국력의 성장을 이어가기 위해서는 미국과의 협력이 필요했기 때문에, 미국과의 불필요한 마찰과 갈등은 피하고 전략적 협력관계를 유지하려 했던 것이다.[21]

　따라서 개혁개방 이후 미·중 관계는 때때로 긴장이 고조되기도 했지만 기본적으로 소위 '키신저 질서Kissinger order'에 기반을 두고 동아시아에서의 양국 간 협력체제를 발전시켜왔다. 키신저 질서의 기본 전제는 미·중 간 협력이 서로에게 이익이 된다는 공동 인식이었다. 미국은 대중국 관여 정책을 통해 중국을 미국 주도의 자유주의적 국제질서에 편입시켜 다양한 영역에서 중국과의 교류와 협력을 확대함으로써 중국이 보다 개방적이고 자유롭고 민주적인 사회가 되도록 독려하고 중국과 평화와 번영을 위한 호혜적 협력관계를 구축할 수 있다는 자유주의적 믿음과 인식에 기반을 두고, 자국이 주도하는 자유주의적 국제질서 안에서 중국의 경제적 부상을 용인했고 심지어 촉진시켰다.[22] 중국은 미국 중심의 자유주의 국제질서에 편입되어 그 혜택을 누리며 경제적 발전을 이루는 대가로, 자유주의 국제질서의 규범을 일부 수용했고 미국이 동아시아 지역 국가들과 군사동맹을 맺고 미군을 주둔시키며 역내 지배적인 군사적 우위를 유지하는 것을 암묵적으로 받아들였다. 따라서 동아시아에서 패권을 유지하면서 이 지역을 안정적으로 관리하려는 미국과 자국의 발전에 유리한 안정적이고 평화적인 국제환경을 조성하려는 중국의 이해관계가 맞아떨어지면서 양국은 전략적 협력관계를 발전시킬 수 있었고, 이러한 미·중 협력체제는 최근 미·중 세력경쟁이 본격화되기 전까지 약 40여 년간 미·중 관계의 근간을 이루어왔다.

중국은 개혁개방 이후 종합국력의 신장과 함께 중국의 자신감과 외교력이 증대되면서, '도광양회'의 기조에서 벗어나 초보적 수준의 '유소작위 有所作爲(해야 할 일은 적극적으로 나서서 이뤄낸다)'로의 변신을 시도하기도 했다. 세계화를 피할 수 없는 국제적 추세로 인식하고 이에 적극 동참하여 국제체제에서 중국의 이익과 영향력을 확대해야 한다고 판단했기 때문이었다. 이에 따라, 마오쩌둥 시기 중국을 사로잡았던 '국제기구는 미국의 꼭두각시'라는 부정적인 인식에서 벗어나, 중국의 국제기구에의 가입과 다자협력체에의 참여가 빠르게 확대되었다. 특히, 2001년 세계무역기구WTO 가입은 자유무역과 시장경제에 기반을 둔 미국 중심의 자유주의 국제경제체제로의 편입을 의미하는 것으로, 중국이 자유주의적인 국제 규범과 질서를 수용할 준비가 되었음을 대외적으로 보여주는 계기가 되었다. 그뿐만 아니라, 중국은 탈냉전기의 중국의 국제정세 인식을 담은 '신안보관'을 내세우며 중국적 군사안보의 새로운 규범을 국제사회에 제시하고, 상하이협력기구SCO, 중국-아프리카포럼, 보아오아시아포럼 등 다양한 목적과 기능을 가진 새로운 지역다자협력체를 창설하는 데에도 적극적인 모습을 보이기 시작했다. 이는 부상하는 중국이 다자주의에의 참여를 통해 중국위협론을 우회하여 국제사회에서 자신의 발언권과 영향력을 확대하기 위한 장기적 노력의 일환으로 이해할 수 있다. 하지만 당시 중국의 이러한 '유소작위'의 시도는 현실적으로 미국의 견제에 대한 부담과 더불어 국내에서 광범위한 지지를 얻지 못하면서 본격화되지는 못했다.

결국, 이 시기 중국의 외교정책은 기존 패권국인 미국과의 직접 충돌을 피하고, 국제사회의 '중국위협론'을 불식시키며, 자국의 부상을 현실화하는 데 더 집중되어 있었다고 볼 수 있다. 1990년대 중반 이후, 중국의 종합국력이 급속하게 증대되면서 중국위협론이 고조됨에 따라 중국은 지속적인 경제발전과 국력 신장에 유리한 국제환경을 조성하기 위해 서방 세계와 주변국들의 '중국위협론'에 적극적으로 대응해야 할 필요성이 증대되었다. 이러한 대외인식과 목표에 따라 중국은 자국의 부상이 평화적으로 이루어지고 국제적 책임을 다할 것이라는 점을 강조하기 위해, '책임대국負責任的大國'과 '평화발전和平發展', '조화세계和諧世界' 등의 외교적 수사를 적극적으로 제시하고 활용하기 시작했다.[23] 이는 국제사회의 대중국 견제를 최소화하면서 부상국으로서의 지위와 영향력을 확보하려는 의지의 표현이었다고 할 수 있다.

5. 2008년 글로벌 금융위기 이후

2001년 9·11테러 이후 미국이 테러와의 전쟁을 선포하고 중동에 관심을 집중하면서 상대적으로 아시아에서 힘의 공백이 발생했고, 중국은 이러한 국제정세를 자국의 부상을 위한 '전략적 기회의 시기'를 맞이한 것으로 인식했다. 2000년대 들어서면서 중국의 국력 강화 추세가 가속화되면서, 2000년대 초 GDP 기준 경제 규모 면에서 세계 8위에 불과했던 중국은 2005년 미국, 일본, 독일에 이어 세계 4위로 부상했으며, 2008년에는 독일을 제치고 세계 3위를 차지한 데 이어, 2010년에는 일본을 누르고 세계 2위 경제대국으로 빠르게 부상했다. 또한, 교역 규모에서는 2013년 미국을 추월하여 세계 1위 무역대국이 되었다. 그뿐만 아니라, 2008년 베이징 올림픽, 2010년 상하이 엑스포 등 중대한 국제행사들을 연이어 개최하며 중국의 부상에 대한 중국인들의 자긍심과 자신감은 한껏 고취되었다.

이러한 상황에서 중국의 대외인식의 결정적인 전환점이 되었던 것은 2008년 미국발 글로벌 금융위기였다. 이를 계기로 국제질서에 대한 중국의 인식과 태도에서 중대한 변화가 나타났다. 특히, 미국의 패권에 대한 재평가가 이루어졌고, 냉전이 종식되면서 상당한 기간 동안 지속되었던 미국의 패권에 의문을 제기하며 세계 권력구조가 변화하고 있다고 인식하기 시작했다. 일부에서는 세계 경제뿐만 아니라 기후변화, 비확산, 반테러 등 국제적 이슈를 둘러싼 글로벌 거버넌스에서 미국의 리더십이 약화되고 있으며 미국 중심의 단극패권질서가 쇠퇴하고 있다고 평가했다.[24] 2008년 미국발 글로벌 금융위기가 기존 자유주의 국제경제질서를 주도해온 미국의 상대적 쇠퇴와 중국의 부상을 명확히 대비시켜 보여주면서, 중국은 스스로를 신흥 강대국으로 인식하기 시작했고, 국제사회에서 강대국 지위에 대한 열망을 드러내며 자국의 증대된 위상에 걸맞은 국제적 영향력과 발언권을 획득하고자 하는 의지를 드러내기 시작했다.

이러한 자신감과 대외인식을 바탕으로, 중국은 2009년 이후, 더 본격적으로는 2012년 말 시진핑의 집권 이후, '주동진취主動進取'와 '주장외교主場外交' 방침하에 대외관계에서 보다 주동적이고 공세적인 외교행태를 보여왔다.[25] 이는 중국의 외교정책 기조가 개혁개방 이후 견지해온 도광양회식 소극적인 외교 노선에서, 자신의 이익과 선호를 적극적으로 밝히고 수호하려는 분발유위奮發有爲의 적극적인 외교 노선으로 변화했음을 의미한다. 중국은 '국가 주권, 안보, 발전이익'으로 대표되는 중국의 핵심이익核心利益을 구체적으로 적시하고 이를 국제사회가 존중해줄 것을 명시적으로 요구하며, 더 나아가 이러한 핵심이익을 침해하는 행위에 대해서는 무력시위도 불사하며 결연한 수호 의지를 천명했다. 시진핑 주석은 2013년 1월 중국공산당 중앙위원회 정치국 집체학습회의에서 중국은 "평화발전의 길을 견지할 것이지만 그렇다고 '정당한 권익'을 포기하거나 '핵심이익'을 희생하는 일도 결코 없을 것"이라는 점을 강조했다. 최근 동중국해와 남중국해에서의 영유권 분쟁 및 방공식별구역Air Defense Identification Zone, ADIZ의 선포 등이 이러한 중국의 주동적이고 공세적인 외교 행태를 단적으로 보여준다.

중국 대외관계의 목표 역시 이러한 중국의 핵심이익을 수호하고 강대국화의 꿈을 실현하기에 유리한 국제환경을 조성하고자 하는 의지를 반영한다.[26] 이러한 목표를 이루기 위해, 신형대국관계新型大國關系, 신형국제관계新型國際關系, 그리고 인류운명공동체人類命運共同體와 같은 개념과 구상들을 새롭게 제기하고 중국특색의 강대국 외교정책을 적극적으로 추진하고 있다. 이는 국제무대에서 중국의 목소리를 내어 중국특색의 외교 원칙과 구상을 제기하고 글로벌 거버넌스에서 중국적 방안을 적극적으로 제시함으로써, 국제적 영향력과 발언권을 확보하고 국제질서와 글로벌 거버넌스에서 기존의 국제 규범과 규칙을 추종하는 것을 넘어 주도적으로 자신의 선호와 이익을 반영하려는 시도로 이해할 수 있다.

이와 함께, 중국은 글로벌 거버넌스에서 신흥국과 개도국의 역할과 발언권을 증대시킬 필요성을 강조해왔다. 중국의 급속한 부상과 미국의 상대적 쇠퇴로 글로벌 거버넌스에서 중국역할론이 증대됨에 따라, 국제사회에서 중국의 위상과 영향력을 제고할 수 있는 전략적 기회가 도래했다는 인식이 확산되었다. 이러한 대외인식에 따라, 중국은 글로벌 거버넌스에 적극적으로 참여하여 기존 서구 선진국 중심의 글로벌 거버넌스 체제를 중국을 비롯한 신흥국과 개도국들의 이익과 발전에 더욱 우호적인 방향으로 개혁하려 시도하고 있다.[27] 특히, 중국은 2008년 글로벌 금융위기 이후 BRICs의 출현과 G20 정상회의의 출범을 미국 등 서구 선진국이 주도하는 기존의 국제경제질서의 중대한 변화의 징후로 해석하고 기대감을 표명해왔다.[28] 국제경제질서를 주도하던 서구 선진국들이 쇠퇴하고 있는 반면에 비서구 신흥국들이 신흥 시장으로 부상하고 이들의 국제적 지위가 상승되면서, 기존의 국제기구와 레짐에서 권력이 분산되고 권력 관계의 중대한 변화가 발생하고 있다고 인식하고, 더 나아가 이러한 변화가 기존 서구 선진국 중심의 국제질서와 글로벌 거버넌스 체제의 변화를 추동할 것으로 기대하고 있는 것이다.

이러한 대외인식을 바탕으로, 중국은 글로벌 거버넌스에 적극적으로 참여하여 기존 국제체제와 질서에서 영향력과 발언권을 확대하고, 신흥국 및 개도국들과 협력하여 그들의 공동 이익에 더 잘 부합하도록 글로벌 거버넌스 체제 개혁을 추동함으로써 중국의 지속적인 발전과 강대국화의 꿈을 실현하는 데 유리한 외부 여건을 마련하고자 한다고 볼 수 있다.[29] 시진핑 주석은 2015년 10월 '글로벌 거버넌스 구조와 체제全球治理格局和全

球治理體制'를 주제로 개최된 제27차 중국공산당 중앙위원회 정치국 집체학습회의에서, 중국이 글로벌 거버넌스 개혁에 적극 참여해 '두 개의 백년'과 '중화민족의 위대한 부흥이라는 중국의 꿈'의 실현에 유리한 국제환경 건설에 나설 것임을 밝혔다. 또한, 이듬해 9월에 열린 'G20 정상회의 및 글로벌 거버넌스 체제 변혁'을 주제로 한 집체학습회의에서도 "국제질서가 더욱 공정하고 합리적인 방향으로 발전하도록 추진"함으로써 "중국과 개도국들의 공동이익을 보다 더 잘 지켜야 한다"고 강조하며, 신흥국 및 개도국들과 협력해 글로벌 거버넌스 개혁에 적극적으로 참여하겠다는 의지를 피력했다. 중국이 국제통화기금IMF, 세계은행WB 등 기존 국제금융기구들이 지나치게 서구 선진국 중심으로 편성되어 있음을 비판하며, 기존 국제금융기구의 취약점을 보완하고 신흥국과 개도국의 이익에 보다 부합하도록 세계금융질서를 재편하기 위해 신개발은행NDB과 아시아인프라투자은행AIIB, 실크로드 기금의 설립을 주도하고, 일대일로一帶一路 이니셔티브를 통해 새로운 유형의 경제협력체를 구성하려는 것이 이러한 움직임의 일환이라고 볼 수 있다.[30]

6. 나가며

2012년 11월 중국공산당 제18차 당대회를 통해 시진핑을 중심으로 하는 제5세대 지도부가 등장한 이후, 시진핑 지도부는 "중화민족의 위대한 부흥의 실현이 근대 이후 중화민족의 가장 위대한 꿈이며, 이 꿈에는 여러 세대에 걸친 중국인들의 숙원이 응집되어 있다"고 규정하면서, 이러한 '중국의 꿈中國夢'의 실현을 중국 정치와 대외관계의 핵심 목표로 제시하고 있다.[31] 더 나아가, "중국공산당 창당 100주년이 되는 해(2021년)에는 전면적인 샤오캉小康 사회 건설의 목표를 반드시 실현하고, 신중국 성립 100주년이 되는 해(2049년)에는 사회주의 현대화 강국 건설을 통해 중화민족의 위대한 부흥의 꿈을 반드시 실현하겠다"고 주장하며, '두 개의 백 년'이라는 슬로건을 내걸고 강대국화에 대한 원대한 목표와 구체적인 일정까지 제시하며 강한 의지를 표명해왔다.[32] 이러한 중국 강대국화의 로드맵에 따르면, 2021년은 바로 중국공산당 창당 100주년이 되는 해로 이러한 중국의 꿈을 실현하기 위한 기반으로서 전면적 샤오캉 사회를 건설하여 두 개의 백 년 중 하나를 매듭지어야 하는 중요한 시점이다.[33] 하지만 현재 중국의 대외관계는 미·중 무역 전쟁을 시작으로 미·중 간 세력 경쟁이 심화되었고, 여기에 엎친 데 덮친 격으로 사상 초유의 글로벌 보건위기인 코로나19 팬데믹을 겪으면서 어려움에 봉착해 있다.[34]

2018년 3월 미 대통령이 대중국 관세부과 계획을 담은 행정명령에 서명하면서 시작된 미·중 무역 분쟁은 지난 40여 년간 미국의 대중국 '관여engagement'와 미·중 간 전략적 협력에 중점을 두었던 소위 '키신저 질서'가 해체되고 미·중 간 전략적 경쟁이 본격화되었음을 알리는 신호탄이었다. 이미 미·중 간 전략적 경쟁은 양국 간 무역 불균형을 완화·해소하는 통상 문제를 둘러싼 무역 분쟁을 넘어서, 첨단과학기술 영역에서의 기술 패권 경쟁으로 전선이 확대되었다. 첨단과학기술에서 미국의 기술력이 상당 부분 앞서 있음에도 불구하고 중국이 국가 주도로 많은 부문에서 기존 기술선진국들을 빠른 속도로 추격하고 심지어 5G 등 일부 영역에서 비교우위를 차지하자 이를 견제하기 위해 미국이 강경한 대응 조치들을 취하기 시작했다. 새로 들어선 바이든 행정부는 최근 중국 최대 통신장비 업체인 화웨이에 대한 5G 장비용 부품 수출 금지를 강화한 데 이어, 반도체, 전기차 배터리, 희토류, 의약품 등 4대 핵심품목을 비롯해 국방, 보건, 정보통신기술, 에너지, 운송, 농식품 등 6개 산업의 글로벌 공급망을 점검하는 내용의 행정명령을 내렸다. 이는 미 행정부가 핵심품목과 산업의 공급망에서 '쿼드Quad' 및 동맹국들과의 협력을 통해 대중국 의존도를 낮추고 미국 중심의 글로벌 공급망을 강화하려는 움직임으로 해석된다. 이에 따라 기술 패권을 둘러싸고 미·중 간 경쟁이 보다 치열해지면서 기술냉전의 시대가 도래하는 것이 아니냐는 우려도 커지고 있다. 그뿐만 아니라 첨단과학기술의 발전은 첨단군사기술 개발로 이어질 수 있다는 점에서, 미·중 간 기술경쟁은 안보딜레마를 심화시켜 군사안보경쟁으로까지 비화될 수 있다.

최근 미·중 간 전략적 경쟁이 본격화되는 시점에, 전 세계는 코로나19 팬데믹이라는 사상 초유의 글로벌 보건위기에 직면해 있다. 전 세계를 휩쓸고 있는 코로나19 팬데믹을 겪으면서 미·중 양국은 글로벌 보건안보위기에 공동 대응하는 국제적 협력 방안을 함께 모색하기보다는 오히려 코로나19의 진원지와 책임론을 둘러싸고 치열한 여론전을 펼치는 데 치중하면서 양국 간 경쟁과 갈등은 더욱 심화되고 있다. 미·중 양국 지도부의 고도의 정치적 계산하에서 전개된 미·중 간 여론전은 상호 간의 불신과 적대감을 고조시켰다. 이러한 상호 간의 불신과 반감은 미·중 간 경쟁과 갈등을 심화시킬 뿐만 아니라, 초국가적 문제에 대한 대응에 있어서 양국 간 협력을 저해하는 장애요인으로 작용하고 있다. 보다 근본적인 문제는 이러한 첨예한 상호 공방 속에서 양국 간 체제·가치·이념의 이질성이 보다 명확히 드러나면서 불신과 갈등의 골이 더욱 깊어지고 있으며, 더 나아가 양국 간 세력경쟁이 전 지구적인 체제·이데올로기 경쟁으로까지 비화될 가능성이 있다는 데 있다. 미국은 이미 동맹국 및 우방국들과의 민주주의 연대coalition of democracies를 통해 대중국 견제를 강화하고 있어, 미국을 중심으로 한 국제적 반중 기류는 더욱 고조될 전망이다. 이에 중국이 러시아와의 공조를 강화하며 맞대응에 나서면서, 신냉전적 구도가 형성될 수도 있다는 우려가 커지고 있다.

최근 미·중 관계에서 나타나는 이러한 주요한 경향들을 종합적으로 고려해보면, 향후 미·중 간 다면적이고 복합적인 경쟁이 지속적으로 전개되고 경제·외교·안보적 현안들에서 양국 간 갈등이 빈번하게 고조되는 것은 불가피할 것으로 보인다. 그리고 전 세계를 휩쓸고 있는 코로나19 위기는 기존 강대국인 미국과 신흥 강대국인 중국의 국가적 위기관리 능력뿐만 아니라 국제적 리더십을 검증받는 중요한 시험대가 되고 있을 뿐만 아니라, 이러한 초국경적 보건위기가 미·중 간 협력을 증진시킬지 아니면 오히려 경쟁과 갈등을 심화시키는 촉매제 역할을 할지는 포스트 코로나 시대 미·중 관계의 미래를 가늠할 수 있는 중요한 시금석이 될 전망이다. 현재 중국은 미국을 중심으로 강화된 대중국 견제와 사상 초유의 글로벌 보건위기를 극복하고 지속가능한 성장의 동력을 찾아 중국의 부상에 우호적인 국제환경을 조성함으로써 중국 강대국화의 꿈을 실현하기 위한 본격적인 도약의 발판을 마련해야 하는 중대한 기로에 놓여 있다. 중국이 직면한 이러한 어려움들을 타계하고 강대국화의 꿈을 실현하기 위한 '중국적 방안'이 어떠한 결과를 가져올 것인지 관심 있게 지켜볼 필요가 있다.

1 김재철, 〈중국식 외교정책의 등장? 2014년 중국외교의 기조〉, 《2014 중국정세보고》, 국립외교원 외교안보연구소, 2015, 113-156쪽.

2 David L. Shambaugh, *China Goes Global: The Partial Power*, Oxford: Oxford University Press, 2013.

3 Zheng Wang, *Never Forget National Humiliation: Historical Memory in Chinese Politics and Foreign Relations*, New York: Columbia University Press, 2014.

4 Jae Ho Chung, "Decoding the Evolutionary Path of Chinese Foreign Policy, 1949~2009: Assessments and Inferences," *East Asia* Vol. 28, 2011, pp. 175-190.

5 이민규, 〈중국의 국가핵심이익 시기별 외연 확대 특징과 구체적인 이슈〉, 《중소연구》 제41권 제1호, 2017, 41-75쪽.

6 王立新, 〈華盛頓體系與中國國民革命: 二十年代中美關系新探〉, 《曆史研究》 第2期, 2001.

7 Parks M. Coble, "China's 'New Remembering' of the Anti-Japanese War of Resistance, 1937~1945," *The China Quarterly* No. 190, 2007, pp. 394-410; Rana Mitter, *China's Good War: How World War II Is Shaping a New Nationalism*, MA: Harvard University Press, 2020.

8 Kenneth Lieberthal, *Governing China: From Revolution Through Reform*, New York: W. W. Norton & Company, 2003, pp. 27-56.

9 서진영, 《21세기 중국 정치: '성공의 역설'과 중국적 사회주의의 미래》, 폴리테리아, 2008, 58-68쪽.

10 Yongnian Zheng, *Discovering Chinese Nationalism in China: Modernization, Identity, and International Relations*, New York: Cambridge University Press, 1999.

11 신욱희, 〈중국의 한국전쟁 참전: 중국 대북정책의 역사적 형성과 지속〉, 《한국과 국제

정치》 제30권 제2호, 2014, 79-107쪽.

12 이남주, 〈동아시아 질서의 변화와 새로운 지역협력의 모색: 샌프란시스코체제의 동학動學을 중심으로〉, 《경제와 사회》 제125호, 2020, 12-39쪽.

13 Michael Mastanduno, "Preserving the Unipolar Moment: Realist Theories and U.S. Grand Strategy after the Cold War," *International Security* 21-4, 1997, pp. 49-88.

14 이원준, 〈중화인민공화국건국 전의 외교노선변화와 그 함의〉, 《중앙사론》 제44호, 2016, 343-383쪽.

15 이동률, 〈1972년 중국의 대미 데탕트 배경과 전략〉, 《NSP Report 65》, 2014.

16 兒健民·陳子舜, 《中國國際戰略》, 北京: 人民出版社, 2003, p. 5.

17 田曾佩 編, 《改革開放以來的中國外交》, 北京: 世界知識出版, 1993, pp. 1-10; 劉山·薛君度, 《中國外交新論》, 北京: 世界知識出版社, 1997, pp. 36-52.

18 Yong Deng and Fei-Ling Wang eds., *China Rising: Power and Motivation in Chinese Foreign Policy*, Lanham, Maryland: Rowman & Littlefield Publishers, 2005.

19 김흥규, 〈중국의 동반자외교 小考〉, 《한국정치학회보》 제43권 제2호, 2009, 287-305쪽; 조영남, 〈21세기 중국의 동맹정책: 변화와 지속〉, 《EAI 국가안보패널 보고서》 32, 2009.

20 냉정하게 관찰하고冷靜觀察, 진영을 공고히 하며穩住陣脚, 침착하게 대응하되沈著應付 능력을 감추고 때를 기다린다韜光養晦. 자세를 낮추고善於守拙, 우두머리가 되지 않으며 決不當頭, 해야 할 일은 한다有所作爲.

21 김태운·오태곤, 〈미·중의 상호정책과 동북아 다자안보 협력체제에 대한 입장〉, 《국제지역연구》 제11권 제1호, 2007, 868-886쪽.

22 David L. Shambaugh, "Containment or Engagement of China? Calculating Beijing's Responses," *International Security* 21-2, 1996, pp. 180-209; Robert S. Ross and Alastair Iain Johnston, *Engaging China: The Management of an Emerging Power*, London and New York: Routledge, 1999.

23 이동률, 〈중국 '책임대국론'의 외교 전략적 함의〉, 《동아연구》 제52호, 2006, 344-376쪽; 주재우, 〈중국 국가전략과 '평화적 발전': 구조적 역리逆理 담론〉, 《국방연구》 제54권 제2호, 2011, 47-65쪽.

24 鄭永年·翁翠芬, 〈世界權力新格局中的中美關係〉, 《國際關係學院學報》 第5期, 2010, pp. 94-99; 焦世新·周建明, 〈美國是'負責任'的實力下降霸權?〉, 《世界經濟與政治》

第12期, 2011, pp. 135-160.

25 김재철, 〈중국의 공세적 외교정책〉, 《한국과 국제정치》 제28권 제4호, 2012, 29-59쪽; 조영남, 〈중국은 왜 강경한가?: 2008년 세계 금융위기 이후의 중국 외교 평가〉, 《국제지역연구》 제22권 제2호, 2013, 29-57쪽.

26 習近平, 〈繼續朝著中華民族偉大復興目標奮勇前進〉, 《中央政府門戶網站》, http://www.gov.cn/ldhd/2012-11/29/content_2278733.htm, 2012. 11. 29; 習近平, 〈定不移走和平發展道路 堅定不移促進世界和平與發展〉, 《人民日報》, http://cpc.people.com.cn/n/2013/0320/c64094-20845746.html, 2013. 03. 20.

27 張家棟, 〈力量對比變化, 中美關係面臨新局面〉, 《解放日報》, 2009. 03. 03; 陳玉剛, 〈金融危機, 美國衰落與國際關係格局扁平化〉, 《世界經濟與政治》 第5期, 2009.

28 高祖貴·魏宗雷·劉鈺, 〈新興經濟體的崛起及其影響〉, 《國際資料信息》 第8期, 2009, pp. 1-6.

29 習近平, 〈推動全球治理體制更加公正更加合理 爲我國發展和世界和平創造有利條件〉, 《人民日報》, 2015. 10. 14; 習近平, 〈加強合作推動全球治理體系變革 共同促進人類和平與發展崇高事業〉, 《新華社》, 2016. 09. 28; 習近平, 〈深化金磚夥伴關系 開辟更加光明未來: 在金磚國家領導人廈門會晤大範圍會議上的講話〉, 《人民日報》, 2017. 09. 05.

30 習近平, 〈新起點 新願景 新動力—在金磚國家領導人第六次會晤上的講話〉, 《人民日報》, 2014. 07. 15.

31 시진핑은 공산당 총서기로 선출된 직후인 2012년 11월 29일 공산당 정치국 상무위원들을 대동하고 국가박물관에서 '부흥의 길復興之路'이라는 전시회를 참관하는 자리에서 담화를 발표하면서 처음으로 '중국몽'을 언급했다. 新華時政, 〈習近平總書記深情闡述'中國夢'〉, http://www.xinhuanet.com/politics/2012-11/30/c_124026690.htm, 2012. 11. 30.

32 新華網, 〈習近平: 承前啟後 繼往開來 繼續朝著中華民族偉大復興目標奮勇前進〉, http://jhsjk.people.cn/article/19744088, 2012. 11. 29.

33 《人民日報》, 〈實現中華民族偉大復興中國夢的關鍵一步〉, 2020. 05. 12.

34 김흥규, 〈시진핑 체제의 위기와 미중 전략경쟁〉, 《KDI 북한경제리뷰》 2월호, 2020.

◆ 제6장 ◆

노동자 조직의 역사와 변화

장윤미

1. 들어가며

중국공산당을 말할 때 노동계급과 분리해서 생각할 수 없다. 노동계급은 공산당의 계급적 기초이자 통치 정당성의 중요한 이론적 근거가 되기 때문이다. 당 주도의 정치운동 과정에서 선전되었던 "노동계급은 영도계급이다", "노동계급은 국가의 주인이다" 등의 구호는 중국의 구세대들에게는 매우 익숙한 것이다. 1949년 건립된 현대중국은 스스로 "노동계급이 영도하고 노동자와 농민의 동맹을 기초로 한 인민민주독재專政의 사회주의 국가"라고 규정하고 있다. 그러한 인민을 영도하는 것은 중국공산당이며 당 영도의 이데올로기적 근거는 마르크스-레닌주의 혁명이론이다. 마르크스-레닌주의에 따르면 프롤레타리아 계급 독재는 프롤레타리아 계급의 전위前衛에 의해 대행된다. 공산당이 바로 그 전위대이며, '프롤레타리아 계급의 정당'으로 여겨진다. 중국공산당의 설명에 따르면 노동계급은 전위대(선봉대)인 공산당을 통해 영도권을 행사하고, 노동계급 중 선진분자인 당원이 각 단위의 영도 직무를 맡는다. 따라서 인민민주독재는 실제로는 당 독재―黨專政인 것이다.

이처럼 중국공산당은 계급정당에서 출발했고 자신의 계급적 기초를 노동계급에 두고 있다. 당장黨章에서 규정하고 있는 공산당 조직의 성격을 보면 '중국 노동계급의 선진적인 조직적 부대'(1945년 7대)에서, '프롤레타리아 계급(무산계급) 정당'(1956년 8대)으로, 다시 '노동계급의 선봉대'(1982년 12대)로 바뀌어왔다. 1990년대 후반 삼개대표론三個代表論이 제기된 뒤 수정된 당장에 따르면 중국공산당은 '노동계급의 선봉대이자 동시에 중국 인민과 중화민족의 선봉대'(2002년 16대)라는 이른바 '두 개의 선봉대'로 자신을 규정하고 있다. 이는 중국공산당의 성격이 근본적으로 변화되는 계기를 마련했다. 비록 노동계급의 선봉대라는 이론적 토대는 변하지 않았지만, 당을 모든 인민과 중화민족의 선봉대라고 포괄적으로 규정함으로써 혁명당에서 집권당으로의 전환을 합리화했다. 당이 모든 인민의 선봉대가 됨으로써 노동계급이 특별히 영도계급일 이유는 없게 되었고, 이에 따라 노동계급이 상징하고 있던 영도성은 그 실질적 의미가 사라지게 된다. 이러한 당의 성격에 관한 규정의 근본적 변화에 따라, 지난 20년간 가속화된 노동계급의 주변화 현상은 '인민'과 '중화민족'의 이름 아래 진행되어온 발전의 담론에 가려져 주류 언론에서는 거의 다루지 않았다. 노동계급의 선봉대인 당이 인민의 당, 중화민족의 당으로 변신함에 따라, '노동계급이 영도계급'이라는 말은 현실에서는 공허하기 짝이 없는 헌법상의 사문화된 조항이 되었다.

중국공산당에게 노동계급은 과연 무엇인가. 노동계급의 조직인 '공회工會'와 당은 어떠한 관계인가. 이 글에서는 100년 정당을 앞둔 공산당 성격의 변화와 통치의 특징을 당과 노동자(조직)의 관계 변화 속에서 살펴본다. 지난 100년의 역사를 중국의 공식적인 역사 구분에 따라 크게 혁명, 건설, 개혁의 시기로 나누고, 각 시기마다 공산당의 주요 통치목표와 노동자 조직화의 방식을 살펴본다. 이러한 목표 아래 설정된 공회와 노동계급의 임무 및 당과의 긴장 관계, 노동계급의 위상 변화 및 자발적 조직화의 문제 등을 서술한다. 끝으로 최근 10년간 사회관리 방식의 개편에 따라 재조정된 공회의 역할에 대해서도 살펴본다.

중국에서는 노동조합을 '공회'라고 부른다. 자본주의 사회의 기업에서 주로 사측과의 협상을 위해 조직된 노조와 달리, 중국의 공회는 모든 직장 단위에 속한 직공職工들의 조직으로, 여기에는 블루칼라뿐 아니라 관리직도 포함된다.[1] 개혁 이전 중국의 도시 구조는 '단위單位' 중심으로 편성되었고 공회는 단위 내의 직공을 위한 조직이었다. 그러나 시장화 개혁 이후 단위 중심의 사회구조가 해체되고 '체제 밖' 영역의 등장, 그리고 다양한 계급계층으로 분화되면서 기존에 단위체제 중심으로 조직되었던 공회는 그 위상이나 역할에서 위기를 맞게 되었다. 즉, 직장(단위) 중심으로 설계된 공회는 직업(직종) 중심으로 분화된 시장경제라는 새로운 환경에 맞춰 '노동자의 조직'으로 독립하지 못하고 행정기관과 사회조직 사이 그 어디쯤 위치했으며, 따라서 체제 밖의 영역에서 새롭게 등장한 노동자들의 이익을 보호하지도 못했다.

이러한 특징을 감안하여 이 글에서는 기존 체제 내의 노조 '공회'와 시장경제 이후 등장한 다양한 노동자 조직을 구분해서 사용한다. 즉, 사업장 내에서의 직공을 위한 조직은 '공회'로, 시장화 개혁 이후 노동자 권리를 보호하기 위한 목적에서 등장한 조직은 '노조'로 구분해서 사용한다. 예컨대 노동자의 단체협상 권리를 도와주기 위해 자생적으로 생겨난 노동NGO는 공식적인 노조는 아니지만 노동자 권익 보호를 목적으로 한 초보적인 노조의 형태를 띤다고 볼 수 있다. 기존 단위체제에서의 공회 조직과 시장화 개혁 이후 등장한 노조는 근본적으로 구분된다. 기존 공회 조직은 전국 수준에서는(중화전국총공회. 이하 전총) 당 중심의 통치시스템을 만드는 과정에서 그 기능과 역할이 조정되어왔고, 기층 단위 안에서는 임금과 복지 등 직원들의 노동조건 개선이나 향상에 주된 관심을 두었다. 반면 시장화 이후 출현한 노동자 조직은 노동자 권리나 사회적 정의 실현 등 보다 보편적인 요구를 내건 사회운동의 성격을 띠기 시작했다. 즉, 기존 체제 안에서 당의 영도하에 진행되어왔던 이른바 '노동운동工運' 대상 밖으로 배제된 노동자 권익을 요구하는 운동으로, 이는 '새로운 노동운동Social Movement Unionism'의 성격을 띤다고 볼 수 있다. 이러한 운동의 주체는 공식적인 노조는 아니지만, 1990년대 후반부터 등장하기 시작한 노동NGO라 불리는 풀뿌리 조직이 대표적이다. 이들은 중국에서 사회적으로 가장 배제된 농촌 출신의 도시 노동자, 이른바 농민공農民工의 권익 보호를 위한 활동을 전개하고 있다.

중국은 지금까지도 공회 이외의 어떠한 단체도 노동자 조직으로 인정하지 않고 있지만, 산업단지 지역을 중심으로 지속적으로 발생한 파업과 집단행동 속에서 노동자 조직화의 시도는 계속되고 있다. 1989년 톈안먼 사건 당시 기존 공회체제에서 탈피하려는 움직임과 함께 등장했던 공자련工自聯(노동자자치연합회)이라는 자발적인 독립노조는 새로운 노동운동의 시초가 되었다. 다른 한편 공자련이라는 독립노조의 출현은 이후 중국식 발전 경로를 정하는 데도 결정적인 역할을 했다. 공자련이라는 당의 통제에서 벗어난 노동자 조직의 등장으로 중국공산당은 기층사회에 대한 통제의 중요성을 다시 한 번 절감하며 1990년대 이후 안정정치를 강조하는 방향으로 나아가게 되었고, 기층의 노동운동에 더욱 민감하게 대응하기 시작한다. 이로써 공산당체제의 이념적 정당성을 제공해주던 상징 집단인 노동계급은 개혁 시기 시장체제 환경 속에서 개별 노동자로 원자화된다. 당의 영도와 인민의 이름 뒤로 묻히며 빈곤화, 주 변화된 노동계급의 문제는 오히려 '신계급사회' 등장의 가능성을 더욱 높이게 되었다.

2. 혁명의 시기: 혁명 정당과 노동운동 조직화

중국에서 노동자들이 자발적으로 조직한 근대적 노조가 탄생한 시기는 청조淸朝를 무너뜨리고 중화민국을 설립한 1911년 신해혁명이 발발할 때였다. 이미 그 전에도 전국 각지에 길드(업종 조합), 회관(상인의 동향 조직), 공소(동업자 조직), 비밀결사 등 여러 가지 형태의 노동조합의 원형 이 생겨났지만, 대부분은 지역이나 종족 등의 전통적 관계에 기초한 조 직이거나 상인 중심의 동업조합적인 성격이 강하여 근대적인 노조와는 구별되는 것이었다. 신해혁명과 제1차 세계대전을 거치면서 주요 도시 에서 산업노동자 수가 증가했고, 당시 사회적으로는 민주주의를 비롯하 여 다양한 진보적 사상이 도입되고 있었다.

특히 1919년 5·4운동 이후 확대된 전국적인 반제국주의 운동이 노 동운동을 촉진했는데, 이러한 점에서 5·4운동은 중국이 공식적으로 인 정하는 신민주주의 혁명의 시발점임과 동시에 현대 노동운동의 기점이 라 할 수 있다. 5·4운동은 반제·반봉건이라는 정치적 투쟁의 성격을 띠 면서도, 기존 동업회나 향토회 등의 울타리를 뛰어넘어 노동자 대중의 계급적 단결로 독자적인 정치세력으로 대두할 수 있게 된 중요한 계기 가 된다. 특히 리다자오李大釗, 천두슈陳獨秀, 덩중샤鄧中夏, 마오쩌둥毛澤東

등 혁명적 지식인들이 마르크스주의를 전파하고 공산당 설립을 준비하는 과정에서 노동자들을 대상으로 선전·조직 사업을 전개한다. 이 과정에서 1920년 11월과 12월에 상하이 기계노조, 인쇄노조, 방직노조 등이 차례로 설립되고, 이듬해에 베이징과 광둥, 홍콩에서 노조가 건설된다.

러시아혁명이 가져온 충격과 5·4운동 이후 급증한 대중운동의 힘을 바탕으로 중국공산당은 1921년 개최된 제1차 당대회에서 당의 성립을 선포하며 공산당이라는 명칭과 투쟁목표 및 기본정책을 확정한다. 특히 당의 활동에 관한 결의를 통해 노동계급을 적극적으로 발동하여 혁명 투쟁에 참여시키고, 중국노동조합서기부를 조직하여 공개적으로 노동운동을 전개하기로 결의했다. 이에 따라 1921년 8월 상하이에서 노동조합서기부가 조직되었고, 이때부터 1922년 5월 제1차 전국노동대회가 열리기 전 8개월 동안 중국공산당과 서기부의 지도에 따라 전국의 여러 공업 도시와 철도, 광산 부문에서 노동자 투쟁이 일어난다. 특히 1922년 1월에서 3월까지 56일 동안 지속된 홍콩 선원 대파업은 중국의 노동운동이 고양된 중요한 기점이라 할 수 있다.[2]

1922년 7월 상하이에서 개최된 제2차 당대회에서는 5월 광저우에서 열렸던 제1차 전국노동대회 상황이 보고되었고, 〈'노동조합 운동과 공산당'에 관한 결의안〉을 통과시켰다. 결의안에서는 공산당을 프롤레타리아 계급의 선봉으로 하고, 노조는 정치적 입장과는 상관없이 모든 노동자들의 조합으로 구분했다. 사람으로 비유하여 공산당은 머리로, 전체 노동자는 몸이라고 하면서, 노동운동 과정에서 공산당이 '선봉'과 '두뇌'의 역할을 하며 노동운동을 이끌어야 한다는 점을 강조했다. 같은 해 8월에는 노동법 대강이 공포되었고 여기에 노동자의 결사 자유, 단체교섭, 파업권, 8시간 노동제 등 19조가 포함된다. 이것이 발단이 되어

1923년 2월 제1차 전국 파업운동이 고조되었고, 공산당이 이끄는 노조가 이러한 흐름 속에서 차례차례 조직되었다.

1925년 5월 1일 광저우에서 개최된 제2차 전국노동대회에서는 '중화전국총공회 규약'을 채택했고, 이로써 전국에 약 560개 조합, 117만 명의 조합원을 보유한 중화전국총공회가 성립된다. 중국혁명을 노동자혁명이라고 할 수는 없지만, 공산당이 이끌었던 혁명의 승리는 노동운동의 지대한 영향을 받았다. 마오쩌둥 역시 "산업 프롤레타리아 계급의 숫자가 많지 않지만, 중국의 새로운 생산력의 대표이자 근대 중국에서 가장 진보적인 계급으로 혁명운동에서 영도적 역량을 발휘했다"[3]고 평가했다. 특히 1925년 5월에는 상하이의 일본계 방적 공장에서 노동쟁의가 일어나던 도중 중국인 노동자가 일본군 수비대가 발포한 총에 의해 사망한 사건이 발생하고, 이에 분노하면서 대규모 노동자 항쟁 사건으로 이어진다. 이 사건을 계기로 상하이의 노동자 20만 명 이상이 상하이 총공회總工會를 조직하고 6월 1일부터 총파업에 들어갔다. 상하이와 같은 대도시에서 전개된 5·30 총파업은 노동계급의 각성과 계급의식을 고조시켰으며, 이와 동시에 노동자 조직 과정은 당시 중국혁명당이 주도했던 정치적 운동과도 밀접한 관련이 있다.[4]

당시 상하이를 중심으로 전개된 노동자운동은 다양한 정파적 경향이 있었기 때문에, 공산당만이 노동운동을 조직했다고 볼 수는 없다. 페리E. Perry가 지적하듯 노동자 조직을 영도한 것은 공산당뿐 아니라 국민당, 비밀결사幫會, 위만僞滿 등 각종 정치세력이 노동자운동의 영도권을 쟁탈하고자 했다. 페리는 당시 상하이에서의 노동자의 분열적 특징에 주목하는데, 당시 서로 다른 지역 출신의 이민자로 구성된 다양한 향우회나 길드는 결코 혁명의 장애가 아니었고 오히려 노동자 행동주의를 낳는 요람이 되었으며 조직적, 장기적 단결을 형성했다고 평가한다. 각 노동자집단은 분열된 상태였고 국민당과 공산당 양 당이 그중 일부 집단을 이용한 것이었다. 혈연, 지연 등 전통관계가 여전히 노동운동에 영향을 미쳤고, 일부 공산당원도 노동자 조직화를 위해 전통적인 비밀결사에 가입하여 노동운동을 조직하기도 했다.[5] 당시 국민당뿐 아니라 공산당 역시 노동자를 조직하는 과정에서 전통조직의 협조를 적지 않게 받았다. 이러한 과정을 보면 공산당이 직접 노동자 조직을 지휘했다기보다는, 각 정치세력 간의 경쟁과 전통조직과의 협력과정을 통해 노동자 조직화에 관한 경험과 노하우를 축적했다고 볼 수 있다.

이러한 점에서 상하이와 같은 대도시에서 전개된 노동운동은 노동계급의 투쟁이라는 그 자체의 자율적 속성을 지니면서도, 당시 반제국주의라는 혁명운동의 흐름 속에서 혁명당으로의 종속성이라는 양면성을 지닌 것으로 평가할 수 있다. 당시 국민당과 공산당이라는 두 개의 대표적인 혁명당이 존재하여 '노동의 조직화'를 둘러싸고 서로 경쟁했으며, 특히 공산당은 당의 영도가 관철되는 노동자 조직 연합체를 결성할 필요성을 인식하게 된다.

이러한 인식은 이후 대장정과 당내 정풍운동 등 혁명의 과정 속에서 공산당이 영도하는 '군중노선mass line'으로 확립된다. "군중 속에서 나와, 군중 속으로 들어간다"는 군중노선은 당이 인민 대중과의 일상적인 직접교류를 통해 대중의 의견을 청취하고, 이를 토대로 결정한 정책을 다시 대중에게 선전하고 설명하여 동의나 적극적인 참여를 이끌어내는 일종의 대중동원과 당의 지도방법이다. 이러한 군중노선은 건국 이후에도 전총을 포함하여 공청단(공산주의청년단), 부련(전국부녀자연합회) 등 이른바 '군중단체(혹은 인민단체)'라는 형태의 독점적이고 배타적인 조직체계로 공식화된다. 혁명과 사회주의 건설 시기에는 당이 이러한 군중단체의 매개적 역할을 활용하여 사회 조직화를 진행했다.

3. 사회주의 건설 시기: 당과 공회 간의 긴장과 당국체제의 완성

건국 초기 중국이 해결해야 할 시급한 문제는 국공내전으로 인한 인플레와 경제 붕괴였다. 문제의 해결을 위해서는 재정안정 유지와 함께 공업화 추진을 위한 노동자 동원이 매우 중요했다. 특히 민족국가 간의 경쟁이라는 국제환경 속에서 사회주의체제 역시 자본주의체제와 마찬가지로 '노동하는 인민'을 창출하고 관리하는 문제가 중요했다. 그러나 이론적인 측면에서 '사회주의' 노동자는 단순히 '산업화의 역군'으로서의 역할에만 그치는 것이 아니라, 노동을 통해 생산소유구조를 바꾸는 동시에 자각적인 정치 주체로 거듭나 인민 민주를 실현하고 궁극적으로 자기 해방의 길로 나아가야 하는 주체이다. 공산당이 비록 농촌과 농민을 기반으로 하여 혁명전쟁에서 승리했지만 사회주의 국가로 나아가기 위해서는 노동계급의 정치 주체화 문제가 중요했다. 이러한 사회주의적 목표에 맞춰 중국의 노동계급은 산업화를 위해 위로부터 동원되고 조직된다.

　이러한 노동자 조직화와 생산을 위한 동원 임무는 전총이 맡았다. 특히 노동자에 대한 영향력이 크지 않았던 공산당은 옌안延安 시대 경험에서 확립되었던 '군중운동' 방식으로 전총을 활용한다. 이에 따라 각 단위에서 생산을 위한 노동자 조직화는 노동자 군중조직인 공회를 매개로 하여 적극 추진된다. 전총 주석인 리리산李立三은 공회가 생산건설 업무를 구체적으로 수행하기 위해서는 노동자들의 적극성과 열정을 독려하여 노동자들이 자각적, 적극적으로 생산에 임하게 하는 것이 중요하며, 이를 위해 노동자 자신이 주인이라는 사상을 갖도록 하는 것이 필요하다고 보았다. 구체적으로 전총은 노동자 조직화 과정에서 산별노조체계를 구축하고 국가와 기업의 주인이라는 의식을 고취시키며 노동자의 적극성을 이끌어냈고, 노동자 생활개선과 함께 기업 내의 관리 민주화를 중요한 안건으로 다루었다.

그러나 1950년 한국전쟁이 발발하자 사회주의 공업화 추진을 위한 일련의 정책 기조가 변화된다. 공산당은 전쟁이라는 위기 상황에서 애국주의, 국제주의 사상교육운동을 전개하면서 애국증산과 절약운동의 전개를 통해 경제기반의 강화를 도모한다. 사회 전체가 전쟁 지원을 위한 총동원체제로 나아가며 건국 초기 비교적 자유롭고 독립적인 활동 공간이 존재했던 전총에 대한 공산당의 통제가 강화되었다. 본격적인 계기는 1951년 2월 정치국확대회의에서 리리산을 비판하면서부터이다. 이 사건 이후 1951년 여름부터 전총은 각종 정치학습운동을 제창하기 시작했고, 공산당 역시 전총 지도부를 새로 선출하면서 '반혁명진압' 운동에 맞춰 공산당이 꺼리는 인물은 지도부에서 배제한다.

전총에 대한 당의 정치적 개입 이후 공회는 당 조직의 논리 속으로 더욱 예속된다. 1953년 7월 10일 전총에서 제정한 〈노동기율을 다지기 위한 결의〉에서는 노동자 개인이익과 국가이익을 공식적으로 결합했고, 이러한 이익 일치성으로 인해 노동자는 '국가를 위해' 생산하는 주체가 되었다. 이로써 노동자는 국가의 노동자가 되었고 국가 역시 자연스럽게 노동자의 국가가 된 것이다. 노조의 기본 임무는 '생산, 교육, 생활'로 압축되고, 노동자 이익 보호 기능은 완전히 부차적인 것으로 밀려나게 된다. 또한 전시동원체제 속에서 이루어진 애국주의 노동경쟁 운동은 처음에는 노동자의 주도성과 적극성으로 시작된 정치적 행위였지만 이후 노동자를 대상으로 한 정치교육방식으로 전환되었고, 공산당은 공회에 대한 정치적 개입을 통해 개별 노동자를 조직화하고 관리하는 데 성공하게 된다.

이러한 변화 속에서 신중국의 노동계급은 외부세력(미 제국주의)에 대한 투쟁과 국가동원, 노동규율 제도화의 확립을 통한 당과의 긴밀한 관계 속에서 자신의 정체성을 형성해나간다. 즉, 공유제를 기반으로 하는 사회주의 국가 안에서 '자본'이 아닌 '외부세력'에 대한 투쟁의 경험과 적개심, 그리고 당의 영도 안에서의 조직화와 사회주의적 규율이라는 틀이 중국 노동자의 집단적 계급의식을 형성하는 토대가 된 것이다.

공회에 관한 1차 논쟁이 공회 업무를 당의 영도에 묶어두고 국가이익을 우선하는 것으로 끝나면서, 이후 기업 내부에서는 당·정 영도 간부의 주관주의나 관료주의 현상, 그리고 군중에게 관심을 두지 않는 현상 등이 심각하게 대두되었고, 노동자의 민주적 권리는 더 이상 논의되지 않으면서 기업 내에서 발생하는 각종 갈등과 모순이 제때에 해결되지 않았다.[6] 공회가 마치 행정기관처럼 작동하는 경향이 날로 심해졌는데, 드디어 1957년 정풍운동을 계기로 노동자들의 불만이 터져 나오면서 2차 공회 논쟁으로 이어진다. 1차 논쟁이 아직 당이 주도하는 통치시스템이 완성되지 않은 상황에서 노동자 조직화와 동원 문제, 그리고 이를 둘러싼 당과 공회의 관계 및 위상 정립이 주요 쟁점이었다면, 2차 논쟁은 공회의 행정화에 대한 대중들의 불만이 기폭제의 역할을 했다. 1차 공회 논쟁 이후 노동자 이익을 국가이익과 일치시키고 노동자 권익보호보다 생산을 위한 동원이라는 공회 기능을 강조했지만, '노동자 조직'이라는 공회가 가진 본질적 위상으로 인해 언제든 갈등이 터져 나올 수 있는 씨앗을 남겨둔 셈이었다.

1957년 정풍운동이 진행되는 가운데 공회 내부에서는 자성의 목소리가 이어졌고, 전총은 공회 업무에 대한 평가와 주요 문제에 대해 내부적으로 일치된 의견을 내놓지 못한다. 이러한 전총의 애매한 입장에 대해 1958년 3월 중공중앙은 '청두成都회의'를 개최하고, 〈중공중앙의 공회조직문제에 관한 의견〉을 통과시킨다. 〈의견〉의 핵심적 내용은 산별 공회의 약화, 공회계통 내부의 수직적 영도 약화, 지방 각급 당위의 공회 업무에 대한 영도 강화 등이었다. 이로써 공회는 당의 정치적 영도를 받을 뿐 아니라 조직적으로도 각급 당위 아래로 종속되면서 '노동자 조직'으로서의 역할과 조직력을 발휘하지 못하게 된다.

공회에 관한 논쟁에 쐐기를 박고 중국의 공회체제를 확립한 것은 1958년 5~8월 사이 개최된 전총 당조 제3차 확대회의에서였다. 이 회의에서는 공회가 당의 통일 영도에 완전히 복종할 것과 사회주의 제도에서 공회의 가장 중요한 임무는 노동자 교육과 조직을 통한 노동생산성의 향상이라고 규정한다.[7] 이로써 중국의 공회체제는 1951년 이후 지속되어온 공회에 관한 논쟁을 거친 뒤 1958년 최종적으로 확정된다. 2차 논쟁을 끝으로 군중조직에 대한 당의 직접적인 '조직' 영도를 확립했고, 또한 공회의 상하 유기적 조직구조가 깨지면서 공회는 각급 당위로 종속된다. 이로써 공회는 자체 조직력을 가진 노동자 조직이 아니라 실제로는 각급 당위에 종속된 하나의 행정부서로 전락하게 되었고, 이러한 당과 공회 관계의 틀은 오늘날까지도 그대로 유지되고 있다. 이는 현실 사회주의 사회에서의 당·국가와 사회관계를 단적으로 보여주며, 중국 당국체제를 구성하는 중요한 조직적 특징이라 할 수 있다.

전총 주석에 대해 진행된 두 차례에 걸친 숙청과 비판이 분명 상층부에서의 권력 투쟁적 성격을 띠고 있지만, 1950년대 당과 공회 간에 진행된 갈등의 배경으로 새로운 국가에 대한 노동자들의 높은 기대와 이에 미치지 못하는 현실에 대한 불만, 그리고 사회주의권 국가 내부의 변화라는 요인도 중요하게 지적해야 한다. 1956년 동유럽 지역에서의 변화, 특히 10월의 헝가리 사건은 사회주의 세계를 흔들었고 중국에서는 상하이, 푸저우, 청두 등 전국의 주요 도시에서 노동자 파업과 학생의 수업 거부 사건이 잇달아 일어났다. 당시 상하이는 중국 최대 공업 도시 중의 하나였고 이러한 노동자들의 불만 정서는 지식인 사회와 학생들 사이에서 반향을 불러일으켰다.

그러나 전국적인 파업의 결과 공회의 조직력이 강화되지는 않았다. 오히려 반우파투쟁이라는 정치운동의 방식으로 공회와 같은 군중조직을 당의 영도 아래로 한층 더 강하게 종속시켰다. 전총 주석에 대한 숙청과 비판은 언뜻 보면 관료화된 공회 조직에 대한 심판처럼 보이지만, 공회에 대한 당의 조직적 영도를 제도화함으로써 노동자들은 독립적인 조직을 갖기가 더욱 어렵게 되었다. 당이 공회를 완벽하게 통제함으로써 노동자의 자발적인 조직화나 정치세력화의 가능성을 원천적으로 가로막고 확고부동한 당국체제를 완성한 것이다.

이러한 정치적 봉합은 이후 문화대혁명(이하 문혁)이라는 정치운동의 소용돌이 속에서 다시 관료화된 공회 간부를 비판하며 균열을 냈고, 이에 따라 기존의 공회체제도 와해된다. 아이러니한 것은 정치운동의 과정에서 공회에서 벗어난 노동자 조반造反운동을 통해 비록 형식적인 것에 불과할지라도 영도계급으로서의 위상이 강화되었다는 점이다. 문혁 시기 노동자가 '큰 형님'의 역할을 할 뿐 아니라 명목상 '모든 것을 영도'

하는 지위를 부여받기도 했다. 특히 1968년 8월 25일《홍기紅旗》잡지에
〈노동계급이 모든 것을 영도한다〉는 글이 발표된 이후 많은 노동자선전대
工宣隊들이 언론, 출판, 문예, 대학 등으로 들어가 조직을 영도하면서 권
력을 장악하기도 했다. 그러나 노동자 조반운동은 실제 노동자들을 위
한 발언이나 정책 제언이 아니라 질서 있는 운동의 틀 속에서 상징적인
정치적 지위를 확보하는 데 그쳤다.[8]

4. 개혁개방 시기 시장화 정책과 노동계급의 주변화

1) 공회의 개혁 시도와 좌절, 독립노조의 등장

중국은 1978년에 개최한 공산당 제11차 3중전회를 기점으로 개혁개방
이라는 새로운 시기로 접어든다. 그러나 1993년 제14차 3중전회에서
'사회주의 시장경제'라는 보다 분명한 개념으로 확고한 개혁의 방향이
정해지기 전까지 1980년대 대부분의 시간은 문혁 이전의 규범들이 복
원되는 동시에 시장화의 물결이 급속하게 밀려들던 과도기적 시대였다.
기업에서의 민주적 관리와 노동자 조직으로서의 공회 역할을 다시 강화
하고자 하는 시대적 요구는 개혁 논리에 따라 경영자에게 전권을 맡기
고 노동자를 쉽게 해고하는 정책 흐름과 뒤섞이며 파열음을 냈다. 당 중
앙의 정치체제개혁의 일정에 맞춰 공회를 개혁하려는 구상이 가장 높은
수준으로 제안되면서, 동시에 1989년 봄 톈안먼 광장에서는 당 영도에
서 벗어난 독립노조가 등장하기도 했다. 이러한 과도기적 시기는 새로
운 시대로 나아가고자 하는 변혁의 열망과 함께 문혁이라는 극단적 혼
란에서 벗어나야 한다는 정치안정의 논리가 혼재되어 있던 시대였다.

1989년 봄 학생들과 시민들의 민주에 대한 요구 운동이 일어나기 직전의 시기는 공회 개혁의 수위가 가장 높았던 때였다. 개혁의 주요 내용은 공회의 본질적 기능, 즉 이익대변기능의 강조를 포함하여 공회 지위 향상과 정부와의 대등한 협상을 요구했고, 노동자 이익과 관련된 사안 뿐 아니라 사회적 영향력이 비교적 큰 각종 정책결정 과정에 참여하길 요구했으며, 당과 정부의 영도로부터 독립된 노조의 활동을 강조하고, 노조 내부의 민주화를 촉진하는 아래에서부터의 민주 원칙 등을 주장했다. 이러한 요구들은 1988년 10월 전총의 제10기 6차 회의 집행위원회에서 제정한 〈노조 개혁에 관한 구상〉으로 집약된다. 이 문건에서는 노동자의 합법적인 이익보호와 민주권리를 노조의 첫 번째 임무로 규정하고 있고, 기층 노조 간부의 파견제를 민주선거제로 바꿀 것을 언급하고 있다.[9]

　　이는 전총 스스로 '관변' 조직임을 처음으로 공개적으로 인정한 것이다. 당시 이러한 변화의 배경은 우선 중국 공회 스스로가 노동자 조직으로서의 정체성 위기를 절감했기 때문이다. 전총의 이러한 자성과 개혁의 노력은 톈안먼 사건 당시 학생운동에 대한 지지로도 이어진다. 당시 상무부주석이자 서기처 제1서기를 맡고 있던 주허우저朱厚澤가 주관하던 전총은 학생운동에 대한 지지를 표명했을 뿐만 아니라, 〈현 사태에 관한 다섯 가지 성명〉을 발표하면서[10] 전인대를 앞당겨 소집하고 정부와 노동자의 대화를 요구하면서 적십자에 10만 위안을 기부하기도 했다.[11] 5월 중순 톈안먼 광장의 100만 시위 물결 속에 전총의 깃발이 휘날리기도 했다. 또한 전총 직속인 중국공운학원中國工運學院(지금의 중국노동관계학원) 400여 명의 교직원이 전총 건물 앞까지 시위를 하며, 505명이 서명한 탄원서를 전총에 제출하기도 했다.

그러나 6월 초 톈안먼 광장에서의 무력진압으로 인해 개혁을 향한 이러한 전총의 노력은 물거품이 되고 만다. 이후 중국의 정치체제 개혁에 관한 일련의 프로그램이 모두 중단되었고. 이에 따라 명실상부한 '노동자 조직'으로 변신하고자 했던 공회의 개혁 구상도 좌초되었으며, 공회는 또다시 당에 예속된 직능부문의 하나로 그 위상이 확정된다. 1990년대 시장화 개혁이 본격화된 이후 기업 개혁과 함께 경영자의 권한이 커지면서 노동자의 권익을 보호할 법적, 조직적 역할이 훨씬 중요해졌음에도 불구하고, 공식 노조 공회는 노동자들로부터 더욱 멀어지고 '빈껍데기空殼化 노조'로 전락하고 만다.

당국체제에 예속된 공식 노조의 빈자리를 채우기 시작한 것은 민간 조직과 자발적인 노동자 조직이었다. 1989년 5월 톈안먼 광장에 등장한 공자련은 이러한 아래로부터의 노동자 조직화의 새로운 계기를 마련해준 조직이었고, 공자련 회원에는 노동자뿐 아니라 일부 공회 간부들이 참여하기도 했다. 1989년 5월 톈안먼 광장에서 100만 시민들의 시위가 가능했던 것은 1980년대를 거치면서 청년노동자와 학생들 사이에서 민주에 대한 요구가 높아졌기 때문이다. 1978~1979년 민주의 벽과 민간 간행물 운동, 1980~1981년 대학경선운동으로 민주나 언론 자유에 대한 청년들의 관심은 매우 높았다.

공자련은 약 2만 명의 회원을 보유한 것으로 알려져 있다.[12] 공자련의 임시장정은 노조 조직이 갖추어야 할 독립성과 민주성뿐 아니라 당국체제에서 당과의 관계, 그리고 작업장 민주와 노동자 권리 보장에 대한 내용까지 포괄하고 있었다. 당시 공자련의 주요 토론 내용은 관료부패와 특권 엘리트들의 전제적인 권력 아래에서의 노동자들의 고단한 삶, 공장 노동자와 경영자 간의 확대되는 임금격차, 단위 내 부족한 민주적 의

사결정, 정책결정 과정에서 진정한 노동자 대표가 없다는 점, 날로 열악해지는 작업환경과 사회보장 문제 등이었다.[13] 이들은 공산당 통치에 반대하는 것이 아니라, 사회주의 헌법의 보호 아래 합법적인 수단으로 조직의 자치성을 유지하길 원했다.

그러나 이러한 대안적인 노동자 조직화의 움직임은 6·4 톈안먼 광장의 무력진압으로 무참하게 꺾이고 만다. 사회주의체제의 영도계급이라고 선전되던 노동계급의 자체 조직화 시도는 문혁 당시 노동자들의 조반운동에 대한 악몽이 아직 생생한 기억으로 남아 있던 중국 지도자들에게는 훨씬 도전적인 것으로 받아들여졌다. 시위에 참여했던 대학생들은 감옥에 가거나 노동 교양의 처분을 받는 등 비교적 가벼운 처벌로 끝났지만, 공자련 소속의 노동자들은 수십 명이 사형당하거나 무거운 판결을 받았다. 톈안먼 광장 진압을 계기로 중국 당국은 자유화를 원하는 세력뿐 아니라 문혁의 역사에서 이어지던 노동자들의 조반 정서도 완전히 진압할 수 있게 되었고, 이로써 사회주의체제 안에서 지속되어왔던 노동자 조직화 운동은 일단락 짓게 된다.

1990년대로 접어들면서 중국은 지식인들을 체제 내로 포섭하는 한편 사회통제를 강화하고 정치적으로 보수화되지만, 1991년 덩샤오핑의 '남순강화南巡講話'를 계기로 개혁을 본격화하고 경제성장을 가속화하면서 자본주의 세계경제와의 통합을 빠르게 추진해나간다. 이러한 측면에서 톈안먼 사건은 강력한 당 통치와 시장화, 세계화가 결합되어 오늘날 중국이 가고 있는 '중국의 길'을 가능하게 만든, 역설적이지만 매우 중요한 사건으로 볼 수 있다. 그러나 공산당체제에서의 발전모델이 전례 없는 성과를 거두면서, 당 영도로부터 상대적으로 독립적인 노조 조직화는 더욱 불가능한 일이 되었고, 강력한 산업구조 조정과 기업 개혁의 파고 속에서 대다수 노동자들은 하층으로 전락하게 되었다.

2) 공산당의 성격 및 위상 변화와 노동자 계급의 주변화

1989년의 6·4 톈안먼 사건과 사회주의권 국가의 해체 및 붕괴는 중국 정치체제가 지향하는 개혁의 방향과 통치의 기조를 근본적으로 바꿔놓았다. 우선 중국공산당은 구소련의 해체를 목격하면서 자신의 토양에 맞지 않는 민주 제도의 이식은 국가분열을 초래할 수 있다는 것과 인민의 저항과 조직화 시도를 적절하게 통제하지 않으면 사회적 혼란을 불러와 개혁이라는 목표 자체를 실현할 수 없게 된다는 교훈을 얻는다. 이에 따라 이후 '안정유지'의 방침은 중국의 절대적인 정치원칙이자 하나의 이데올로기로 확립된다.

이 가운데 1990년대 후반 제기된 '삼개대표론'은 중국의 정치 프레임을 바꾸는 중요한 전환점이 된다. 삼개대표론은 단순히 '혁명당에서 집정당으로의 전환'이나 자본가 포섭을 통한 집정기초의 확대를 의미하는 것을 넘어, 실제로는 공산당이 사회에서 어떠한 위치를 재점위하느냐의 문제였고, 나아가 시진핑 체제 들어 본격화된 '당 영도의 제도화'를 가능하게 만든 이론적 토대가 되었다. 삼개대표라는 이론으로 중국공산당은 모든 계층을 대표함으로써 스스로 초월적 위치를 점하게 되고, 분화된 이익(관계)에 대한 최종적 심판자 내지 조정자가 된다.

노동의 관점에서 가장 중요한 변화는 '노동계급의 선봉대'라는 기존 공산당의 성격이 근본적으로 바뀌었다는 점이다. 공산당이 프롤레타리아 계급을 대표할 뿐 아니라 중화민족의 각종 선진 세력과 인민의 근본적 이익을 대표하는 것으로 재규정되면서, 공산당은 '중화민족의 당'과 '인민의 당'이 되었고, 이렇게 공산당의 계급적 성격이 약해지고 민족적 성격이 강해지면서 노동계급을 규정하던 영도계급이라는 상징성도 사라지게 되었다. 삼개대표론이 하나의 전략적 이데올로기로 공산당 통치라는 장기적인 집정 기반을 마련하는 데는 성공적이었으나, 삼개대표론의 제기 이후 당 관료와 자본권력 간의 결탁과 담합이 급속도로 진행되었으며 동시에 노동자들은 도시 빈곤층으로 전락하게 되어 계급사회의 특징이 점차 뚜렷하게 나타났다.

사회주의 노동계급의 지위가 직접적으로 변화된 계기는 1997년부터 본격 추진된 국유기업 소유제 개혁, 이른바 '개제改制'였다. 중국의 국유기업 노동계급은 이때부터 과거 50년간 기본적으로 안정적이었던 지위를 잃게 되었고 더 이상 명목상의 '국가의 주인'도 아니게 되었다. 국유기업 구조조정은 경제성장과 기업개혁에 초점을 맞춘, 명백한 '중국식 사유화'의 과정이었다. 1997년 하반기부터 2001년까지 대다수 국유공장의 재산이 기업의 공장장이나 당 서기 개인에게로 사유화되었으며, 이들 대부분 국유기업 내부의 권력과 정부 관료와의 관계를 바탕으로 기업의 자금을 담보로 기업의 재산권을 샀다. 국유기업을 '사들인' 이들 신흥 홍색 자본가들은 대부분 기업의 명의로 은행의 대출을 받거나 사채를 빌려 이 돈으로 기업을 사들인 뒤 본인 혹은 친인척의 명의로 등록했고, 다시 기업의 자금을 사용해 기업 재산권을 살 때 진 채무를 갚는 방식이었다. 이러한 과정은 실제로는 공유 자산을 통째로 삼키는 것이나 다름없었고, 이러한 상황은 중국의 사유화 과정에서 매우 보편적으로 일어났다.[14]

또한 국유기업의 부채를 털어내기 위해 다양한 형식으로 기업 쪼개기를 진행했을 뿐 아니라 기존에 기업이 맡고 있던 사회적 기능도 적자가 난다는 이유로 모두 하부 사업체로 분리했다. 2008년 세계금융위기 이후에는 국민경제에서 담당하는 역할이 다시 강조되면서 국유기업의 전략적 위상이 재조정된다. 그러나 에너지 자원이나 통신 등 특정 업종을 독점함으로써 누리는 국유기업의 특혜는 대부분 공산당 관료인 소수의 경영자에게 돌아가고, 대다수의 노동자들은 시장 논리에 따라 그동안 누려왔던 자신의 몫마저도 잃게 된다. 국유기업 개혁의 흐름 속에서 일자리를 잃게 된 노동자들은 민영화 반대, 체불된 임금과 연금 쟁취, 연공매입 보상금 쟁취 투쟁을 십수 년간 이어갔다.

한편 일자리를 찾아 도시로 온 새로운 노동계급, 이른바 농민공들의 상황은 더욱 열악했다. 특히 2001년 중국이 WTO에 가입하고 '세계 공장'으로 부상하면서 국제분업 하청시스템의 말단에 위치한 연해지역 공장에서 일하는 농민공들은 열악한 노동환경 속에서 일했다. 거의 모든 제조업체들은 노동자들에게 모든 고통과 위험을 전가하는 '스웻샵sweatshop' 공장체제를 운영했고, 이에 따라 노동자의 교섭력이 약해지고 임금과 노동조건의 '바닥을 향한 경주Race to the bottom' 현상 역시 극도에 달했다. 중앙정부는 기존의 국유기업 노동자와 도시로 진입하는 신규 노동자를 제도적 차별을 통해 분리하고 서로 다른 계층으로 구분함으로써 노동계급의 수평적 연대를 원천적으로 차단했다. 지방정부는 지역 간 경쟁 구도에서 더 많은 기업을 유치하기 위해 노동 통제와 노동력 진입 제한을 통해 저렴한 노동시장을 유지하고 법적 노동보호 조치를 약화시키며 자본에 각종 특혜정책을 제공했다.

이러한 과정에서 중국의 신노동계급은 절망적 상황에서 소극적 저항을 하기도 했고, 동시에 파업 등 적극적인 집단행동으로 맞서기도 했다. 대표적인 사례가 2010년 있었던 폭스콘Foxconn 노동자들의 연쇄 자살 사건과 난하이南海 혼다 자동차기업 노동자들의 파업이다.[15] 치밀한 노동과정의 감시체계 속에서 작업하며 원자화된 폭스콘 노동자들은 무기력하게 죽음으로 스러져갔지만, 자동차 부품을 생산하는 조립 라인의 노동자들은 구조적인 힘structural power을 이용하여 단체행동에 나섰다. 노동자들의 임금인상 투쟁은 이후 공장 이전보상금이나 사회보험금 등 기본적인 노동권 요구로 확대되었고, 이 과정에서 노동자 조직의 필요성과 함께 노동계급으로서의 자각적 의식을 더욱 확고하게 다져나갔다. 이러한 과정에서 노동자들의 단체협상 권리와 집단행동을 지원하는 사회단체들도 많이 생겨났다. 2014년 봄 사측의 사회보험금 미지급 문제로 약 3만여 명의 노동자들이 참여한 위위안裕元 신발공장의 파업 과정에서는 노동자를 지원하는 노동NGO 단체의 역할이 컸다. 이들 조직은 노동자들의 법적 권리 알리기나 법률 상담을 지원해주고, 임금 체불이나 산재 등 노동 현안을 해결해주기도 했다. 따라서 이들의 활동 범위는 정부의 공공서비스 영역에서부터 실제 노조가 하는 일까지 광범위하게 포괄하고 있었다. 2010년 6월 현재, 중국에는 이미 100여 개의 독립된 노동자 조직이 있고, '노동분쟁 공민 대리인勞動爭議公民代理人'이라는 이름으로 종사하는 2000명 이상의 노동활동가가 있는 것으로 알려져 있었다.[16]

　노동분쟁이 끊이지 않는 상황에서 당국이 꺼내든 방침은 노동관계 안정을 위한 법제화와 노동자 조직 불법화를 통한 탄압이라는 이중적 조치였다. 우선 중국 정부는 법 제도화를 통해 노동관계를 안정시키고자 했다. 시장화 개혁 시기 새로운 노동관계를 규정한 법률로 1994년 제정된 노동법이 있지만, 고용관계의 기본 형식을 노동계약제로 한다는 규정만 있을 뿐 구체적인 규정은 없었고, 이 때문에 다양한 형태로 출현하는 고용을 법적으로 규범화하기에 어려움이 있었다. 이러한 문제를 해결하기 위해서 중국 당국은 〈노동계약법〉을 제정하고 2008년부터 시행했지만, 노동계약법 시행 시기가 세계금융위기와 겹치면서 법 시행이 매우 불규칙하고 취약했으며, 법 규정을 회피하기 위한 기업들의 선제 조치로 인해 노동자들의 집단시위가 급증했다.[17] 급박하게 변화된 노동환경에 맞게 다시 2012년 11기 전인대 상무위 30차 회의에서 노동계약법 수정 결정을 통과시켰다. 수정된 노동계약법에서는 노무파견 고용제한을 강화하여, 노무파견 고용이 고용의 주요 형태가 아니라 임시적, 보완적, 대체적인 것임을 명시했고, 노무파견 고용 수량에 대해서도 제한 조항을 두었다. 〈노동계약법〉과 함께 〈노동쟁의조정중재법〉, 〈취업촉진법〉 등을 연달아 제정하면서, 노동관계의 법제화를 강화했다.

5. 개혁개방 2.0의 신시대, 노동자 조직의 포섭과 배제

당국의 법제화 노력에도 불구하고 노동자 집단행동이 갈수록 증가함에 따라 당의 위기감은 고조된다. 공산당의 입장에서 보았을 때 급증하고 있는 노동자들의 치열한 생존 투쟁은 당의 집정 지위를 흔드는 매우 위태로운 것이었다. 이러한 갈등과 위기를 해결하기 위한 구체적인 법 제정과 함께 새로운 사회관리 방식의 필요성이 갈수록 커졌다. 이에 따라 시진핑 집권 이후 대대적인 반부패운동을 통해 국정 운영의 동력을 마련하면서 새로운 방식으로 사회구조를 재편하고 있으며, 이와 함께 빈곤 문제 해결과 조화로운 노동관계를 강조하고 있다. 특히 당 중앙은 '백년변국百年未有之大變局'이라는 시대 인식을 기반으로, 2013년 개최된 제18기 3중전회를 하나의 '시대를 구분하는劃時代' 대회로 규정하면서 제19차 당대회에서 '신시대新時代'를 선언했다. 1978년의 제11기 3중전회가 '개혁개방'이라는 새로운 시대를 열었던 것처럼, 제18기 3중전회를 기점으로 지난 개혁개방과는 다른 새로운 개혁개방의 단계, 이른바 '신시대 개혁개방' 시기라는 논리를 만들어낸 것이다.

개혁개방 2.0의 신시대에 사회적으로 시급하게 해결해야 할 당면 문제는 시장경제로 인해 급증한 유동인구 관리와 노동계급을 비롯한 사회 각 계층의 불만을 최소화할 수 있는 사회구조의 재편 및 새로운 사회관리 방식의 도입이었다. 이에 따라 2013년부터 '사회 거버넌스治理'라는 이름으로 기층사회구조를 새롭게 재편하고 있다. 재편되는 사회 거버넌스 구조의 중요한 특징 중 하나는 기층 당 조직을 건설하고, 노동력 관리, 치안 유지, 범죄 및 분쟁의 예방, 취약계층에 대한 복지 제공, 기층사회의 조직화, 지역 공동체 질서 확립 등 여러 가지 사회적 기능을 기층 차원에서 하나로 통합시키는 것이다. 특히 기층 사구社區를 세분된 격자로 나누어 정보수집과 즉시 개입을 결합시킨 '격자망화网格化 관리'를 통해, 지역과 기층에 잠재되어 있는 갈등을 선제적, 원천적으로 방지한다源頭治理는 방침이다.

노동분쟁이나 임금 체불, 노동력 관리 등의 노동문제를 사회관리의 범주 안으로 가져왔고, 이에 맞춰 공식 노조 공회의 적극적인 역할도 강조하고 있다. 2015년 3월 21일에 발표된 〈조화로운 노동관계 확립에 관한 중국공산당 중앙 및 국무원의 의견〉은 이러한 인식의 변화를 확고히 보여준다. 이 문건에서는 노동관계의 안정은 지속적인 경제발전과 사회 안정을 위해 필요할 뿐 아니라 당의 안정적인 통치를 위해서도 반드시 필요한 조치임을 강조하면서, 기층 차원에서 예방과 조정을 위주로 하여 노동쟁의를 해결해나간다는 방침을 분명히 하고 있다. 기업에서 당 조직 건설 업무를 강화한다는 조건하에서, 기층, 지역, 산별, 총공회 수

준까지 체계적으로 공회 조직라인을 강화했다. 이러한 공회의 역할 강조는 각 행정 수준에서 노동쟁의 해결을 위한 노·사·정 '3자 협상 메커니즘' 수립과 병행되며, 일정한 제도와 정책을 통해 노동자 파업을 규율해나갈 것을 분명히 하고 있다.

문제는 행정적인 편제編制 안에 속한 공회의 한정된 인력으로는 기층의 많은 업무를 담당하기 어렵다는 점이다. 특히 제조업과 첨단산업 단지가 밀집해 있어 이주노동자가 집중되고 노동자 파업이 빈번한 광둥성의 경우 관련 업무를 처리할 인력이 절대적으로 부족하다. 이러한 절박한 상황에 놓여 있는 광둥성은 일찍부터 〈단체협약조례〉를 제정해 노동-자본의 갈등을 제도화하고자 하는 방안을 제기하며 노동정책의 변화를 주도하기도 했다. 또한 각급 총공회에서 외부 전문 인력을 채용하여 일선의 공회 업무를 맡도록 하는 '사회화 간부(혹은 공회 간부의 직업화)' 모델을 실험 중이다. 여기서 '사회'라는 의미는 체제 내의 정규직 간부가 아닌 계약직으로 채용된 직업 노조 간부를 의미하며, 공회는 자체의 재원으로 이들을 채용하여 자신의 필요를 충당해나가고 있다. 선전시의 경우 시험구에 상급 공회와 노동자를 연계하는 '공회연합회'를 설립하여 관할구 내에 있는 공회를 관리하기도 한다.[18]

또한 각 지방의 총공회는 지역에 존재하는 다양한 노동단체들을 도와 사회서비스 제공에 협조함으로써 각 분야 간의 이해관계와 사회적 모순을 조정하는 역할을 하게 되었다. 기층 사회에서의 정치 업무도 많아졌고, 다른 사회단체와 비정부 노동단체를 '인솔'하는 역할을 맡게 되었다. 중국 정부는 기층 당 조직과 공회 조직을 통해 다수의 사회조직을 체제 내로 포섭하면서, 사회 거버넌스의 소통이 원활하게 운행될 수 있도록 노동자 군중조직인 공회라는 전통적 조직 자원을 적극 활용하고 있다.

그러나 각종 복지서비스나 여가, 자선 등 공공서비스와 관련된 사회조직에 대해서는 체제 내로 적극 포섭하여 육성하려 하지만, 노동자 권리 보호나 취약계층의 인권 관련 단체에 대해서는 탄압하는 이중적 방식을 취하고 있다. 대표적으로 2015년 7월 인권활동가에 대한 대대적인 체포가 이어졌으며, 2016년 4월에는 해외NGO 관리법을 제정하여 노동 NGO 등 다양한 권익보호단체들의 활동가를 탄압하고 이들의 활동 공간을 크게 제약했다. 요컨대 사회관리 방식의 혁신을 통해 정부와 사회 간의 협력 관계를 추진한다는 방침이지만, 이는 법적인 틀에서 포섭과 배제의 구조를 만드는 과정과 동시에 진행되고 있다. 이러한 국가와 사회 간의 관계는 강한 통제와 강한 지원이 병존하는 '선별적 흡수'라는 새로운 특징으로 해석될 수 있다.[19]

요컨대 안정적인 사회관리와 조화로운 노동관계를 수립하기 위해 당을 중심으로 하고 공회와 같은 군중조직의 매개 기능을 강화함으로써 사회조직을 체제 내로 포섭하고 있지만, 이와 동시에 좀 더 독립적인 공간에서 노동자 권리를 위한 행동을 주도하는 노동단체와 활동가에 대해서는 단호한 탄압조치를 취하고 있다. 즉, 체제 내로 편입되길 거부하는 사회단체에 대해서는 철저히 배제하는 '이중 정책'을 채택함으로써 당으로부터 독립적인 실질적인 조직과 단체의 성장은 가로막고 있다.

이러한 측면에서 현재 중국공산당의 대응방식은 노동을 사회관리의 중요한 '대상'의 하나로 포함시킬 뿐이지 노동자나 노동자 조직을 조화로운 노동관계 확립을 위한 '주체'로 설정하지 않고 있다는 점을 알 수 있다. 노동자 권익보장을 위한 조항들 역시 노동자가 교섭을 통해 쟁취한 것이 아닌 정부가 시혜적 정책으로 부여하는 것이다. 그러나 조화로운 노동관계의 확립은 사회참여의 제도화, 노동 관련법의 철저한 집행과 감시, 노동자 조직화를 통한 단결권 강화의 문제가 해결되어야 가능할 수 있다. 이러한 한계는 2018년 제이식Jasic 노동자들의 노조 설립 시도와 이를 지원하는 대학생들 간의 저항의 연대를 통해 다시 드러났다. 노동자들과의 연대를 선택한 대학생들은 '마르크스연구회'를 통해 사회주의를 배우고 실천해온 학생들이었고, 명문대에 진학했지만 부모의 경제력이나 정치적, 문화적 자본이 없는 집안 출신의 청년들도 많았다. 이들이 투쟁과정에서 보여준 노학연대와 더 뚜렷하게 드러난 중국의 계급문제, 자각과 연대의 중요성 발견 등은 사회관리적 방식만으로는 노동자 조직화에 대한 열망을 결코 억누를 수 없다는 사실을 명백하게 보여준다.

6. 나가며

지난 100년간 중국 노동자의 계급의식과 조직화는 당의 통치목표와 전략 속에서 형성되어왔다. 일반적으로 근대사회에서 노동계급의 정체성은 '자본'이라는 대상과의 관계 속에서 형성된다. 그러나 중국의 노동계급은 혁명, 건설, 개혁이라는 매우 상이한 환경을 거치며 집단적이고도 서로 다른 계층으로 구분되는 노동자 정체성을 형성해왔다. '혁명'을 통해 건국한 중국에서 '사회주의 노동계급'은 주로 외세의 침략에 대항하며, 또한 사회주의 '건설'을 위한 국가 동원과 당 주도의 정치운동 및 당과의 관계를 조정하는 과정에서, 그리고 시장의 도입으로 확대된 자본과 경제 논리 속에서 자신의 정체성을 형성해왔다. 혁명과 건설과 개혁의 서로 다른 역사 논리 속에서 한편으로는 당에 예속되기도 하고 또 다른 한편으로는 당으로부터 독립된 활동을 전개하기 위한 함성으로 터져 나오기도 했다.

　종합적으로 보았을 때 개혁개방 이후 빠른 경제성장 속에서 중국공산당은 통치 안정성을 유지해왔고, 당의 영도를 받는 전총이 노동자 조직으로서의 합법성과 노동운동의 계승권을 독점해왔다. 수많은 노동자 저항의 집단행동이 있었지만, 당 자체가 역사적인 노동운동의 정통성을 계승한다는 주류적인 인식은 공식적으로 심각한 도전을 받은 적이 없었다. 노동자들의 불만이 터져 나오거나 자발적인 조직화 시도가 발생하는 경우 중국은 당과 관변노조 공회의 명의로 노동자 이익 개선을 위해 노력해왔으며, 따라서 노동운동 세력은 기존 공회에 정면으로 도전하며 자신의 합법성을 주장하기 어려운 구조적인 한계에 놓여 있다. 국유기업 내의 부패한 관료나 인민을 위한 정책을 펴지 않는 당 방침을 비판하기도 했지만, 이러한 상황의 해결 역시 중앙당에 의존하고 있다. 이러한 역사의 경로는 변화된 대내외 정세 속에서 더욱 강화되고 있다. '당의 영도'라는 철칙이 유지되는 당국체제의 원리 속에서는 이러한 구조 밖에서 자생적인 노동조직력을 키우기가 매우 어렵게 되었다.

　이런 측면에서 지난 100년간 공산당 영도와 집권의 비결을 한마디로 말한다면 공산당이 독점적으로 보유한 조직권에 있다고 할 수 있다. 당과 공회 관계의 역사는 이러한 사실을 여지없이 보여준다. 그럼에도 불구하고 노동자 저항은 수면 아래에서 지속되고 있다. 공산당이 직시해야 하는 가장 큰 문제는 개혁개방 40년을 지나오면서 중국 사회가 매우 다원화되었고, 소수이지만 당 영도에 예속되지 않은 새로운 '정치적 주체'들도 점점 증가하고 있다는 사실이다. 이러한 환경에서 기층 당 조직을 핵심으로 하고 군중조직을 매개로 한 동원식의 거버넌스 방식이 실질적인 효과를 거둘 수 있을지는 미지수다. 일반 대중들은 이데올로기나 당 혹은 지도자의 카리스마라는 권위 자원에 냉소적일 뿐 아니라, 기층 당 조직에서 복지혜택을 주지 않으면 당원 활동도 조직할 수 없을 만큼 효율을 따지고, 이익을 우선하는 사회가 되었다. 사회관리의 명칭과 방법은 '거버넌스'라는 명칭으로 혁신되었지만, 기존의 운동 방식을 통해 인민들의 자발적인 참여 의식을 이끌어내기란 쉽지 않아 보인다. 요컨대 다원화된 주체들을 '일원화된' 당 영도 조직 속에 예속하는 방식으로 사회를 통합하려는 계획은 그 실현과정이 결코 순탄치 않을 것이다.

더구나 시장화 개혁 이후 자본의 논리가 사회 등급의 논리로 수용되며 어느새 중국은 '신계급사회'로 가고 있다. '혁명'의 논리가 중국 사회 전체를 압도할 때는 노동계급이 하나의 상징적인 국가의 주인이자 영도 계급으로 대우받기도 했다. 그러나 시장화 개혁 이후 자본과 경제의 논리가 확대되면서 개별 노동자의 삶은 점차 주변화되었다. 더 이상 영도 계급이 아니면서, 또한 완전하게 자신의 권익을 지킬 수 있는 조직력도 갖추지 못한 현실에서 '개인' 노동자가 마주한 것은 냉혹한 시장의 논리였고, 바로 그곳에서 다시 계급의식이 생겨나기 시작했다. 신계급사회에 균열을 내는 목소리는 자유주의적인 것이 아니라, 오히려 사회주의적인 문제제기에서 왔다. 지난 100년간 공산당이 혁명 정당에서 민족 정당으로 변신하고 소수 특권층의 이익이 공고화되면서, 사회주의 원칙은 다시 노동계급의 권리를 주장하게 하고 중국 사회의 고장 난 부분을 들추어내는 날카로운 메스가 되었다.

1 중국공산당은 장시江西 소비에트 시기 당정 관료를 노동법 '직공'의 범주에 넣었던 방식을 집권 이후에도 이어간다. 이렇게 하여 화이트칼라인 당 기관, 국가기관, 사업 단위의 직원 모두 블루칼라인 국유기업 노동자工人와 함께 '노동' 법률 보호의 대상 이 되고 공회라는 직공 조직에 가입하게 되었다. 黃宗智,〈重新認識中國勞動人民: 勞動法規的歷史演變與當前的非正規經濟〉,《開放時代》第5期, 2013.

2 中華全國總工會,《中華全國總工會七十年》, 北京: 中國工人出版社, 1995.

3 毛澤東,〈中國社會各階級的分析〉,《毛澤東選集》, 北京: 人民出版社, 1975, pp. 7-8.

4 전인갑,〈5·30운동과 상해총공회: 상해 5·30운동의 성격과 관련하여〉,《동양사학 연구》38집, 1992.

5 裴宜理,《上海罷工》, 劉平 譯, 南京: 江蘇人民出版社, 2001, pp. 67-68.

6 韓西雅,〈工人階級, 工會, 黨, 行政: 建國初有關工會問題的兩次爭論〉, http://wen. org.cn/modules/article/view.article.php/article=2824, 2001. 1. 28.

7 李桂才 主編,〈全國總工會黨組第三次擴大會議的決議(1958年 8月 5日)〉,《中國工會 四十年(1948~1988) 資料選編》, 沈陽: 遼寧人民出版社, 1990, pp. 796-804.

8 李遜,〈工人階級領導一切?〉,《當代中國研究》第2期, 2006.

9 中國工會重要文件選編編輯組 編,《中國工會重要文件選編》, 北京: 機械工業出版社, 1990.

10 〈현 사태에 관한 다섯 가지 성명〉에서는 중앙 지도자와 학생들과의 신속한 대화를 벌여 적기를 놓치지 말 것, 전인대 상임위원회를 앞당겨 개최하여 현 사태와 긴박한 문제에 대해 결의를 내릴 것, 전총의 주도로 중앙 지도자와 수도 노동자들 간의 직접 대화를 진행할 것 등의 내용을 담고 있다.《工人日報》, 1989. 05. 19.

11 Gordon White, *Riding the Tiger: The Politics of Economic Reform in Post-Mao China*, California, Stanford University Press, 1993, p. 13. 10만 위안 기부 사건의 책임을 지고 주허우저 서기는 이후 파면 당한다.

12 Ching Kwan Lee, "Pathways of Labor Insurgency," Mark Selden and Elizabeth Perry eds., *Chinese Society: Conflict and Resistance*, New York: Routledge,

2000, pp. 41-61.

13 陸萍, 〈工自聯運動簡介〉,《工人起來了: 工人自治聯合會運動一九八九》, 香港: 香港工會教育中心出版, 1990, pp. 12-19.

14 Xiaonong Cheng, "Capitalism Making and its Political Consequences in Transition: A Political Economy Analysis of China's Communist Capitalism," in Guoguang Wu, and Helen Lansdowne eds., *China's Transition from Communism: New Perspectives*, London and New York: Routledge, 2015.

15 장영석, 〈난하이혼다 파업과 중국 노동운동에 대한 함의〉,《중소연구》제35권 제3호. 2011.

16 왕칸, 〈중국노동자의 의식변화와 단체행동: 2010년 자동차산업의 파업 및 그 영향력〉,《국제노동브리프》제8권 제8호, 2010.

17 백승욱, 〈후진타오 시대 중국 노동관계의 변화: 노동계약법 도입 과정을 중심으로〉,《현대중국연구》제9권 제1호, 2007.

18 장영석·백승욱, 〈노동자 집단적 저항의 일상화와 중국의 노동정책 변화: 광둥성을 중심으로〉,《산업노동연구》제23권 제2호, 2017.

19 陳天祥·應優優, 〈甄別性吸納: 中國國家與社會關系的新常態〉,《中山大學學報》第2期, 2018.

제7장

문(예정책과 근현대문학

임춘성

1. 문학의 위기와 출로

문학은 고대부터 중국에서 독특한 지위를 가져왔다. 그것은 학술에서 독립하기 전부터 인문人文[1] 기록의 중요한 부분을 담당해왔고 조비曹丕가 문학의 독립을 선언한 이후에도 사철史哲 및 정치·경제와 긴밀한 관계를 유지해왔다. 겸제천하兼濟天下를 지향했던 지식인들은 대부분 문이재도文以載道의 관점에서 문학과 사회의 관계에 관심을 가졌다. 문이재도의 전통은 근현대 지식인에게도 면면히 이어져 문학은 격동기 대부분의 시간 동안 사회의 중심에 놓여 있었다. 만청晚晴 문학혁명, 5·4 신문학운동, 좌익문학운동, 항전문학운동, 인성론 논쟁, 인문정신 논쟁 등이 그 유력한 증거라 할 수 있다. 그러나 제국주의와 싸우며 천신만고 끝에 건설한 '인민문학'은 선전선동 문학의 다른 이름인 '정치화된 국민문학 politicized national literature'이었다. '인민문학' 이념형은 중국공산당 창당 후 수많은 시행착오를 거쳐 〈옌안 문예 연설〉에서 '정치 우선'과 '인민을 위해 복무하라爲人民服務'는 구호로 정형화되어 사회주의 30년 내내 자유로운 문학의 창작과 향유를 억압했다. 게다가 개혁개방 시기에 들어 물밀듯 들이닥친 대중문화의 물결은 문학을 주변화marginalization시켰고 문학의 위기를 조장했다. 오랫동안 중국 담론계의 중심에 있었던 중국문학이 위기를 맞이한 셈이다.

문학 또는 문학연구가 위기를 맞은 것은 비단 어제오늘의 일이 아니다. 위기를 타개하기 위한 노력은 대개 두 방향으로 진행되었다. 하나는 문학연구 자체를 강화하는 것이고 다른 하나는 문학연구의 외연을 넓혀 학제적interdisciplinary[2]·융복합 연구로 나아가는 것이다. 후자에 대해서는 이미 '문화연구cultural studies', '여성연구women's studies', '지역연구regional studies', '영화연구film studies', '포스트식민연구postcolonial studies' 그리고 '번역연구translational studies'[3] 등 많은 시도와 성과가 있으므로 여기에서 중복하지 않는다. 그렇다면 문학연구를 강화하기 위해서는 무엇을 어떻게 할 것인가?

앞당겨 말하면, 문학연구의 강화는 문학연구'만'을 강화하는 것으로 성취되지 않는다. 이는 우선 문학 자체의 의미를 다시 검토하는 일부터 시작해야 한다. 한때 많은 청소년이 시집을 들고 다니던 시절이 있었고 그때의 문학은 삶과 직결되었다. 인생의 희로애락을 노래하고 이상과 꿈을 추구하며 삶의 애환과 좌절을 노래했다. 그러므로 막심 고리키Maxim Gorky는 '문학은 인간학'이라는 대명제를 내세웠다. 고리키가 말한 '인간'이란 특정한 생활환경 속에서 활동하는, 사상·감정·성격·영혼을 가진 인간이다. 작가의 주요한 일은 바로 개성이 뚜렷한 살아 있는 사람을 그려내는 것이며 이 같은 사람을 통해 특정 시대의 사회생활을 표상하는 것이다.

고대 중국에서 문학은 '문사철文史哲'의 으뜸이었다. 승승장구할 때는

겸제천하하고 여의치 않을 때는 독선기신獨善其身하던 전통 지식인들이, 정계에서 물러나 마음을 달래며 귀의한 곳이 바로 문학이었다. 그러므로 2000년이 넘는 중국문학사는 당대 최고의 인재들이 심혈을 기울인 작품들의 '성좌constellation'가 되었다. 그러나 작금의 중국문학연구는 사철史哲을 끌어안지 못하고 사회과학에 끌려 다니고 있다. 그도 아니면 그것들과 단절한 채 홀로 고독한 길을 걸어감으로써 자의 반 타의 반으로 게토화ghettoization되고 있다. 역사·철학 전공자들이 문학을 인문학 범주에서 밀어내려 하고, 최근 동향 파악이나 정세 분석에 소홀하다는 이유로 사회과학 전공자들이 문학연구를 안중에 두지 않고 문학 텍스트를 '일반적인 논술의 특수한 사례나 재료'로 삼는 것은, 그들의 문학에 대한 몰지각에 기인한 것이지만 문학연구가 자신의 본분을 다하지 못했기 때문이기도 하다.

포스트학postology 또는 포스트주의postism가 주류가 되고 제4차 산업혁명이 진행되는 21세기에 문학의 존립 방식은 무엇일까? 문학연구는 우선 텍스트 분석에 안주하는 관행에서 벗어나 공공 의제agenda에 참여해야 한다. '문학이 인간학'이라면 문학은 인간에 관한 모든 분야에 관여할 수 있고, 관여해야 한다. 문학 텍스트에 안주하지 말고 텍스트와 사회적 맥락의 연관을 집요하게 추궁해야 한다. 물론 그 방식은 문자·의미·서사 등 문학의 힘을 발휘하는 방식에 의존해야 할 것이다. 그러나 그 방식이 잘못되면 문학이 선전선동의 도구가 된다는 역사의 교훈을 잊지 말아야 한다.

2. 선전선동 ─ 사회주의적 개조 ─ 검열

20세기 중국 지식인들이 직면했던 주요 과제의 하나를 생각해보라! 그것은 제국주의의 진통 속에서 국민문학을 건설하는 것이었다.[4]

아편전쟁 이후 실패와 좌절의 역사로 점철되었던 중국은 20세기 초반 과학과 민주를 구호로 국민문학national literature을 건설하는 5·4 신문학운동으로 자신의 근현대를 본격적으로 시작했다. 이어서 1930년대의 프로문예운동, 1940년대의 항일문학운동을 거쳐 인민문학의 시대로 접어들었다가 신시기 사상해방 국면에서 상흔문학과 성찰反思문학 등을 제창했다. 그러나 문학예술의 선전선동 기능에 집착한 중국공산당은 미학보다 정치를 우선시함으로써 문학과 예술을 정치에 종속시켰다. 이는 '예술의 사회적 기능을 중시하면서도 예술이 정치의 대변인이 되는 것을 반대'하는 발터 벤야민Walter Benjamin의 '예술의 정치화'와는 거리가 멀고, 오히려 그가 비판하는 '정치의 미학화'의 수준 낮은 판본에 가깝다.

중화인민공화국 건국 이후 '중국 셴다이現代[5]문학사 연구와 교학의 기본 틀을 수립했다'라는 평을 받은 왕야오王瑤는 《중국신문학사고》(1953)에서 문학을 "신민주주의의 정치와 경제를 위해 봉사하는 것인 동시에 신민주주의 혁명의 일부분"이라 정의했고, 그것의 "성격과 방향은 신민주주의 혁명의 임무와 방향에 의해 결정된다"[6]라고 함으로써 문학이 혁명의 도구임을 규정했다. 국가 지도자의 통치 이념을 문학사에 반영시킨 결과물에 대해 일반 교수들이 이견을 제기하기 어려운 시절이었던 만큼, 중국 셴다이문학이 신민주주의 혁명의 일부라는 정의는 '삼분법'과 함께 최소한 사회주의 30년 동안 영향력을 발휘했다. '신민주주의 문학이 신민주주의 혁명의 일부'라는 주장과 '삼분법' 등의 영향은 1985년 '중국센다이문학 창신 좌담회' 개최 전까지 지속되었다.

문학사가 황슈지黃修己는 중국 신문학사(1917~1949년) 편찬의 역사를 다음과 같이 회고한다. '신문학'은 고대문학을 대신해 중국문학의 새로운 역사를 열었는데, 각 시대의 주요한 사상적 근거로, 1930년대의 진화론과 계급론, 1940년대와 1950년대 이후의 신민주주의론을 들었다.[7] 1950년대부터 새로운 학과로 개설된 이후, '신문학'은 '신민주주의 혁명시기의 문학'이 되었고, 역사 사실을 운용해 대중을 선전하고 교육하는 도구가 되었다. 그러므로 그것은 "객관적이고 냉정하게 회고하고 성찰한 시기가 아니었고 순수한 학술적 태도로 문학을 연구할 수 있었던 시기도 아니었다".[8] 그러나 "당시 사람들은 역사 서술이 '신민주주의론'에 부합해야만 역사 진실에 부합하고 당시의 '당대성'과 '선봉성'을 가질 수 있다고 생각했다".[9] 1950년대에 구성된 이 틀은 개혁개방 이후 사상해방운동을 거치면서 비로소 해체되었다. 개혁개방을 배경으로 삼아 진행된 해체는 신문학 역사, 작가, 문학사 내용의 확장 등에 걸쳐 진행되었다. "중국신문학사는 건설부터 해체까지 시대 배경의 거대한 영향과 제약을 받았다. 역사 평가의 변화가 반영하고 증명한 것은 사실 시대 배경의 변환이다."[10] 황슈지의 회고는 신문학에 국한된 것이기는 하지만, 국민국가 형성의 주요한 기제였던 중국 근현대 국민문학이 유난히 정치의 영향을 많이 받은 선동선동 문학, 즉 '정치화된 국민문학politicized national literature'이었음을 알려주고 있다.

1980년대 개혁개방과 함께 찾아온 '사상해방'의 영향으로 기존의 '삼분법'을 타파하고 '20세기중국문학사'와 '두 날개 문학사' 등 근현대문학사를 새롭게 바라보는 담론이 제출되었지만, 톈안먼 사건 이후 확립된

'6·4체제'는 마오쩌둥의 '1957년체제'와 불연속적인 표층 및 연속적인 심층을 공유하면서 지금껏 유지되었고 이른바 시진핑의 '신시대' 이후 이데올로기 통제가 강화되고 있다.

3. 좌익작가연맹과 〈옌안 문예 연설〉

중국공산당은 1921년 창당 후 프로문학운동을 통해 기층 민중이 문학 창작과 감상의 주체가 될 수 있도록 노력을 경주하는 한편, 문학을 선전 선동의 도구로 활용했다. 중국공산당은 1949년 중화인민공화국 건국 이전까지는 문제제기자였지만, 건국 이후에는 정책 입안 및 시행의 주체이자 관리·감독의 주체였다. 1927년 '혁명문학 논쟁'[11]을 거쳐 1930년 좌익작가연맹(이하 좌련)이 결성되었는데, 중국공산당이 공식적으로 문예계에 개입하기 시작한 것은 좌련을 통해서였다. 좌련 시절 공산당의 지시를 받는 당 작가들은 수많은 논쟁을 통해 문예계에서 저변을 확대해갔다.[12] 좌련 이전의 혁명문학 논쟁, 좌련 성립 직후의 문예대중화 논쟁[13]과 두 가지 구호 논쟁[14] 그리고 중화전국문예계항적협회[15] 시기의 민족형식 논쟁은 모두 공산당의 주도 아래 진행되었다. 1930년대 문예대중화 운동이 '프롤레타리아 문학예술의 실천 운동'이라는 구호를 외치며 문학예술의 대중화를 시도했지만, 현실에서 대중화는 '작품과 독자의 관계'라는 본연의 과제보다는 '혁명을 위한 선전선동의 실천론'으로 전락했다. 이는 바로 대중을 교화대상으로 간주했을 뿐 실천의 주체로 설정하지 않았기 때문이었다.

중화인민공화국 문예정책의 윤곽은 1942년 〈옌안 문예 좌담회에서의 연설〉(이하 〈옌안 문예 연설〉)[16]에서 확정되었다. 1942년 옌안延安에서 공산당의 정풍운동이 당풍, 학풍, 문풍의 세 방면으로 진행되었는데, 그중 문예정풍은 1942년 5월에 개최된 '옌안 문예 좌담회'(이하 좌담회)를 전후하여 본격화되었다. 모두 알다시피, 좌담회는 1942년 5월 2일부터 5월 23일 사이 세 차례에 걸쳐 개최되었다. 마오쩌둥은 개회사에 해당하는 '이끄는 말引言'에서 당시 정세를 분석하고 5·4 이래 혁명적 문예운동의 성과와 한계를 개괄한 후, 지식인 작가의 입장과 태도, 사업 대상과 학습 등의 문제를 제기했다. 아울러 마지막 날 좌담회를 총결산하는 성격의 '결론'을 발표했다. 이 좌담회에서 행한 '이끄는 말'과 '결론'이 〈옌안 문예 연설〉로 통칭되면서 이후 문예운동의 지도지침이자 중화인민공화국 문예정책의 근간이 되었다. 〈옌안 문예 연설〉은 좌담회 17개월 후인 1943년 10월 19일 《해방일보解放日報》에 공식 게재되었고, 1943년 11월 7일 〈당 문예정책의 집행에 관한 결정〉에서 공산당의 기본 방침으로 결정되었다.[17] 이후 〈옌안 문예 연설〉은 인민공화국 문예정책의 기본 프레임이 되었고 중국 근현대문학은 사회주의 30년 내내 이 프레임에서 벗어나지 못했다. 특히 공산당 지도자가 개회사를 통해 방향을 제시하고 결론을 통해 회의 내용을 총결하는 것은 이후 문예계 회의의 기본 모델이 되었다.

〈옌안 문예 연설〉로 귀결된 옌안 문예 정풍운동은 5·4 이후 근현대문학의 흐름을 새롭게 선회旋回시켰다. 황슈지는 이러한 선회의 의의를 아래와 같이 정리하고 있다.

'5·4' 문학혁명 시기에 '문제소설'을 제창하고 현실을 직시하고 폭로할 것을 제창하며 장식적이고 허위적인 단원團圓주의를 반대하던 것으로부터, **이때**

이후에는 찬양 위주를 제창하고 새로운 대단원大團圓 결말의 합리성을 긍정했다. 영웅호걸 묘사를 반대하고 보통 사람의 희로애락 묘사를 제창하는 것으로부터, **이때** 이후에는 새로운 영웅호걸을 대서특필하고 혁명적 영웅주의를 노래하게 되었다. 국민성을 개조하기 위해 민중의 사상적 병태를 묘사·비판하는 것으로부터, **이때** 이후에는 숭고하고 훌륭한 대중의 품성을 묘사하고 그들의 자기개조를 묘사함으로써 국민성을 발양發揚하게 되었다. 낡은 문예 전통을 철저히 부정하고 외부에서 예술적 영양을 흡수하는 것으로부터, **이때** 이후에는 민족문예의 전통을 계승·발전시키는 것을 강조하고 민족 전통을 발굴하여 신문학 건설의 거울로 삼는 것에 치중하게 되었다. 문학의 근현대화를 강조하여 신형식을 창건하던 것으로부터, **이때** 이후에는 대중화를 강조했고 대중의 사랑을 획득하기 위해 어느 정도 구형식으로 회귀하게 되었다. 지식인이 문화 운동에서 선봉적·계몽적 작용을 하던 것으로부터, **이때** 이후에는 지식인이 노동자·농민·병사의 교육을 받고 입장을 전변시켜 세계관을 개조할 것을 강조했다. …… 일련의 현상은 마치 신문학의 발전이 이 시기에는 좌절되어 되돌아가는 듯했다. 이것이 문예 정풍 이후 신문학 발전의 새로운 추세였다.[18] (강조_인용자)

위 인용문에서 6회의 '이때'는 바로 옌안 정풍을 가리킨다. 황슈지는 정풍 이후 중국 신문학 추세의 새로운 선회를 여섯 가지로 나누어 분석했다. 황슈지가 보기에 이들 선회는 최소한 5·4 문학혁명 이후 지난한 과정을 거쳐 축적해온 국민문학의 기반을 무너뜨린 것이었다. 그러므로 그는 옌안 문예 정풍을 긍정적인 발전으로 보지 않고 '좌절'로 평가했다. 사실 대단원, 영웅주의, 국민성, 민족전통, 대중화와 구형식, 사회주의 개조를 일률적으로 부정할 필요는 없을 것이다. 문제는 그것이 생활에 근거하지 않고 상명하달식의 정책에 부응하는 형태로 진행되었다는 점이다. 그러기에 진정성authenticity이 없었다.

〈옌안 문예 연설〉은 민족화nationalization와 대중화popularization의 측면에서는 진전이 있었지만, 근현대화modernization의 측면에서는 5·4 이전으로의 회귀였으므로, 민족화는 민간화로 기울었고 대중화는 통속화로 흘렀다. 물론 1942년 당시 항일전쟁의 주체로 설정한 농민대중을 단기적으로 포섭해야 하는 과제와 그들의 예술적 수준을 고양하는 과제의 통일을 전제하되, 전자에 방점을 찍을 수밖에 없었던 상황을 고려했을 때 〈옌안 문예 연설〉의 효용 가치를 긍정할 수 있다. 그러나 5·4 이래 신문학의 흐름을 '정치에 복무'라는 목적으로 통속화·민간화시킴으로써 그 정당한 발전을 저해했고, 그러한 흐름은 이후 상당 기간 중국 근현대문학의 발전을 정체시킨 요인으로 작용했다는 점에서 부정적일 수밖에 없다. 이 문제는 결국 '문학과 정치의 관계'를 어떻게 규명할 것인가로 귀결되는데, '미적 전유專有'라는 자신의 과제와 함께 '정치적 구망救亡' 및 '사상적 계몽'의 과제를 떠맡을 때 문학은 복잡한 양상을 띨 수밖에 없을 것이다. 〈옌안 문예 연설〉은 세 가지 과제 가운데 '정치적 구망'에 '사상적 계몽'과 '미적 전유'의 과제를 예속시킨 프레임을 만들었고, 그 프레임은 사회주의 30년 내내 중국 근현대문학을 옥죄었다.

이 지점에서 하나 짚고 넘어갈 것은 '보급普及과 제고提高의 관계'다. 마오쩌둥은 1942년 〈옌안 문예 연설〉에서 '보급과 제고의 쌍방향적 관계'를 훌륭하게 개괄해 놓고도 실행과정에서는 '제고를 유보한 보급'의 수준에 머물렀다. 마오쩌둥은 〈옌안 문예 연설〉에서 "우리의 제고는 보급의 기초 위에서의 제고이며 우리의 보급은 제고의 지도 아래에서의 보급"[19]이라고 정리했다. 하지만 "제고를 강조하는 것은 당연하지만 그것을 일면적이고 고립적으로 강조하거나 지나치게 강조하는 것은 잘못"[20] 이라고 못을 박고는, 인민대중에게는 "'비단에 꽃을 수놓는 것錦上添花'이 아니라 '엄동설한에 숯을 보내주는 것雪中送炭'이 무엇보다도 필요"[21]하다 고 하면서 '보급'의 일차적 중요성을 강조했다. 이는 결국 당면 현실 과 제를 해결하기 위해 장기적인 과제를 유보하게 했고, 유보는 다시 회복 되지 않은 채 '제고 기회의 결락'이라는 국면으로 귀결된 것이 인민공화 국의 역사였던 셈이다. 이는 마오쩌둥이 중국혁명의 과제를 '반제반봉 건'으로 훌륭하게 개괄했지만, 신민주주의 혁명 및 인민공화국 건국 이 후의 진행 과정은 '반봉건을 유보한 반제' 혁명이었던 것처럼, 그리고 근 현대화의 목표와 사회주의적 열망이라는 이중과제 가운데, 자신도 모르 는 사이 사회주의 목표가 공업화에 종속되는 길을 선택한 것처럼, 형태 는 다르지만 질적으로는 같은 '이형동질異形同質, allomorphism'의 오류를 범한 것이다. 구망이 계몽을 압도하고, 제고를 유보한 보급을 선택하며, 사회주의 목표를 공업화에 종속시킨 것은 마오쩌둥의 3대 이형동질의 오류라 할 수 있다.

4. 중화전국문학예술공작자대표대회를 통한 정책의 관철과 사회주의적 개조

1) 중화전국문학예술공작자대표대회

〈옌안 문예 연설〉이 중화인민공화국 문예정책의 기본 방향과 내용을 규 정했다면, 건국을 앞두고 1949년 7월 개최된 '중화전국문학예술공작자 대표대회'(이하 문대대회)는 사회주의 시기 문학 역사의 개시를 의미하는 동시에 그 기본 방향과 내용을 문학예술가에게 선전하는 장場이었다.

문대대회는 이후 1953년 9월 2차 대회가 열렸고, 1960년 7월 3차 대회가 열렸으며, 1979년 10월 4차 대회가 개최되었다. 모두 베이징에서 모였다.[22] 네 차례의 대회 가운데 중요한 것은 1차 대회다.

1949년 7월 개최된 제1차 '문대대회'는 중국 좌익문예운동사에서 역사적 의의가 있는 회의였다. 이는 같은 해 3월 신중국의 탄생을 준비하기 위해 열린 중국공산당 제7기 2중전회[23]의 주요 내용을 문예계에 반영하기 위한 대회였다. 마오쩌둥의 보고가 중심이었던 회의에서 공산당은 건국 후 정치, 경제, 외교 등의 부문에서 채택해야 할 기본 정책과 중국을 농업국에서 공업국으로 개조하고 신민주주의 사회에서 사회주의 사회로 전변시켜야 할 총 임무를 규정했다. 그 주요 내용은 〈옌안 문예 연설〉의 프레임을 중국 전역으로 확산하는 것이었다. 3개월의 주비籌備 활동을 통해서 1차 문대대회는 7월 2일 정식으로 개막되었다. 회의에 출석한 대표들은 824명으로 베이징, 톈진天津, 화베이, 서북, 화둥華東, 화중華中, 남방, 부대의 7개 대표단이 포함되었다. 대회에서 99명의 주석단을 선출하고, 귀모뤄郭沫若를 총주석으로, 마오둔茅盾과 저우양周揚을 부총주석으로 추대했다. 궈모뤄는 〈신중국의 대중 문예를 건설하기 위하여 분투하자〉라는 제목의 전체 보고에서, 5·4운동부터 1949년까지, 중국 신민주주의 문예운동의 역사 경험을 총결했다. 그는 5·4 이래 신문예운동이 "프롤레타리아 계급이 지도하는 인민대중의 반제·반봉건 신민주주의 문예"이자 "통일전선의 문예운동"[24]이라고 규정했다. 마오둔과 저우양도 '국민당 통치구' 문예운동과 '공산당 통치구'의 문예운동에 관해 보고했다.

이 대회에서 주목할 것은 7월 6일 저우언라이周恩來의 '정치보고'다. '정치보고'는 마오쩌둥 사상의 지도와 문예의 노농병 방향을 제시함으로써 '신민주주의 시기로부터 사회주의 시기로의 전환을 지도하는 강령적인 문헌'이 되었다. 저우언라이는 문학예술가들이 공산당과 마오쩌둥 사상을 지침으로 삼아, 부대에 들어가서 "이 위대한 시대의 위대한 인민해방군대를 표현"[25]하고, 농촌으로 들어가서 "농민을 배우고 그들과 친구가 됨으로써 그들의 놀라운 끈기와 용맹한 업적을 묘사"[26]하며, 공장으로 들어가서 "노동자계급의 정신을 열심히 학습"[27]하고 노동자계급을 문예 창작의 중요한 주제로 삼도록 하고, 애국주의와 국제주의의 정신으로써 세계 혁명 대중의 반제투쟁과 중국 인민해방사업에 대한 원조를 표현하여 "제국주의의 죄악을 폭로하고 전쟁 상인의 발호에 타격을 주어 그들의 위협적인 도발과 기만을 드러낼 것"[28]을 요구했다. '정치보고'는, '옌안 프레임'을 인민공화국 전체로 확산한 것이었다. 공산당의 지도 작용과 마오쩌둥 사상의 지도지침은 이후 작가들의 사회주의적 개조와 종속으로 구현되었고 이를 거부하는 작가에게는 시련과 엄벌이 기다리고 있었다.

대회는 〈선언〉을 통과시키고 중화전국문학예술계연합회를 발족시켜, 궈모뤄를 주석으로, 마오둔과 저우양을 부주석으로 추대했다. 대회는 18일간의 일정을 마치고 7월 19일에 폐막했다. 제1차 문대대회 후, 7월 23일에 중화전국문학공작자협회가 성립되었고 전국위원회를 구성하여 마오둔을 주석으로, 딩링丁玲과 커중핑柯仲平을 부주석으로 임명했다. 중화전국문학공작자협회는 2차 대회에서 '중국작가협회'로 개편되었다.

제2차 문대대회는 1953년 9월 23일부터 10월 6일까지 열렸고 581명의 대표가 참석했다. 대회명을 중국문학예술공작자대표대회로 바꿨다. 2차 대회에서도 저우언라이가 과도기 총노선 문제, 총노선 집행의 국내외 상황, 문예공작자들의 임무에 관한 '정치보고'를 진행했다. 저우양과 마오둔도 각각 〈더 많은 우수한 문예작품을 창조하기 위해 분투하자〉와 〈새로운 현실과 새로운 임무〉라는 표제의 보고를 했다. 2차 대회는 문학예술이 사회주의 개조와 건설의 요구에 부응하기 위해서 1차 대회에서 확정한 옌안 프레임을 보완하는 수준이었다. 특기 사항은 사회주의 리얼리즘을 문예창작과 비평의 기준으로 삼았는데, 혁명적 리얼리즘과 혁명적 로맨티시즘의 결합을 사회주의 리얼리즘이라고 규정함으로써 사회주의 리얼리즘을 도식화의 함정에 빠트리는 오류를 범하기도 했다.

제3차 문대대회는 1960년 7월 12일부터 8월 13일까지 열렸고 2300명이 참석했다. 7년 만에 개최된 제3차 대회에서 공산당은 다시 한 번 개막사, 축사, 정세 보고, 경제건설 보고 등의 형식을 통해 공산당의 정책 방향을 제시했고, 저우양과 마오둔도 〈중국 사회주의 문학예술의 길〉과 〈사회주의 약진의 시대를 반영하고 사회주의 시대의 약진을 추동하자〉라는 표제의 보고를 했다. 제3차 문대대회는 앞의 두 대회와 마찬가지로, 〈옌안 문예 연설〉의 인민문학 이념형과 노농병 방향을 지도지침으로 삼아 사회주의 개조를 완성하고 부르주아 사상을 반대하는 성격을 강화했다. 이 대회에서 주목할 것은 1956년 마오쩌둥이 제기했다가 1957년 반우파 확대화 오류의 빌미를 제공했던 '백화제방 백가쟁명'(이하 '쌍백')이 다시 거론되었다는 점이다. '쌍백' 방침의 초안을 작성한 것으로 알려진 루딩이陸定一는 '축사'에서 '쌍백' 방침이 '문예활동과 과학활동의 대중노선'이고 '교조주의와 수정주의의 오류에 빠지지 않도록 담보'하는 정책임을 강조했다. 그 외에도 마오둔은 '민족화'와 '대중화'를 환기했고, 저우양은 '혁명적 리얼리즘과 혁명적 로맨티시즘의 상호결합'의 철학적 기초를 천명했다. 이처럼 문대대회는 공산당의 정책과 방향을 선전하는 장의 역할을 충실히 수행했다.

제4차 문대대회는 1979년 10월 30일부터 1월 16일까지 개최되었고, 3200명의 대표가 참가했다. 이 대회는 공산당 제11기 3중전회에서 정비된 개혁개방과 사회주의 현대화의 사상노선과 정치노선 그리고 조직노선을 선전하는 장이었다. 마오쩌둥의 혁명적 사회주의에서 덩샤오핑의 개혁개방 사회주의로 바뀌었을 뿐, 공산당의 정책과 방향을 문예계에 선전하는 장의 역할은 다르지 않았다. 그리고 개혁개방을 구호로 내세웠지만, 문학이 인민과 사회주의를 위해 복무하고 '쌍백' 방침을 관철하며 민족형식을 강조하고 혁명적 리얼리즘과 혁명적 로맨티시즘의 결합을 답습하는 등 구태를 벗지 못했다.

인민공화국 건국 직전 1차 대회가 개최되고 개혁개방 직후 4차 대회가 열린 문대대회는 공산당의 정책을 수용하고 선전하는 장이었다. 수많은 작가가 '민주'와 '과학'을 외치고 구문학을 비판하며 건립한 국민문학은 '인민문학', '노농병 문학'이라는 미명 아래 좌익 선전선동 문학으로 전락해 공산당의 정책을 수행하는 도구에서 벗어나지 못했다.

2) 사회주의적 개조

작가들에게 공산당의 정책은 '사회주의적 개조'로 다가왔다. 첸리췬錢理群에 따르면, '사회주의적 개조'의 과정은 "본능적으로 개성 독립·해방·자유·민주와 휴머니즘을 지향해온 자아"로부터 "환골탈태의 과정"을 거친 뒤 "사회평등의 유토피아를 추구했고, 사상 통일을 강조했고, 또 의식화와 투쟁 철학을 숭배하면서, 이러한 사상 경향을 핵심으로 하는 혁명의식에 바탕을 두어 일종의 새로운 자아를 형성"[29]하는 과정이었다. '사회주의적 개조'에 대한 작가들의 반응은 대체로 세 가지로 나뉘었다. 첫 번째 유형은 개조에 적극적으로 호응함으로써 다른 지식인들을 개조시키는 주체가 된 사람들이었다. 1948년 3월 홍콩에서 도서 형식으로 출간된 잡지《대중문예총간》에 편집자나 필자로 참여한 사오취안린邵荃麟, 펑나이차오馮乃超, 후성胡繩, 린모한林黙涵, 차오무喬木, 샤옌夏衍, 궈모뤄郭沫若, 딩링丁玲 등이 여기에 속한다. 이들은 1949년 이후 공산당이 주관하는 문예활동의 중요한 지도자가 되었다.[30] 이들은 '문예의 계급성과 당파성' 원칙을 강조하며 그에 반하는 경향을 비판했다. 이를테면, 선충원沈從文, 주광첸朱光潛, 샤오첸蕭乾이 대표한 흐름을 '반동문예'라 규정하고 그에 대해 비판했고, 루링路翎, 야오쉐인姚雪垠, 뤄빈지駱賓基 등의 작품을 프티부르주아 창작 경향이라 비판했으며, 후펑胡風 및 그 친구에 대해 비판과 경고를 보냈다. 이는 서양 자본주의 문화에 대한 경고와 방비인 동시에 해방구 문예를 모범으로 하는 '인민문예'의 대대적 창도였다.

두 번째 유형은 공화국 신사회가 자신의 지향과 다름을 인지하고 물러나 자기 일에 몰두한 인물들이다. 작가 선충원과 경제학자 구준顧準이 대표적이다. 선충원은 시대 변동에 따라 자신을 바꿀 수 없고, 단지 '앞당긴 사망'을 직면할 수 있을 뿐이라는 사실을 깨닫고 '물러나 지킴'의 길을 선택했다. 작가는 아니지만 구준은 물러나 자신의 사상을 견지한 대표자의 성격을 가진다. 그는 '민주사회주의'에 관한 사고를 통해, '중국 사회주의 현대화' 도로를 설계하고 '혁명적 이상주의'의 문제점을 추궁하는 등 사회주의 중국의 나아갈 길을 모색하기도 했다.

세 번째 유형은 비판적 지지자들이다. 이들은 샤오쥔蕭軍과 마찬가지로 공화국을 적극 지지하면서도 그에 대해 조건을 내세우거나 더 나아가 새로운 건의를 하다가 비극을 겪은 인물들이다. 이들은 대개 신생 인민공화국의 탄생을 지지했고 공산당의 지도를 수긍했다. 그리고 거기서 한 걸음 더 나아가 공산당이 자신의 의견을 수용해줄 것이라는 믿음을 가지고 자신의 생산적이고 비판적인 견해를 제기했다. 그리고 그들은 수난passion을 당했다. 그 가운데서도 후펑胡風은 대표적인 인물이다. 후펑은 중국 근현대문학사의 비극적 인물이다. 그는 일본 공산당원으로 마르크스주의에 입문하고 좌익작가연맹의 서기까지 지냈음에도 불구하고 신중국 정권에 의해 반혁명분자로 지목되어 그에 연루된 인사만도 수십 명에 이르렀던 '후펑 반혁명집단 사건'의 주역이 되어 20여 년간의 옥고를 치르기도 했다. "후펑 문제는 대단히 기이한 문화 현상으로서 20세기 중국문화의 활력과 타성, 희망과 실망을 집중적으로 반영했을 뿐만 아니라 문학 비평 방면에서도 20세기 중국 리얼리즘의 중대한 탁전拓展과 중대한 좌절을 반영했다."[31] 그 활력과 탁전은 혁명과 항전의 시기에 중국문학과 중국문화를 근현대성과 세계성의 수준으로 끌어올리려 노력한 점에 있고, 그 타성과 좌절은 결국 그러한 노력이 응분의 결실을 보지 못하고 혁명과 항전이라는 현실(또는 그 현실을 주도하던 당권파 이론가)에 의해 압살당한 점에 존재한다. 그러므로 20세기 중국의 문화와 문학을 이해하려면 후펑을 이해하지 않을 수 없다.

5. 사상해방과 검열

1) 사상해방: 상흔소설과 문학사학의 흥기

문화대혁명의 종료와 더불어 시작한 이른바 '신시기'가 새로운 단계임을 나타내는 징표에는 여러 가지가 있을 수 있다. 그중에서도 '다성악複調의 시대'라는 류짜이푸劉再復의 평가[32]는 의미 있는 지적이다. 류짜이푸는 이를 이용하여 신시기의 시대 특성 및 신시기 문학의 미학원칙과 성격을 개괄했다. '다성악의 시대'란 다양한 목소리의 시대를 가리킨다. 다양성은 타자의 존재를 인정하는 것이다. 그러나 사회주의 30년 시기는 나와 다른 타자와의 협력과 이해를 위한 대화를 거부했던, '독백의 시대' 나아가 '독패獨覇의 시대'였다. 그 독백의 주체는 마오쩌둥을 비롯한 몇몇 소수에 국한되었다. 그들은 우선 '신민주주의 혁명'을 주도했던 사람들이고 좀 확대하면 그들을 교조적으로 추종하는 속류 마르크스주의자들이었다. 그들은 혁명의 경험을 부강한 신중국 건설로 승화시키지 못한 채 관성으로 작용하는 이데올로기의 법칙에 묶여 계속 '혁명적'으로 대륙을 경영하려 했다. 그들은 '혁명적' 대중운동의 방식으로 인민을 선동하고 동원함으로써 소수의 의견이 존재할 수 있는 여지를 남기지 않았다.

개혁개방 시기의 사상해방 운동에 앞서, 독백과 독패에 대한 문제 제기는 '상흔소설'에서 비롯되었다. '상흔소설'은 이념의 지옥에서 살아남은 인민이 상처투성이의 몸을 이끌고 간신히 지탱해오다가 상처의 흔적을 적나라하게 보여주며 신시기의 성찰을 선도했다. 이어서 그 상처의 원인을 반추한 것이 '성찰소설'이었다. 1976년부터 발표된 '상흔소설'의 첫소리를 낸 류신우劉心武의 〈담임선생班主任〉과 루신화盧新華의 〈상흔傷痕〉은 작가의 체험에서 우러나온 이야기였다. '상흔소설'에서는 아직 반성하고 성찰할 여유를 갖지 못했지만, '성찰소설'에 오면 아픔을 딛고 이성을 회복하여 지나간 역사의 오류와 실패를 성찰하고자 했다. 이어 잘못을 고치려는 시도가 '개혁소설'로 형상화되었다. 개혁 방식을 전통문화의 뿌리에서 찾아 그것을 현대화시키고자 노력한 것이 '심근소설尋根小說'이라면 서양의 것을 모범으로 삼아 개혁하고자 한 것이 '현대파소설'이다. 1980년대 후기 '심근소설'은 문화 현상과 인간 삶의 문제에 관심을 기울이는 '문화소설'로 변모했고, 소재, 주제, 표현 기교 등에서 새로움의 첨단을 추구하던 '현대파 소설'은 '선봉소설先鋒小說(전위소설)'로 변화·발전하게 되었다.

삼분법과 5·4기점설의 독패에 대한 문제제기는 1985년 '중국센다이문학연구창신좌담회'[33]에서 이루어졌다. 이 좌담회에서 발표된 〈20세기중국문학을 논함〉[34]은 중국 근현대문학사 기점 및 범위와 관련해 두 가지 중대한 제안을 했다. 하나는 기점을 1898년으로 앞당기자는 것이었고, 다른 하나는 그동안 넘을 수 없는 것으로 설정되었던 진다이近代-센다이現代-당다이當代의 장벽을 허물고 그것을 하나의 유기적 총체로 설정하자는 것이었다. 20세기중국문학 개념은 이후 대부분의 중국 논자들에게 수용되어 또 다른 주류가 되었다. 물론 신문학, 센당다이現當代문학 등 다른 기표를 사용하는 논자들도 여전히 있지만, 1898년 전후부터 지금까지의 문학을 유기적 총체로 보자는 기의에 대해서는 대체로 동의하고 있는 것으로 보인다.[35]

1990년대 들어 '중국 근현대 문학사학文學史學'이 새로 형성되었는데, 이는 오랜 기간 담론 중심에 놓여 있던 문학의 역사에 대한 진지한 성찰인 동시에 주변화된 위기 상황을 타파하기 위한 새로운 모색으로 해석할 수 있다. '중국센다이문학연구창신좌담회'에서 〈중국 신문학 연구 총체관〉을 발표함으로써 '20세기중국문학' 담론 구축에 일조한 천쓰허陳思和는 '20세기중국문학사'를 신흥 연구학과로 설정하면서 그 발전과정을 '신新문학사' 연구 시기, '센다이現代문학사' 연구 시기, '20세기문학사' 연구 시기로 나눈 후, 각 연구기점을 1933년, 1949년, 1985년으로 설정한 바 있다.[36] 천쓰허는 5·4 이래의 문학을 기술하는 문학사 저술의 표제어가, 1933년부터 '신문학'으로 명명되었다가, 1949년부터 '센다이문학'

으로, 그리고 1985년부터는 '당다이문학'과 통합해서 '20세기중국문학'으로 바뀌었음을 지적하고 있다. 신흥 문학사학의 논의에 힘입어, 중국 근현대문학사 담론을 '신문학사', '셴다이문학사', '20세기중국문학사', '두 날개 문학사'로 나누어 각 담론 주체 사이의 배제와 억압 그리고 해방과 복원의 과정을 고찰해보면 아래와 같다.

　중국 근현대문학사 담론에서, '신문학사' 담론은 '신문학'의 생존을 위해 '통속문학'(구문학, 전통문학, 특히 전통 백화문학, 본토문학, 봉건문학)을 배제했고, '셴다이문학사' 담론은, '셴다이문학'과 함께 '신문학'을 구성했던 '우파문학'과 '동반자문학'을 억압했다. 5·4 시기 소수자minor였던 '신문학'은 간고한 과정을 거쳐 당시 주류였던 '구문학'을 비판했으며 담론 권력을 확보한 후 그것을 배제했고, 셴다이문학은 정치권력의 비호를 받아 자신과 다른 문학을 억압했다. 구문학의 배제와 우파문학의 억압은 근현대문학의 다양한 가능성을 스스로 배제한 꼴이 되었다. 개혁개방의 신시기에 접어들어서야 사상해방을 맞이한 학계는 1985년 '20세기중국문학' 담론을 제창함으로써 '셴다이문학'에 의해 억압되었던 '우파문학'과 '동반자문학'을 해방했다. 그리고 21세기 벽두에 '두 날개 문학' 담론이 제기되면서 '신문학'에 의해 지워졌던erased '구문학'을 복권했다. '20세기문학' 담론에 이어 '두 날개 문학' 담론이 근현대문학 연구자들에게 광범하게 수용된다면 근현대문학사는 스튜어트 홀Stuart Hall의 맥락에서 '정체성의 정치학' 그리고 이 글의 맥락에서 '타자화의 정치학'을 초보적으로 구현한 셈이 된다. 배척과 억압의 주체와 객체였던 담론들이 서로의 차이difference를 인지하고 존중하면서 '구성적 공동선' 또는 '차이 안의 통일성'을 지향한다면 근현대문학사 담론은 '다문화적multi-cultural' 상태로 진입할 수 있을 것이다. 여전히 존재하고 있는 셴다이문학과 당다이문학의 학제와 학회상의 분파가 단기적 극복 과제라면, 중심 대 주변, 강자 대 약자, 주류 대 비주류, 지배 집단 대 차이 집단 등 근현대적 이분법의 지양은 근현대문학사 담론의 장기 지속longue durée 의 과제다.[37]

2) 6·4체제와 검열

개혁개방 이후 흥기했던 사상해방 운동은 1989년 톈안먼 사건 이후 새로운 국면을 맞이했다. 첸리췬은 톈안먼 사건 이후 '6·4체제'가 구축되었다고 본다. 덩샤오핑 체제를 지칭하는 '6·4체제'는 "1989년의 '6·4대학살'"이라는 "역사적 전환점" 이후 형성되었는데, "'6·4' 이후에 진일보하게 강화되고 발전한 일당전제체제가 마오쩌둥 시대의 '1957년체제'의 연속임과 동시에 새로운 덩샤오핑 시대의 특징을 가지며, 이러한 '6·4체제'는 '6·4' 이후의 중국 사회구조의 거대한 변동과 밀접하게 연계"되어 있다. "'6·4대학살'이 중국 정치에 가져온 직접적 영향은 정치체제 개혁의 전면적 후퇴, 민간저항 역량에 대한 전면적 타격, 그리고 당 권력의 전면적 확장 등"이다.[38] 첸리췬은 마오쩌둥 체제와 덩샤오핑 체제가 부국강병과 개인 독재라는 측면에서 연속체임을 지적한 셈이다.

　문학과 문화에 대한 정치의 압력을 잘 드러내주는 것이 '검열' 제도이고, 이는 '6·4체제' 특징의 하나다. 한국도 제5공화국까지 검열이 노골적으로 존재했었고, 김대중·노무현의 민주정부를 거치며 명시적 검열 규정이 없어졌지만, 이명박·박근혜 정부 시절 이른바 '블랙리스트'라는 암묵적 검열 규정이 횡행했었다. 중국은 1949년 이전에도 국민당 정부의 검열이 존재했고, 중화인민공화국 건국 이후에도 이데올로기 통제를 위해 검열은 필수적인 장치였다. 개혁개방 이후 일시적으로 완화되었지만, 시진핑 정부 들어 검열은 강화되고 있는데 직접 통제 방식에서 간접 관리 방식으로 바뀌었다. 필자 개인적 경험만 하더라도, 상하이대학 당대문화연구센터 웹사이트에 올린 글에서 〈색, 계〉의 섹슈얼리티를 논했다가 한동안 검색이 금지되었고, 장뤼張律 관련 글을 세 번 거절당했으며,《신세기 한국의 중국 현당대문학 연구》를 편집하는 과정에서 가오싱젠高行建 관련 글과 작가의 세계관 지양止揚 관련 글을 제외시켜달라는 출판사의 요구를 거절할 수 없었다.[39] 또한 포스트사회주의 관련 글을 발표했다가 관련자들을 아연실색하게 만들었고, 첸리췬 관련 논문을 중국어로 번역해 보냈더니 난색을 표명해 결국 발표를 유보하기도 했다.

TV 드라마의 '제편인制片人' 제도, 도서 출판 시 책임저자의 이데올로기 보증서 제출 등은 검열의 대표적인 사례다. 특히 '제편인'은 우리의 프로듀서 비슷한 개념으로 오해할 수 있지만, 실제로는 "정부의 입장을 대변하면서 동시에 시장과 시청자의 요구를 반영해 TV 드라마 제작부터 배급까지 전체 유통과정을 통제한다".[40] 구체적으로 살펴보면, 1980년대 국가 이데올로기의 강화와 시장경제의 영향력 증대 그리고 대중의 오락 요구가 상호 충돌하고 상호 융합되어 '제편인'이 초기에는 자발적으로 출현했다가 점차 정부와 시장의 대리인으로 활동하게 되었다. 제편인의 신분은 경영시장의 중개인, 감독인, 제작자를 겸하고 있는데, 그 가운데 시장 관리와 투자자의 이익을 대표하는 중개인의 신분이 가장 중요하다. 제편인은 자본과 관방의 입장을 대표하면서 TV 드라마의 생산과 시장 유통을 통제하고 있다.[41] 제편인으로 대표되는 검열의 존재는 중국 TV 드라마 제작에 큰 영향을 주고 있다. 현실적인 소재를 다루기보다는 역사드라마, 판타지懸幻드라마, 무협드라마 등의 장르에 집중하게 했다. 특히 역사드라마는 역사 속 영웅을 소환해 그 업적을 환기함으로써 내셔널리즘 또는 국가주의를 선양하는 점에서 중국 정부의 이데올로기 통제와 불모이합不謀而合의 관계를 이루고 있다.

6. 중국 근현대문학사에 대한 성찰

레이 초우Rey Chow는 중국 근현대문학을 포스트식민 국민문학postcolonial national literature으로 규정한다. 그리고 중국 근현대문학이 소수자 담론 minority discourse에 속한다는 사실을 직시한다. 그러나 그녀의 주장은 몇 가지 보완이 필요하다.

첫째, 중국 근현대문학은 건국을 분기점으로 그 내용이 달라짐에 주의할 필요가 있다. 중국 근현대문학의 혁명성은 피억압 계급에 초점을 맞춤으로써 획득되었다. 5·4 문학혁명 이후 중국 근현대문학은 농민과 노동자를 주요 제재로 삼아 묘사함으로써 혁명적 근현대성 기준에 부합했다. 〈옌안 문예 연설〉에서 시작된 사회주의 문학도 노농병 방향을 명확하게 함으로써 '소수자' 문학의 성격을 명확하게 규정했다. 문제는 인민공화국 건국 이후 노농병 방향은 정책에 머물고 그 내용은 공허해졌고, '인민을 위해 복무하라'라는 구호는 거대한 풍자가 되었다. 건국 이전의 소수자 담론이었던 근현대문학은 건국 이후 '유아독좌唯我獨左'의 주류 담론이 되어 그동안 함께 했던 우파문학과 동반자문학을 배척했을 뿐만 아니라 피억압 계급이라는 기의를 공동화했고, 개혁개방 이후 빈 기의를 관료 부르주아지와 신부유층新富人이 차지함으로써 새로운 지배계급으로 부상했다.

둘째, 중국 근현대문학은 토착적 전통의 지속성에 대항하는 태도, 즉 반봉건反封建을 견지했지만, 또 다른 과제인 반제反帝를 추구하면서 이중적 면모를 드러냈다. 자본주의 모더니티의 각종 병폐를 회의하고 비판한 것은 타당했지만 그 과정에서 모더니티의 '합리적' 부분을 거절함으로써 '봉건 또는 중세로 회귀'로 귀결되었다. 리쩌허우는 전통적인 농업 소생산자의 입장이 오랜 기간 적전積澱되어 형성된 전통 '문화심리 구조'가 수시로 발호跋扈해서 혁명의 성과를 무화시킨 것이 근현대 중국의 과정이었다고 진단했다. 특히 소생산자의 문화심리 구조와 그에 기초한 사상과 사조는 사회주의 시기에 "반反자본주의라는 겉옷을 걸치고 출현"함으로써 "개인의 권익과 요구", "개성의 자유·독립·평등 및 개인의 자발성·창조성" 등 자본주의와 자유주의의 긍정적 가치들을 "구망-혁명이라는 거대한 파도 아래 몽땅 부르주아의 누더기로 간주"해 억눌렀다.[42] 이런 역사풍자극은 '프롤레타리아 국가'라는 이상을 실현하는 과정에서 국민문학을 '계급의 적class enemy'을 응징하는 도구로 변질시켰다. 일률적으로 평가하기는 어렵지만, 반우파투쟁과 문화대혁명은 '계급의 적'을 응징하기 위한 장치라기보다는 정권을 비판하는 무리를 사회로부터 격리한 운동의 성격이었다는 사실을 부인할 수 없다.

셋째, 중국 근현대문학, 특히 중화인민공화국 건국 이후의 문학은 '정치화된 국민문학'이었다. 중국 근현대문학은 건국 이전까지는 '신민주주의 혁명'의 선전선동 도구가 되기를 요구받았고, 건국 이후에는 개조의 대상이었으며 개혁개방 이후에는 검열로 통제받았다. 특히 건국 이후 문학은 한시도 정치에서 벗어날 수 없었다. 특히 시진핑 정부 들어 중국은 검열을 강화하고 있다. 이전 단계 모든 것을 통제하던 방식에서 일벌백계식의 간접 통제 방식으로 바꿨는데, 그 수법은 더욱 교묘해진 것으로 보인다. 검열은 자연스레 자기검열을 유발하며, 후자는 전자보다 더 높은 잣대를 들이대게 마련이다. 우리도 군부독재 시절을 겪었기에 검열의 폐해는 미루어 짐작하기 어렵지 않다. 하지만 통제는 시간의 시련을 견디지 못하는 법. 요원燎原의 불, 땅속의 불은 어느 시기든 존재하고 조건이 무르익으면 들판을, 지상을 태울 수 있다. 포스트사회주의 시기 비판 사상의 시원인 리쩌허우李澤厚의 비판 사상 외에도 첸리췬의 20세기 중국 지식인의 정신사와 민간 이단 사상 연구, 왕후이汪暉의 근현대성의 역설, 쑨거孫歌의 동아시아 인식론 등이 땅속의 불 역할을 했다 할 수 있다.

문학에서도 비판적 사유는 존재한다. 선전선동 문학과 일정한 거리를 두면서 복잡한 시대적 과제를 어느 것 하나 소홀히 하지 않으면서 그 해결책을 찾기 위해 자기 자신을 복잡하게 변화시키려고 노력했던 루쉰이 대표적이고, 사회주의적 개조에 침묵하고 자유주의와 개인주의를 추구했던 선충원, 사회주의적 개조에 동조했지만 새로운 창작성과를 내지 않았던 딩링 등이 있었다. 개혁개방 시기 가오싱젠과 모옌은 같은 노벨상 수상 작가지만 전자는 수상 이전 중국을 떠났고 후자는 남았다. 후자는 민족의 영웅 대접을 받지만 전자에 대한 연구는 흔적조차 찾을 수 없는 것이 지금의 중국이다. 가오싱젠의 지음知音이라고 자타가 공인하는 류짜이푸劉再復는 《나 혼자만의 성경―個人的聖經》의 화자에 대해 다음과 같이 해설한다. 중국의 잔인한 정치적 현실에 의해 '나'는 살해되었으므로 남은 것은 지금, 이 순간의 '그대你'와 그때 그곳의 '그他'였으며, 이인칭 화자 '그대'와 삼인칭 화자 '그'는 '현실과 기억', '생존과 역사', '의식과 글쓰기'이다.[43]

문학은 과연 어떤 힘을 가지고 있을까? 수많은 사람이 여러 가지 대답을 했지만, 그 가운데 문학의 힘은 "(인간의) 정신을 재생하는 데 결정적으로 중요한 시詩의 힘, 사실상 다른 모든 수단이 효험을 잃었을 때 개인의 존엄성과 신념을 긍정해주는 그 힘"[44]이라는 답변은 1970년대 말 선전선동 문학에 반대한 몽롱시파朦朧詩派의 후예가 한 말인 만큼 설득력 있게 다가온다. 중국 근현대문학은 결국 이런 문학의 힘을 믿고 선전선동의 요구와 사회주의적 개조에 거리를 두거나 저항해온 작가들의 성좌constellation라 할 수 있겠다.

1 여기에서의 인문人文은 천문天文·지문地文과 어울리는 개념으로, 오늘날의 인문학
   범주를 뛰어넘어, 인간의 손이 닿은 모든 것을 가리킨다.

2 'interdisciplinary'를 처음에는 '학제간'으로 번역했다. 한자로는 '學制間'에 해당할
   것이다. 그리고 최근에는 '간학제' 또는 '간-학제'로 번역하기도 한다. 그러나 inter-
   national을 국제적國際的으로 번역하는 것을 따라서 interdisciplinary를 학제적學際的
   으로 번역하면 좋을 것이다.

3 혹자는 '연구studies'라는 말을 탐탁지 않게 여기고는 '문화학', '여성학', '지역학',
   '영화학', '번역학' 등의 용어를 남발한다. 이는 '~학~logy, ~ics'의 의미를 존중해
   신흥 '~학'을 수립하겠다는 맥락에서 그 의지가 가상하다. 하지만 기존 분과학문 체
   제로는 해결하기 어려운 분야가 출현했고 이를 해결하기 위해 기존 분과학문 체제를
   뛰어넘어 학제적·융복합적으로 '연구'해야 할 새로운 영역을 설정한 의도를 무색하
   게 하는 행위다. 특히 '중국학Sinology'이라는 용어는 그것을 궁극적인 지향으로 사
   용하는 것은 가능할지 몰라도, 중국에 관한 학제적·융복합적 연구라는 차원에서는
   '중국연구Chinese studies'라는 개념이 명실상부한 것으로 보인다.

4 Rey Chow, *Writing Diaspora: Tactics of Intervention in Contemporary
   Cultural Studies*, Bloomington: Indiana University Press, 1993, p. 102.

5 중국 대륙에서 '셴다이現代'는 영어의 'modern' 또는 'contemporary'와 무관한 개
   념이었다. 그것은 1919년부터 1949년까지의 '신민주주의 혁명 시기'를 가리키는 특
   정한 정치 개념이고, '진다이近代'·'당다이當代'와 함께 중국 '근현대'를 구분하는 삼
   분법의 하나였다. 임춘성, 《중국 근현대문학사 담론과 타자화》, 문학동네, 2013, 17쪽.
   이 글에서는 한국에서의 '현대' 개념과 변별하기 위해 '신민주주의 혁명 시기'를 지
   칭하는 '現代'를 '셴다이'라고 표기한다.

6 王瑤, 《中國新文學史稿》(上), 上海: 上海文藝出版社, 1982, p. 9.

7 黃修己, 《中國新文學史編纂史(第二版)》, 北京: 北京大學出版社, 2007, pp. 266-267.

8 위의 책, p. 268.

9 위의 책, p. 270.

10 위의 책, p. 278.

11 中國社會科學院 文學研究所 現代文學研究室 編,《'革命文學'論爭資料選編》(上下),
北京: 人民文學出版社, 1981.

12 馬良春·張大明 編,《三十年代左翼文藝選編》, 成都: 四川人民出版社, 1983.

13 文振庭 編,《文藝大衆化問題討論資料》, 上海: 上海文藝出版社, 1987.

14 中國社會科學院 文學研究所 現代文學研究室 編,《'兩個口號'論爭資料選編》(上下),
北京: 人民文學出版社, 1982.

15 文天行·王大明·廖全京 編,《中華全國文藝界抗敵協會史料選編》, 成都: 四川省社會科
學院出版社, 1983.

16 '옌안 문예 좌담회에서의 연설在延安文藝座談會上的講話'을 그동안 '연안 문예 강화'로
통칭했다. 그러나 중국어에서 '講話'는 '연설'의 뜻이 강한 반면, 한국어에서는 '강의'
라는 의미가 강하다(예: 이태준의《문장강화》). 이 글에서는 '연안'을 원어 발음인
'옌안'으로 바로잡고 '강화'를 '연설'로 바꾸었다.

17 菊地三郎,《중국 현대문학사: 혁명과 문학운동》, 정유중·이유여 옮김, 동녘, 1986,
29쪽 참조. 기쿠치는 실제 연설과《해방일보》게재의 시차를 세 가지로 추정하고 있
다. 첫째, "적이나 반동파에서 파견된 간첩이나 파괴분자가 아직 혼재", 둘째, "이 좌
담회는 연안정권 내의 문화간부에게 무산계급의 영도권을 '고무'하기 위해 행해졌
고, 그 엄격함은 중경정권하의 남방문학 담당자들과의 통일전선에 결렬을 가져올지
도 모른다고 염려된 것", 셋째, "이론을 실천에 의해 검증하기 위한 시간을 번다는 것".

18 黃修己,《中國現代文學發展史》, 北京: 中國青年出版社, 1988, pp. 511–512.

19 毛澤東,〈在延安文藝座談會上的講話〉,《毛澤東選集》第三卷, 北京: 人民出版社,
1968, p. 819.

20 위의 글, p. 816.

21 위의 글, p. 819.

22 百度百科,〈中國文學藝術工作者代表大會〉, https://baike.baidu.com/item/%E4%
B8%AD%E5%9B%BD%E6%96%87%E5%AD%A6%E8%89%BA%E6%9C%A
F%E5%B7%A5%E4%BD%9C%E8%80%85%E4%BB%A3%E8%A1%A8%E5
%A4%A7%E4%BC%9A(검색일 2020. 12. 21.).

23 제7기 2중전회: 1949년 3월 5일부터 13일까지 河北 平山 西白波에서 개최. 중앙위
원 34명과 후보 중앙위원 19명이 참석.

24 郭沫若,〈爲建設新中國的人民文藝而奮鬪〉,《中華全國文學藝術工作者代表大會紀念
文集》, 北京: 新華書店, 1950. 北京大學·北京師範大學·北京師範學院 中文系 中國

現代文學敎硏室 主編,《文學運動史料選》第五冊, 上海: 上海敎育出版社, 1979, p. 654-655에서 인용. 이 말은 궈모뤄가 밝히고 있는 것처럼 마오쩌둥의 '신민주주의론'에 근거한 말이다.

25 周恩來,〈在中華全國文學藝術工作者代表大會上的政治報告(중화전국문학예술공작자대표대회에서의 정치보고)〉,《中華全國文學藝術工作者代表大會紀念文集》, 北京: 新華書店, 1950. 北京大學·北京師範大學·北京師範學院 中文系 中國現代文學敎硏室, 앞의 책, p.644에서 인용.

26 위의 글, p.644.

27 위의 글, p.645.

28 위의 글, pp.646-647.

29 첸리췬,《내 정신의 자서전》, 김영문 옮김, 글항아리, 2012, 24쪽.

30 錢理群,《1948: 天地玄黃》, 香港: 香港城市大學出版社, 2017, pp.30-32.

31 劉鋒傑,《中國現代六大批評家》, 合肥: 安徽文藝出版社, 1995, p.224.

32 劉再復,〈從獨白的時代到複調的時代 ─ 大陸文學四十年〉,《二十一世紀》第22期, 1994, p.100.

33 이 좌담회는 1985년 5월 6~11일 '中國現代文學研究會', '中國社會科學院 文學研究所', '中國作家協會 中國現代文學館'이 공동 주관하여 베이징에서 개최되었다. 이 좌담회에서는 ① 중국 셴다이문학의 내포와 외연 문제, ② 문학 연구방법의 혁신 문제, ③ 중국 셴다이문학연구와 당다이문학의 관계에 대해 집중적인 토론을 진행했다. 자세한 내용은 于承哲,〈中國現代文學研究創新座談會紀要〉,《中國現代文學研究叢刊》第4期, 1985 참조.

34 黃子平·陳平原·錢理群,〈論'二十世紀文學'〉,《文學評論》第5期, 1985. 이 글의 번역문은 임춘성,《중국 근현대문학사 담론과 타자화》, 문학동네, 2013, 315-342쪽에 실려 있다.

35 임춘성, 위의 책, 48-49쪽 참조.

36 陳思和,《犬耕集》, 上海: 上海遠東出版社, 1996, pp.236-242.

37 이 단락은 임춘성, 앞의 책, 46-47쪽의 내용을 토대로 보완했다.

38 전리군,《모택동 시대와 포스트 모택동 시대 1949~2009(하)》, 연광석 옮김, 한울아카데미, 2012, 365쪽.

39 임춘성,《포스트사회주의 중국의 문화정체성과 문화정치》, 문화과학사, 2017, 54쪽.

40 위의 책, 56쪽 참조.

41 高允實,〈從電視劇到網絡劇: 生産·消費方式的變化與新的'大衆主體'〉, 上海大學文化

研究系 博士學位論文, 2015, pp. 24-26.

42 리쩌허우,《중국현대사상사론》, 김형종 옮김, 한길사, 2005, 94-95쪽.

43 劉再復,〈跋〉, 高行建,《一個人的聖經》, 香港: 天地圖書有限公司, 2000, p. 449.

44 Michelle Yeh, "The Anxiety of Difference—A Rejoinder," p. 8. 이 글은《今天 Jintian》No. 1, 1991, pp. 94-96에 중국어로 실려 있다. 레이 초우,《디아스포라의 지식인: 현대 문화연구에서 개입의 전술》, 장수현·김우영 옮김, 이산, 2005, 15쪽에서 재인용.

제8장

혁명과 젠더

김미란

1. 들어가며: 중국여성해방을 분석하는 세 키워드

2010년대 중반, 한 사회학자가 1950년대에 태어난 중국여성에게 마오 쩌둥 시대로 돌아가고 싶으냐는 질문을 했다. "가난이 싫어서 절대로 돌아가고 싶지 않다"라고 답한 여성은 묻지 않았음에도 자신의 어머니 이야기를 했다. 1927년생인 어머니는 "공산당에게 감사해야 돼. 해방이 되지 않았더라면 네 아버지는 분명 첩을 여럿 들였을 거야"라고 했고 문맹교육반에 열심히 나가는 자신이 못마땅해서 대문을 잠가버린 시어머니 얘기를 하면서, "공산당이 옳아. 엄마는 예전엔 글을 몰랐지만 해방 후 문맹교육 덕분에 지금은 책도 신문도 읽을 수 있단다"라는 말을 입버릇처럼 했다는 이야기를 전했다.[1]

글을 깨우쳐 세상 돌아가는 것을 알 수 있고 '아내'라는 신분을 위협하는 남편의 혼외관계를 불가능하게 한 '일부일처제'가 좋았다는 이야기는 가정이라는 '친밀성'의 영역에 공권력이 개입함으로써 여성의 '공적' 지위향상을 시도했던 마오쩌둥 시기 여성해방성과에 대한 대표적인 평가라 할 수 있다. 그러나 그녀가 칭송한 '일부일처제'는 공산당이 토지를 여성에게 분배하여 부권을 견제할 수 있는 힘을 부여한 '정치적' 성과였기 때문에 '가난한 마오쩌둥' 시대에 대한 거부와 칭송이 결코 별도로 논해질 수 있는 것은 아니다.

이러한 착종은 공산당이 추진한 사회주의 혁명을 통한 여성해방이 '성공, 혹은 실패'라는 이분법으로 획분될 수 없으며 역사주의적이고 또 구성주의적 관점에서 접근되어야 한다는 것을 시사한다. 그럼에도 목하 중국 사회주의를 '여성해방'의 관점에서 분석한 중외의 많은 연구는 개혁개방 이전과 이후를 대비시키며 마오쩌둥 시대를 '실패한 시도'였다고 보는 데 대체로 동의한다. 놀라운 사실은 부련주석을 역임한 펑페이윈彭佩云[2]이 전 세계 학자가 모인 2019년 베이징 포럼에서 "우리는 본토의 여성해방 경험을 이론화하는 데 성공하지 못했다"라고 고백했다는 점이다.[3] 만약 그의 말대로 1995년 베이징 세계부녀대회 이후로 글로벌 페미니즘운동 속에 '중국 본토의 경험'을 이론적으로 위치시키고자 했던 중국 여성학자들의 오랜 노력이 실패했다고 한다면 오늘날, 중국 '여성해방의 경험과 기억'은 어떤 언어로 이야기되어야 하는 것일까?

공산당이 '은혜를 베풀어 준恩賜' 덕분에 여성이 해방되었다고 하는 것은 오늘날 중국의 여성해방에 대한 공식서사이다. 그러나 이론가들의 주장대로 여성해방이 계급해방의 일부로 다루어졌다 해도 5·4 신문화운동 이래 항전과 건국을 거치며 여성의 삶은 달라졌으며 그 경험은 당사자의 자존감을 높이고 삶의 주인이라는 자각을 갖게 했기 때문에 역사적 맥락에 따른 성과와 한계를 짚어보는 것이 수반되어야 한다.

서구의 지식을 수용한 신지식인들이 '개성'의 해방을 주장한 이래 '성별'의 관점에서 중국의 100년사를 돌아보면 여성의 삶에 가장 큰 영향을 끼친 요인은 생산과 인구 재생산, 그리고 이동이었다는 결론에 이르게 된다. 여성은 '개인'이 아니라 항상 '국가'와의 관계 속에서 역할을 부여받으며 사회적 담론의 대상이 되고 인정을 받아왔는데 역사적 조건에 따라 '민족의 모성'과 '노동자', 그리고 글로벌 자본하의 '노동자'이자 '부르주아 가정의 모성'으로 재구성되어왔다. 이에 이 글에서는 현대중국의 역사 시기를 5·4 신시기, 소비에트 시기, 중화인민공화국 건국, 그리고 개혁개방의 네 시기로 나누어 혁명과 젠더의 관계를 분석하기 위한 첫 번째 방법론으로 '생산', '재생산' 그리고 '이동'이라는 키워드를 선택하여 이를 중심으로 살펴보고자 한다.

20세기 중국의 여성해방은 5·4 시기에 '도시'에서 시작되어 항전 시기에 '농촌'으로 근거지를 옮겨 진행되었고 개혁개방 이후에는 '농촌'에서 시작되어 '도시' 주도적인 개혁과정을 겪었다. 이 일련의 과정 속에서 여성은 생산노동과 인구재생산의 주체로 호명되었으며 개혁개방 이후에는 도농 분리 호구제가 완화됨에 따라 장소 '이동'이 가능해져 계층분화와 함께 젠더 권력관계에 변화를 경험하고 있다.

시대를 불문하고 여성의 몸은 사적 가부장제(남성 가장)에 의해 장소 이동에 제약을 받아왔으며 이는 '혈통의 순결성 보장'과 관련이 있었다. 그러나 중국 사회주의는 경제적 목적하에 공민을 장소에 결박시켰으며 여성은 '봉쇄적'인 분리 시스템 속에서 생산노동을 담당했다. 그러나 개혁개방 이후 이동이 허용되어 도시로 '진출'한 여성들은 초국적 자본의 최저층을 떠받치는 노동력이 되는 한편, 도시와 농촌 각각의 장소에서 새로운 기회와 젠더 역할의 재구성을 경험하게 되었으며 이 젠더질서 변화의 계기가 된 것은 자본이 아니라 국가의 정책, 즉 1980년에 반포된 수정 〈혼인법婚姻法〉과 '계획생육' 정책이었다. 수정 〈혼인법〉은 마오쩌둥 시기와 달리 가정에 대한 간부의 개입을 대폭 축소시키고 가정을 여성의 영역이자 돌봄의 영역으로 규정했으며 그 결과 기혼여성은 대거 해직되어 '시장' 속에서 생존을 모색해야 했다.

개혁개방 시기에 가정을 여성의 영역으로 규정한 것은 1928~1937년 시기 국민당의 난징南京정부가 시행했던 중산층 가정모델의 성 분리적 젠더관의 연장선상에 있으며 이때 여성은 노동주체가 아니라 양육하는 '모성'으로 간주되었다. 그러나 국민당정부의 가정모델과 개혁개방 시기 가정모델은 차이점이 있으니 후자가 '가정을 구성할 수 있는 권리'를 농민호구 소지자의 희생 위에 도시호구 소지자 중심으로 구축했다는 데 있다. 마오쩌둥 시기에 확립된 도농이원 호구제(1958년)의 존속으로 인하여 오늘날 중국 사회는 근대 가족의 요건인 '동거'와 '경제공동체' 가운데 '동거'를 충족시키지 못하는 '분거 가족'이 대거 발생했으며 그 모순의 중첩지점에 농촌여성이 존재한다.

오늘날 낮은 학력에 이동할 자본이 없는 농촌여성은 남성 가장이 도시로 떠나 부재하는 상황에서 육아와 돌봄, 종종 생계까지 떠맡고 있으며 호구제의 제약으로 부부의 친밀성이 유지될 수 없는 '가족 해체' 상황에 처했다. 중국 사회에서 '농촌 잔류여성의 자살률이 가장 높다'[4]는 사실이 이를 대변한다. 따라서 '이동'을 통해 새롭게 재편되는 젠더 롤과 함께 여성을 일하는 '노동자'와 번식하는 주체인 '모성'으로 정의하여 각각 '생산'과 '재생산' 영역에 할당하는 담론과 정책은 현대중국 여성의 삶을 이해하는 주요한 경로가 될 수 있다.

둘째로 사회주의 중국의 '정책'은 어떠한 역사적 경험을 계승하여 여성해방에 활용했는가 살펴볼 필요가 있다. 근대 이후 서구에서 여성의 권리를 주장한 페미니스트와 스튜어트 밀John Stuart Mill처럼 보편적 인권에 기반하여 양성평등을 옹호한 남성지식인은 공통적으로 여성의 피교육권, 재산권, 참정권과 같은 여성의 '공적' 영역으로의 진출을 요구했다. 이러한 여성의 공적 영역 진출은 1960년대 말, 서구에서 가정이라는 '사적' 영역에서 발생하는 남성의 여성에 대한 '성적 지배와 종속'을 비판한 급진적 페미니즘이 부상하기 전까지, 양성평등의 기준이자 목표였다. 스튜어트 밀과 같이 양성평등을 주장한 중국의 남성지식인으로는 1890년대 말에 활동한 캉유웨이康有爲를 꼽을 수 있다. 그는 《대동서大同書》(1901)에서 유토피아인 '대동세계'를 이루기 위해서 아홉 개의 차별적인 '경계界(구분짓기)'를 타파해야 한다고 했으며, 그중 '남녀 간의 경계'와 '가족이라는 경계' 타파가 여성해방과 직접적으로 관련된 이슈였다. 중국여성이 내실內室에서 벗어나 서구여성들처럼 사회활동에 참여하고 양육을 잘 하기 위해 교육을 받아야 하며 학교에 가기 위해서는 천 년 이상 여성의 몸을 속박해온 '전족'을 풀어야 한다고 그는 주장했다. 이것이 역사적 경험의 계승이라는 측면에서 주목해야 할 첫번째 전통이다.

이러한 캉유웨이의 이상주의적 평등주의는 마오쩌둥의 인민공사 실험에서 근접한 형태로 시도되었다. 1958년에 마오쩌둥은 '공상사회주의를 실행하려 한다'고 하며 간부와 농민에게 《대동서》를 배포했으며[5] 대약진 시기의 공동식당과 공동육아 실험은 가정의 기능을 사회화한 '사회주의 대가정'의 구현태였다. 이와 같은 시도는 인간의 생로병사를 공동체가 관리하고 책임도 지는 《대동서》의 이상세계였다.[6]

중국여성해방의 유산과 관련하여 두 번째 주목할 점은 여성해방을 '경제권'과 '군사화'를 결합시킨 태평천국운동의 여성관이다. 서구의 여성해방론이 '개인'의 정치사회적 권리 획득에 초점이 맞추어진 것과 달리, 지주의 착취에 저항하여 일어난 태평천국운동(1851~1864년)은 "무릇 땅을 분배하는 것은 사람人口에 의거하고 남녀를 따지지 않는다"[7]는 원칙에 따라 최초로 여성과 남성에게 동등하게 토지를 분배했다. 그리고 10만 여군을 편성하여 여성을 정치·군사 영역에 참여시켰다. 태평천국운동의 이러한 전통은 1958년과 문화대혁명 시기에 여성에 대한 군사훈련 실시와 인민공사의 군대식 편제에서 드러나는데 이러한 태평천국운동의 계승과 긍정적 평가에 대해서는 1951년 상하이의 여성잡지인《현대부녀現代婦女》에 실린 태평천국군의 금전기의金田起義 100주년 기념문장에 드러나 있다.[8] 따라서 마오쩌둥의 집권 시기에 두드러지게 나타나는 여성의 노동, 군사, 정치 참여 전통은 중국여성해방의 동력이자 특성이며 마르크스주의 페미니즘의 경제적인 계급일원론으로 수렴되지 않는 중국적 특징이라 할 수 있다.

이에 이 글은 생산, 재생산, 이동이라는 세 키워드를 중심으로 태평천국운동과 캉유웨이 사상을 기반으로 한 100년 동안의 중국여성의 해방 경험을 살펴보고자 한다.

2. 5·4 시기: 민족적 위기와 이슈의 '여성화', 연애와 우생

20세기 초, 중국의 진보적 지식계는 "왜 중국은 서양보다 낙후했는가"를 자문하며 후진적인 민족성에 근본 원인이 있다고 생각했다. 지식인들은 아시아 최초로 공화제를 성취하고도 황제 복벽으로 사회가 퇴행하자 '열등'한 민족성을 어떻게 개조하여 외침 속에서 살아남을 것인가 고민했으며 문제의 원인이 '저항할 줄 모르는 비굴하고 열등한 인간'을 양산하는 전통 대가족 제도에 있다고 보았다. 그리고 대가족주의를 타파하고 개성을 해방할 것을 주장했다.[9] '자식이 많은 것이 복'이라는 관념으로 대를 잇기 위해 미성숙한 여아를 며느리로 맞아 '열등한 종을 생산하는' 대가족제는 '중화민족 낙후'의 원인이기 때문에 대가족제를 타파하고 이혼과 연애와 결혼이 자유로워야 한다고 본 것이다.

이러한 '문명론'적 관점에서 지식인들은 서양의 부부-자녀 중심의 핵가족을 대안으로 제시하여 프랑스, 영국, 미국 등 서구의 2~3명 자녀를 둔 '소가정(핵가족)'을 모범적 모델로 제시했다. 그리고 대가족제하의 부모의 간섭을 벗어나 당사자들의 육체적, 정신적 욕구를 모두 충족시키는 '자유연애'를 통해 결혼을 해야 한다고 보았다.[10] 무릇 연애라는 것이 상대의 선택을 받을 만큼 '우수'해야 이루어지는 것이기 때문에 '연애=우생'이라고 간주되었으며 그 결과 5·4 반전통의 '개성 해방' 실현의 장은 '연애와 근대적 사랑의 행태'가 되었다.

남성지식인들이 우생적 '자유연애'와 여성의 자립을 사회개혁의 방법으로 주장한 것과 달리 소수에 불과하지만 여성 필자들은 끝없는 출산과 남성의 속박 속에 살아야 하는 '결혼'을 궁극적 목표로 인식하지 않았다. 여성들은 '자유연애'가 아니라 '결혼'이라는 족쇄를 벗어나는 '자유(독신)'와 '경제적 독립'을 주장했으며 훗날 저우언라이周恩來의 아내가 된 톈진시 학생회장이었던 덩잉차오鄧穎超가 주경야독을 하며 여성의 '경제적 독립'을 강조한 것이 대표적인 사례이다. 그러나 담론을 주도한 것은 남성지식인들이었으며 이러한 논쟁의 양상들은 5·4 시기의 반전통이 '실천적 운동'이 아니라 '담론', 즉 '사유방식'의 변화를 통해 중국 사회의 개혁을 추진하고자 했다는 특징을 보여준다. 그러나 1927년 국공합작이 결렬되고 지식인들이 점차 농촌사회와 접하게 되자 문명론적 담론 방식은 사라지고 '계급적 관점'이 부상했으며 공산주의 성향의 지식인들이 5·4 시기의 논의를 '부르주아적'이라고 비판하며 상하이에 '평민여학교'를 세운 것이 그 전환점이었다. 여성해방은 경제문제인 토지개혁과 결합되어 '혁명'이라는 관점에서 논의되기 시작한 것이다.

한편, 5·4 시기의 '자유연애'론자들과 달리, 1920년대 초반에 사회구조와 계급적 관점에서 여성문제를 주목한 리다李達와 같은 공산주의 지식인은 '매춘'을 도덕적 타락이 아니라 빈곤으로 인한 계급적 '착취'라고 보았다.[11] 작가 루쉰魯迅도 결혼제도가 하층여성에게는 노예처럼 시모와 남편에 의해 '팔려가는' 삶이며 설사 신여성이라 할지라도 가출한 후에 고립되어 죽거나 생계 때문에 '집으로 돌아오거나' '몸을 팔 수밖에 없다'고 했다.[12] 이와 같이 계급을 불문하고 '결혼'제도에 속박될 수밖에 없는 여성의 삶을 '혁명'의 과제로 정립한 것은 마오쩌둥이었다. 그는 〈호남농민운동고찰보고湖南農民運動考察報告〉(1927)에서 네 가지 모순, 즉 '정권, 족권, 신권, 부권(계급, 종족, 미신, 남편권력)'을 타파하지 않고는 혁명이 성공할 수 없다고 보았으며 이 4대 혁명과제는 그 후 '토지혁명'과 '여성해방'을 결합시키는 근거가 되었다.

3. 소비에트 시기: 농촌으로 간 혁명가들, 그리고 젠더갈등

1) 옌안사회의 여성인식과 딩링의 비판

국민당의 군사력에 포위되어 1937년에 옌안으로 근거지를 옮겨 간 공산당은 진보적 지식인들의 관심대상이었으며 국민당의 연금에서 탈출하여 소비에트로 간 작가 딩링은 당의 열렬한 환영을 받은 대표적인 인사였다. 그러나 옌안의 현실을 본 그녀는 깊은 실망과 함께 분노를 느꼈다.

대다수가 무학의 농민이었던 혁명군은 특권의식과 여성에 대한 비하적 태도를 지니고 있었고 5·4 신지식의 세례를 받은 지식인들도 하등 다를 바 없었기 때문이다. 딩링이 3월 8일 여성의 날 새벽에 쓴 수필 〈3·8절 소감三八節有感〉[13]에 당시의 심정이 잘 드러나 있다.

(옌안에서도_인용자) 여성동지의 결혼은 사람들에게 결코 만족을 주지 않는 영원한 관심거리이다. 여자들은 절대로 남자들과 비교될 수 없으며 몇몇 남자들과 가까이 지내서도 안 된다. 화가들은 비아냥거리는 태도로 여성에게 "李 과장은 시집은 갔나?"라고 하며 시인들은 "옌안에는 말 탄 고급간부만 있고 예술가 중에 고급간부가 없으니까 예쁜 애인을 구할 수가 없다"고 이야기한다. 그런데 또 어떤 장소에서 여성들은 이런 질책을 들어야만 한다. "제기랄 우리 노간부들을 시골뜨기라고 무시해? 우리 시골뜨기들이 없었으면 너희들이 옌안에 와서 좁쌀을 먹을 수나 있었겠어!"

여성들은 이런 압박을 견디지 못하여 결국 결혼을 한다. 그러나 결혼 후의 삶은 여유가 있는 경우와 그렇지 못한 처지에 따라 확연히 나뉜다. 보모를 둘 수 있는 여성은 몸단장을 하고 주말마다 고급간부 남성들에 둘러싸여 파티를 즐기지만 대다수 여성은 일과 육아로 녹초가 되어 '최후의 애교'까지 말라버린 뒤 남편으로부터 사회에 '뒤쳐졌다落後'는 이유로 이혼을 당한다. 그래서 옌안의 여성들은 그렇게 '뒤쳐지지' 않기 위해 아이를 탁아소에 맡기거나 자궁을 긁어내고 생명의 위험을 감수하고 낙태약을 몰래 먹지만 그녀들에게 돌아오는 것은 "누가 결혼을 하라고 강요했나? 애 키우는 것도 사업 아닌가? 자기 한 몸 편하려고 분수를 모르고 날뛰고들 있구만. 당신들이 무슨 대단한 정치적 성과를 내보기나 했어? 그렇게 애 낳는 게 두려우면 결혼은 왜 한 거야?"라는 비난이다.

이 수필은 마오쩌둥의 네 번째 아내가 된 쟝칭江靑이 옌안에 와서 성적 매력을 과시하며 당 간부들과 즐겼던 주말 댄스파티를 비판하고 고위직 남성 당 간부 두 사람의 이혼소동을 보고 딩링이 쓴 글이다. 딩링의 또 하나의 문제작은 단편소설 〈내가 안개마을에 있을 때我在霞村的時候〉 (1941)로 이 작품은 공산당의 요구로 일본군으로부터 '기밀을 빼오는' '침대 위의 항전'을 하다 성병에 걸린 18세의 위안부 쩐쩐貞貞에 대한 이야기이다. 마을에 일본군이 쳐들어오자 미처 피하지 못해 성당으로 숨어든 쩐쩐은 신부에게 부모님이 반대하는 자신의 결혼에 고모(대리인)가 되어달라고 부탁을 하다가 일본군에 붙잡혀 군위안부로 끌려간다. 1년 동안 부대를 따라다니며 '너무나 많은 사람에게 당해서 횟수를 기억하지 못한다'고 덤덤하게 지난 얘기를 하던 쩐쩐은 '어차피 고생은 하는 것이니까 의미 있는 일이 하고 싶어서' 마을을 계속 오갔다고 말했다. 그러나 중요 기밀을 전하기 위해 병이 도진 상태에서 30리 밤길을 걸어온 그녀는 '병으로 코가 문드러졌다'고 수군대는 동네사람들의 구경거리였다. 쩐쩐의 부모는 '망가져 시집도 못 가게 된 딸'을 붙잡고 통곡을 했고 쩐쩐의 옛 애인은 자책을 하며, 가난하다는 이유로 결혼을 반대했던 쩐쩐의 모친 류따마의 부탁으로 다시 청혼을 했지만 그것은 도리어 그녀의 분노만 폭발시킬 뿐이었다. 마을 사람들에게 둘러싸인 쩐쩐의 모습은 다음과 같이 묘사되어 있다.

곧이어 (류따마네 집에서) 밥그릇 깨지는 소리가 들렸다. 나는 더는 참을 수가 없어서 웅성대는 사람들 틈을 비집고 안으로 들어갔다. "아이고, 당신 마침 잘 왔소. 우리 쩐쩐 좀 말려주시오." 류따마가 나를 안으로 데리고 들어갔다. 쩐쩐의 얼굴은 어지럽게 헝크러진 긴 머리칼 속에 가리워져 있었지만 흉악한 두 눈동자가 무리를 쏘아보고 있는 것이 보였다. 나는 그녀 옆으로 가서 멈추었다. 그녀는 내가 온 것도 전혀 느끼지 못한 것 같았고, 그게 아니라면 나를 적들과의 사이에 끼어들 자격이 전혀 없는 사람의 하나로 간주하는 것 같았다. 그녀가 풍기던 시원스럽고 명랑하고 유쾌한 어떤 것도 떠올릴 수 없이 그녀는 전혀 딴 사람이 되어 있었다. 마치 우리에 갇힌 야수처럼, 복수의 여신처럼 그녀는 누구에게 증오의 한을 내뿜고 있는 것일까? 왜 이렇게 잔혹한 모습을 보여야 했는가?[14]

신중국의 항일서사에서 여성의 '몸'을 첩보용으로 이용한 사실은 '말해져서는 안 되는' 민감한 문제였으나 딩링은 적에게 강간당한 여성이 자기편에 의해 다시 한 번 불행에 직면하게 되는 것을 무수히 목격하고 이 작품을 남겼다. 딩링의 두 작품은 정풍운동(〈옌안 문예 연설〉, 1942)에서 '내부단결을 해쳤다'는 이유로 비판을 받았으며 그녀 스스로도 '역시 이 글은 단결의 요구에 맞지 않다'고 자기비판을 한 뒤 중앙당교에서 재교육을 받았다.

2) 국민당의 '여성국민 만들기'에 대한 재평가

국민당은 1928년에 전국을 통일한 뒤 난징정부를 중심으로 체계적인 교육을 통해 근대국가의 국민 만들기에 착수했다.[15] 쑨원孫文의 삼민주의 가운데 '민생' 계승을 강조한 난징정부는 '모던 걸을 길러내는 5·4 시기의 서구식 교육'을 비판하며 '민족과 국가의 번영'을 위해 근대적 전문지식을 갖춘 가정관리자로 '신현모양처新賢母良妻'를 교육의 목표로 삼았다. 이를 위해 기존의 남녀공학제를 개편하여 여자중학교를 세우고 여성이

'가정주부'가 되어 국가에 '간접'적으로 기여하도록 교육했지만 여학교는 결과적으로 생산에 '직접'적으로 기여하는 직장여성들과 사회운동에 적극적으로 참여하는 '참여형 여성' 등을 다양하게 배출했다. 난징정부의 여성교육은 중산층을 대상으로 성역할을 이원화한 교육을 했다는 점에서 한계가 있었으나 근대적 교육을 통해 "재주가 없는 것이 미덕女性無才是德"이라는 전통적 여성관을 타파하고 최초로 여성의 재산권과 이혼 시 위자료 지급을 법적으로 보장한 것은 5·4 시기로부터 진보한 측면이라 할 수 있다.[16]

마오쩌둥 시기의 난징정부에 대한 평가는 '지주와 매판자본가의 연합정권으로 반혁명정부이자 관료자본주의의 전형'이었으며 이들은 난징정부의 민중운동을 탄압하는 모습을 줄곧 강조했다. 그러나 1980년대 이후에 진행된 다양한 연구는 국민당이 '관료자본주의의 전형'이 아니라 계급적 기반이 없는 군대와 관료에 의지한 정권이었으며 정부와 사회세력이 긴장과 통합관계를 유지한 코포라티즘으로 보기도 한다.[17] 실제로 국민당이 목표로 했던 '신현모양처' 교육은 베이징과 상하이에서 저항에 부딪혀 대학입시에 불리한 '가사' 위주의 수업에 대한 학생들의 반발로 과목 시수를 줄이는 식으로 개선이 되었다. 그리고 '직업을 가지지 말라'는 방침에 대해서는 국민당을 지지하는 직업여성들의 비판적 압력이 거세었다. 그리고 9·18 만주사변 이후 항일을 방기한 국민당에 불만을 품은 여학생들이 사회참여형으로 변화하기도 하는 등 오히려 남녀공학의 여학생들의 소극성과 달리, 여성들끼리 공부하도록 함으로써 적극적이고 주체적인 여성들을 길러낸 측면이 있었다.

난징정부의 '국민' 양성을 위한 교육정책과 현실 사이에는 이와 같이 괴리와 성과가 공존했으며 1930년대 남녀학생들의 인식도 5·4 시기와 비교할 때 확연히 변화했다. 소가족을 지지하는 비중이 남녀 학생 각각 74.3%, 83.4%를 차지하여 이미 대가족제가 소멸했을 뿐만 아니라 학생들의 정치적 성향도 46% 정도만이 국민당을 지지했고 나머지는 공산당 지지 등 다양했다.[18] 즉, 국민당이 통치하던 지역에서 여성들은 근대화라는 큰 흐름 속에서 정책과 길항하며 다양한 발전을 이루었다 하겠다.

그리고 20세기 중국에 직업여성의 출현, 모성 관련 의학지식의 보급, 여성교육 면에서 기독교가 끼친 영향은 재평가될 필요가 있다. 기독교가 동아시아 3국에서 여성계몽에 영향을 끼친 것은 공통적인 현상이지만 중국에서는 선교사가 아편전쟁 이전부터 들어와 주로 미국의 감리교 선교사들에 의해 여성교육과 의료 방면에 상당한 기여를 했다. 중국에서 피임과 출산에 대한 의학적 지식은 1920년대에 산아제한 담론으로, 1930년대에는 대도시의 '산아제한진료소'를 중심으로 대중들에게 보급되었는데 이 업무를 담당한 주요 인물이 산부인과 여의사들과 그들이 배출한 간호사들이었으며 여의사들 가운데 절대 다수가 기독교와 밀접한 관련을 갖고 있었다. 제1세대 여의사들은 19세기 말부터 '하느님의 자녀는 평등하다'는 논리하에 '신이 준 신체를 훼손하는' 전족과 영아살해를 비판하는 교회여학교에서 성장했으며 미국 유학을 통해 의사가 되었다. 미시간대학에서 아시아 최초의 여성의학박사이자 산부인과 전문의가 된 스메이위石美玉가 대표적인 인물이며 그녀는 동료인 미국 유학파 여의사 캉아이더康愛德와 함께 여성을 위한 의료 활동에 평생을 헌신했다. 그리고 이들이 난징정부의 주요 의료시설에서 활동하여 전문직 여성집단을 형성했다.[19]

공산당은 중화인민공화국의 건국과 함께 기독교 계통의 여학교와 여자의과대학을 폐교시키고 기독교의 맥을 끊었다. 캉유웨이도 감리교 선교사 알렌(Young John Allen, 1836~1907)이 창간한 《만국공보萬國公報》를 통해 근대지식을 수용하고 남녀 평등사상을 받아들였지만 선교사들의 여성계몽과 여성교육 독점은 '교회가 있는 곳에 여학교가 있다'는 량치차오梁啓超의 우려처럼 민족주의자들의 위기감을 촉발시켰다. 이런 점들을 고려할 때 중국의 여성해방 100년을 온전히 이해하기 위해서는 국민당정부의 여성 국민화 정책과 함께 기독교의 여성계몽 활동에 대한 적절한 재평가가 수반되어야 할 것이다.

4. 중화인민공화국 건국: '결혼'을 통한 정치와 '인민' 만들기

1) 〈혼인법〉과 일부일처제의 확립

1949년에 수립된 중화인민공화국은 건국 직후 한국전쟁에 참전하게 됨으로써 전쟁과 국민국가 건설을 동시에 수행해야 했다. 공산당의 시급한 과제는 토지개혁과 자본주의적 잔재를 제거하고 신중국의 '인민'을 만들어내는 것이었기 때문에 공산당은 존재한 적 없는 새로운 인민을 창출하기 위하여 사회의 최소단위인 가정 영역에까지 개입하여 부부간, 부자 세대 간의 관계를 새롭게 정의했다.

1950년에 제정된 〈혼인법〉은 이 과제를 달성하기 위한 것으로 '자유결혼'과 '일부일처제'를 핵심으로 했다. 신중국의 주요사업인 토지개혁과 혼인법 법령에는 공통적으로 여성이 관련되어 있는데 이는 사회의 최하층에서 겹겹의 억압을 받고 있는 집단이 여성이라고 보는 공산당의 인식이 반영된 결과로 건국 후 북한의 법령 제정도 중국과 유사한 양상을 보였다.

신중국은 인민을 '일부일처제' 안으로 포괄하기 위하여 성매매와 축첩을 금하고 1950년부터 1953년 무렵까지 포주와 남성고객을 처벌하고 창기를 치료, 재교육함으로써 세계사에서 유일하게 직업으로서 창기제를 폐지하는 데 성공했다.[20] 신중국의 이러한 일부일처제 확립은 서구의 일부일처제 정착과 비교할 때 전면적이고도 신속한 것이었다. 재산이 없어 결혼할 수 없었던 유럽의 가난한 남성이 '결혼을 할 수 있는 법적 권리'를 획득하게 된 것은 19세기였으며 독일 남성은 1868년에 이 권리를 획득했기 때문이다.[21]

중국공산당의 '일부일처제' 정책은 아내를 얻을 수 없었던 빈농과 하층남성에게 '마오쩌둥이 아내를 보내준' 감격할 만한 일이었다. 그러나 이와 동시에 자녀의 결혼을 부모가 결정하지 못하도록 한 〈혼인법〉으로 인해 세대 간의 권력관계는 변화했으며 가장의 권위는 대폭 축소되었다. 1950년 〈혼인법〉의 핵심적 조항을 보면 다음과 같다.

제1장

제1조 강제결혼, 남존여비, 자녀의 이익을 무시하는 봉건주의 혼인제도를 폐지하고, **남녀 혼인자유, 일부일처**, 남녀 권리의 평등, 부녀와 자녀의 합법적 권익을 보호하는 신민주주의 혼인제도를 실행한다.

제2조 이중결혼·첩을 금지하고 혼인문제를 빙자하여 **재물을 취하는 것을 금지**한다.

제2장

제3조 결혼은 반드시 남녀 쌍방 당사자의 전적인 자원自願에 의해야 하며 일방이나 상대방이 강제하거나 **제3자가 간섭하는 것을 불허**한다.[22] (강조_인용자)

〈혼인법〉 반포를 계기로 예식장 등의 결혼 '시장'이 소멸하고 '제3자' 인 부모의 개입이 금지됨으로써 결혼은 당사자들 간의 결합이 되었다. 이러한 금지는 미성년 자녀의 결혼에 부모의 후견권을 허락한 당시 남한의 법령과 차이를 보인다.

그러나 1950년의 혼인법이 중국 사회에 미친 충격은 결혼자유가 아니라 '이혼자유'에 있었다. 혼인법 조항에 다수의 반대에도 불구하고 덩잉차오는 "부부 중 한 쪽이 이혼을 원하면 이혼을 허락한다"는 문구를 삽입했는데 이 조항을 근거로 매매혼을 한 농촌여성 가운데 100만 쌍 이상이 이혼을 할 수 있었다. 그러나 이혼에 직면한 농민들은 '마누라 잃고 재산도 잃는다'며 강하게 반발했다.

그러나 '부부 한 쪽의 요구로 이혼할 수 있다'는 조항은 양가적이어서 도시에서 '힘 있는' 남성간부들이 조강지처를 유기하고 젊은 여성과 결혼을 하는 데 종종 악용되었다. 공산당은 남성간부의 본처 유기사안은 '반봉건 혁명과제'가 아니므로 〈혼인법〉과 구별하여 '간부 내부에서 처리'하도록 지시했는데[23] 이러한 처리 방식은 계급해방 이후에도 여전히 존재하는 젠더문제를 공산당이 인정하지 않았다는 것을 보여준다.

이처럼 젠더문제와 계급문제가 상충될 때 계급적 관점이 우선해야 한다는 원칙은 왜, 어디에서부터 연원한 것인가? 역사학자 두팡친杜芳琴은 1930～1940년대 소비에트의 토지개혁 분석을 통해 여성婦女해방조직이 '농민계급' 조직 '내부'에 설치되었다는 사실에서 그 원인을 찾는다.[24] 여성해방조직은 농민조직의 하부조직이었기 때문에 처음부터 계급문제에 복속되어야 하는 한계가 있었으며 계급판별의 기준 역시 '남성가장'이었다는 점을 문제로 지적한다. 즉, 지주에게 팔려가 아내가 된 빈농의 딸은 토지분배를 받지 못했으며 가정주부가 토지분배를 받을 자격이 있다는 것을 명확하게 규정하지 않았고 분배도 하지 않았다. 여성은 공민이 아니라 남편의 '부속물'이었으며 농민계급의 이익에 충돌하는 여성의 입장은 옹호될 수 없었던 것이다.

경제가 안정적 궤도에 오른 1956년에 여성의 살림 미덕을 강조한 "다섯 가지 훌륭한 가정五好家庭"이 당의 슬로건으로 정해진 뒤 여성의 이혼은 더 이상 제창되지 않았다. 이혼을 요구하는 여성은 가정을 생각하지 않는 '이기적인 행위자'로 비난받았으며 이혼율은 급감했다.

2) 신중국의 모범적 '여성상'

토지개혁은 2000여 년 간 지속된 봉건적 토지소유제를 해체하고 여러 세대가 함께 생활하던 전통대가족을 규모가 작은 '소가정'으로 바꾸어 놓았다. 그러나 이 소가정은 서구의 핵가족 개념과 혼용되어 사용되기도 하지만 특성상 구별된다. 서구의 핵가족이 부모자녀 2세대로 구성되어 남성은 생계부양자, 여성은 가사전담자, 그리고 자녀는 부모의 보호를 받는 대상으로 정의되고 가정은 '휴식'과 '소비'의 공간으로 인식된다. 이러한 서구식 핵가족이 정착되기 위해서는 부부의 애정적 관계가 중시되고 지역사회로부터 고립되어 자기자식을 돌보는 '모성애'가 강화되어야만 했다.

이와 달리 신중국의 '인민'이 된 여성은 노동에 참여해야 했으며 여성의 노동참여를 가로막는 행위는 가족이라 할지라도 범죄에 상응하는 처벌을 받았다. 여성에 대한 사회통합교육은 주로 야학을 통해 이루어졌는데 1951년에 잡지에 실린 한 간부의 여공지원 사례를 보면 당시의 분위기가 드러난다. 면화공장 여공인 펑훵잉彭鳳英이 남편과 시댁의 반대를 무릅쓰고 야학에 다니다 폭언과 폭행을 당하자 공장의 주임과 여공들은 그녀를 대신해 인민법원에 고발장을 냈고 다음과 같은 판결을 받아냈다.

첫째, 부녀의 자유를 방해하지 말라. 노동자는 국가의 주인이므로 모욕당해
서는 안 된다.
둘째, 시어머니는 며느리를 구박하지 말라. 그녀의 공장업무는 몹시 힘들다.
보호해주어야 한다.
셋째, 시동생은 형수를 때려서는 안 된다.[25]

판결문과 함께 엄중한 경고를 받은 남편은 즉각 생선과 계란, 고기를
한 상 차려서 주임 집으로 들고 가 피신해 있던 아내를 데리고 귀가했다.
여성노동은 독려되었으며 '조정'을 강조하는 혼인법 사건과 달리 '고소'
라는 강력한 수단을 통해 '남편이 국가의 주인을 모욕했다'고 질책했다.

신중국에서 소가정의 확산은 가장의 경제력 약화와 직접적 관련이 있
었다. 양식 배급제와 노동점수工分제에 근거하여 가족의 총수입이 정해
지고 구성원의 노동점수가 명확히 기록됨으로써 통제력이 약해진 가장
은 자녀의 '분가요구'에 영향력을 미치지 못하여 결혼한 자녀가 분가하
여 소가정을 이루는 경우가 많았다. 단, 공산당은 연말보너스와 총수입
을 남성 가장에게 지불되게 함으로써 상징적으로 남성가장의 지위를 인
정했다. 경제회복 후에 추진된 집체화는 대약진 시기에 농촌에서는 인
민공사로, 도시에서는 탁아와 교육, 의료(돌봄), 생산, 복지를 책임지고
종신고용을 보장하는 '단위(직장)' 제도로 정착되었으며 이러한 집체생
산 시스템하에서 개인들에게 '가정'이란 '사회주의 대가정'을 의미했다.

사회주의 대가정의 바람직한 여성상은 영화 〈리솽솽李雙雙〉(1962)에
형상화된 리솽솽이다. 인민공사 시기에 공사의 이익을 우선하며 '사심

없고' 근면하게 일하는 주부 리솽솽은 공사의 땔감을 빼돌린 여성을 공개적으로 비판하는가 하면 편법으로 쉽게 노동점수를 벌어들인 남편을 간부에게 고발한다. 이러한 고발행위는 공익보다 '사익'을 챙기는 '가족이기주의'에 대한 비판인데, 1958년에 마오쩌둥이 배포한 《대동서》에서 캉유웨이는 이상사회인 '태평세太平世'로 진입하는 데 걸림돌이 되는 것이 바로 '가족중심주의'라고 지적한다. 아버지가 재산을 축적하여 아들에게 물려주는 '가족중심주의'는 중국이 '난세據亂世'에 처하게 된 원인이며 그 협애한 이기주의로 인해 중국인은 '승평세昇平世'에 속하는 서구인들처럼 병원이나 학교와 같은 '공公'적 사업에 기부할 줄을 모른다. 그래서 그는 '족族을 기준으로 천 갈래 만 갈래로 나뉜 중국'이 태평세에 이르기 위해서는 부계의 '성姓'씨가 폐지되어야 하며 그럴 때 넓은 '인仁'의 세계에 도달할 수 있다고 주장한다.[26]

리솽솽은 캉유웨이가 주장한 도덕주의적인 '공' 의식을 구현한 형상이다. 대약진 시기(1958~1961년)는 인민공사를 중심으로 공동식당, 공동탁아, 공동노동 시스템을 통해 양육과 돌봄, 그리고 생산의 기능을 공동체가 담당했으며 이는 캉유웨이가 주장한 '국가=대가정'에 근접한 형태이다. 그러나 다수의 여성학자들은 식량난을 겪던 대약진 시기에 여성들의 중체력 노동을 문제로 지적한다. 그러면 이러한 비판에 대해서 어떻게 해석해야 하는 것일까?

1970년대 말에 서구의 많은 연구자들이 중국 사회에서 여성의 지위에 대해 연구하기 시작했다. 동양권의 학자들이 주로 〈혼인법〉에 대해 연구한 것과 달리 서구학자들은 사회주의 시대의 젠더규범에 주목하고 노동현장과 가족 내에 존재하는 성별 불평등과 여성의 '이중노동'을 비판했다.[27] 그러나 재미 학자인 왕쩡王政은 이들과 다른 관점에서 이중노동을 해석한다. 1956~1958년 무렵 여성간부들이 '이중노동'의 부담을 적극적으로 드러내지 않고 오히려 곡괭이를 메고 축대를 쌓은 여성노동자 사진을 《중국부녀中國婦女》의 표지에 싣고 '남자처럼 여자도 무슨 일이든 할 수 있다'고 한 행위는 종종 '비판대상'이자 여성해방의 한계로 지적되어왔지만 왕쩡은 다음과 같이 '전략'이라는 차원에서 그것을 긍정적으로 해석한다.

그는 남성간부들이 공식적으로는 여성의 공적 영역진입을 허용하면서도 조직상으로는institutionally 그것을 막았다고 비판하며 1956년 《중국부녀》에 실린 "여자 세 명이 남자 한 명만 못하다"는 카툰을 그 예라고 지적한다. 카툰은 남성간부가 세 명의 여성을 가사와 병가病暇, 임신을 이유로 해고한 뒤 그 자리를 전부 남성으로 채우고 "이제야 우리가 우리 업무를 확실하게 보장할 수 있게 되었군"이라고 말하는 내용이다.[28] 그런데 1958년에 대약진운동이 시작되자 여성간부들은 '대약진운동이 여성해방의 분수령'이 되어 "도시여성이 국가와 집체기업에 상당한 규모로 고용되었으며 전중국부련의 압박에 의해 젠더장벽이 많은 영역에 걸쳐 제거되었다"[29]고 발언하면서 이중노동을 전혀 '문제'로 다루지 않았다.

왕쩡은 1956년 무렵에 고조된 여성 해고를 당시에 '성 차별주의'와 '가부장제'라는 용어로 비판했어야 한다고 말한다. 그러나 동시에 건국 이후의 중국사회는 이미 계급모순이 사라진 사회였기 때문에 여성들은 오직 '봉건주의'라는 뭉뚱그려진 개념만을 '비판' 용어로 사용할 수 있었다는 점을 상기시킨다. 그런 관점에서 왕쩡은 당시의 여성간부들이 여성들이 해고되는 상황을 '봉건주의'적인 '내외관념'이라고 비판하면서 '여성도 남성과 똑같이 일할 수 있다'는 것을 강조함으로써 젠더장벽을 제거하려고 노력했다고 긍정적으로 평가한다.

당시의 '무쇠처녀鐵姑娘'는 '부드럽고 약한' 전통적인 여성의 이미지를 해체하고 개혁개방이 시행되기 전까지 '능력 있는' 여성이자 인기 있는 결혼상대자로 환영을 받았다. 1966년 이후 문화대혁명 시기에도 공산당은 여성들이 정치에 무관심하고 '가족의 행복, 남편의 임금수준'[30]만 걱정하는 태도를 공개적으로 비판하였을 뿐 노동영웅인 무쇠처녀를 비판하지 않았었다.

한편, 북한 사회주의의 여성상은 '무쇠처녀'라는 중국의 여성상과 비교할 때 차이를 보인다. 북한은 20여 년 이상 토지개혁을 통해 건국한 신중국과 달리, 일제가 철수한 땅을 20일 만에 소련군과 함께 진격함으로써 쉽게 토지개혁을 완수하고 1958년에 농업협동화를 완수했다. 이 무렵 경제개발 5개년 계획(1957~1961년)이 추진되면서 친중, 친소파가 숙청되고 상대적으로 혁명경험과 지적 자원이 박약한 농민과 군대로 구성된 김일성 세력이 주도권을 쥐게 되었다. 중소 갈등 이후 북한사회는 북조선식 사회주의를 모색하며 '조선적인 것'을 강조했고 1956년에 '협의이혼제가 폐지'되어 여성의 이혼권리가 사라졌다. 그리고 1961년에 김일성이 전국어머니대회를 개최하여 '어머니학교'를 전국 각지에 설치하면서 여성은 '전통적인 아동 양육의 담당자로' 환원되기 시작했다.[31]

전통적 여성관이란 '악독한 시어머니에 대해서도 인내하고 방탕한 남편도 계속 인내로 교화시켜야 하며 사회적 노동참여를 이유로 가사나 아동양육에 소홀한 것은 혁명정신의 부족'이라고 보는 관점이다. 실제로는 이중노동 수행을 요구하면서도 어머니대회를 통해 여성을 '가정'의 담당자로 규정하게 된 원인은 북한이 1961년 무렵 정권자가 확정되고 그에 대한 지속적 충성심이 필요하게 된 데 있었다. 부자세습이라는 '부계혈통주의'적 사고를 유지하기 위해서 여성들은 경제적 능력이 향상되었음에도 불구하고 가정을 지키는 '안해', '며느리', '어머니'가 되어야 했고 이상적 여성상은 강반석(김일성의 어머니)과 김정숙(김일성의 아내)이었다. 강반석은 혁명가의 어머니이자 가난한 12식구의 주부였으며 시누이에게도 말대꾸를 하지 않는 순종적인 며느리라는 점이 강조되었다. 그리고 친위전사인 김정숙은 본래 명사수로 항일혁명동지였으나 이런 요소는 강조되지 않고 '자신의 머리칼을 잘라 김일성의 신발깔개를 만들고' 어린 김정일에게 아버지에 대한 충성의 씨앗을 심어준 어머니라는 점이 부각되었다.[32] 주체사상 수립과 함께 여성은 부계혈통을 보조하는 '아내'와 '어머니'로 회귀했으며 1990년대 이후에는 장마당을 통해 '가정을 돌보는 꽃과 같은 여성'이 강조되었다. 주체가 아닌 이러한 '보조적'인 여성상은 건국초기의 영화 〈피바다〉의 어머니가 보여준 강인하고 혁명적인 여상상과 달랐으며 중국의 '무쇠처녀'와도 현격한 거리가 있었다.

5. 개혁개방 시기: 인구정책과 이동, 젠더질서의 재구성

개혁개방 40년은 5·4 시기에 모델로 제시되었던 '소가정'이 현실화하고 '남성 가장이 귀환'한 시대로 요약될 수 있다. 공산당은 집체생산제를 해체하고 가정을 사회의 기본단위로 인정하면서 부부 한 쌍에게 평생 '한 자녀'만 낳을 것을 원칙으로 하는 '계획생육計畵生育'을 국책사업으로 공포했다. 도시의 직장인과 달리 아무런 보장 없이 가족노동력을 기반으로 생존하고 자녀에게 노후를 의탁해야 했던 농민들에게 계획생육은 '불안한 것'이었다. 손익을 농가가정이 책임지는 '가정연산승포책임제'가 실시되면서 농촌의 '가장'은 되살아났고 농민이 도시로 계절제 노동을 하러 가면서 1958년부터 제도화된[33] '장소에 속박된 삶'은 느슨해졌다. 1992년에 도시의 식량배급제가 화폐제로 바뀌어 시장이 확대되면서 도시로의 이동은 더욱 자유로워졌다.

농민호적자의 이러한 '유동성'은 '사람과 거주지가 분리人戶分離'되는 결과를 초래하여 농민호적자가 계획생육을 위반하는 '초과출산'의 주범이라는 오명을 쓰게 했다. 또한 이들은 도시건설의 주력군이었음에도 불구하고 도시의 공공재(교육, 의료, 주거)에 '무임승차'하는 경계와 멸시의 대상인 '타지인外地人'으로 고착화되었다. 이처럼 호구제의 지속과 시장화는 농민호적자들에게 근대적 가정의 기본 요건인 '동거'가 불가능한 '쪼개진 가족의 삶'을 살도록 했다.

시장화개혁은 사람의 이동과 함께 자본의 이동(국내유입)을 초래했으며 이러한 이동의 요소들은 시장화 시대 젠더질서의 변화에 결정적인 영향을 끼쳤다. 1980년에 반포된 수정 〈중화인민공화국혼인법中華人民共和國婚姻法〉(1980)은 '경제적 효율'을 위하여 '먹는 입을 줄여' 자본을 생산에 투여한다는 목적하에 '계획생육'을 최우선 국책사업으로 공포했다. 집체생산시스템 해체로 인한 복지공백은 가정이 담당하도록 했으며 가족 간의 의무와 권리를 재규정하는 과정에서 부-자 상속제가 부활했다. 즉, 수정 〈혼인법〉은 "제1장 총칙 제2조 계획생육을 실행한다"고 명시하고 법정 혼인연령을 남녀 22, 20세로 상향하고(기존 20, 18세) 자녀의 부모부양만이 아니라 손자녀의 친·외조부 부양까지 의무화(제3장 제22조)함으로써 돌봄노동의 가정화를 대폭 강화했다. 그리고 1956년 이후로 이혼이 어려웠던 점을 개선하기 위하여 '감정적 파열'을 이혼의 사유로 인정했다.

노동권 측면에서 여성에 대한 차별은 전면적이었다. 1978년에 퇴직연령이 남성 만 60세, 여성노동자 만 50세(여성간부 만 55세)로 정해지고[34] 1988년에 〈여성노동자 노동보호규정女職工勞動保護規定〉을 통해 출산 휴가를 90일(기존 56일)로 연장하고 1명의 아이가 태어날 때마다 15일의 출산휴가를 주며 1세 미만의 영아에게 매일 2회, 30분씩 수유한다고 공포하자 기업들은 당당하게 여성들을 집으로 돌려보냈다. 국가가 여성을 '모성'으로 규정했기 때문에 '경제적 효율성이 떨어지는' 여성을 고용할 이유가 없었기 때문이다. 1988년 《중국부녀》 1기에는 〈나는 어디로 가야하는가?我的出路在哪裡?〉라는 실직여성의 분노가 실렸지만 아무도 책임 있는 답변을 하지 않았으며 당시 실직자의 90%는 '아이가 있는 여성'이었다. 개혁으로 인해 여성노동에 필수적인 탁아(0~3세)소는 '보육'사업으로 분류되어 폐지되고 '교육'에 속하는 유치원은 존속되었다.

1980년에 선포된 '한 자녀정책'은 입법단계에 이미 고령화와 성비불균형 문제가 발생할 것을 예견하고 만들어진 법안이었다.[35] 유관 문서는 '1980년에 10억인 인구를 2000년까지 12억 이내로 억제'한다고 밝히고 30~40년 후에 발생하게 될 성비불균형과 고령화는 '정책'에 의해 해결할 수 있다고 했다.[36]

남아선호가 뿌리 깊은 중국에서 '한 자녀정책'은 여아살해와 유기, 낙태를 초래하여 2021년에는 혼인연령대의 남성이 여성보다 3000만 명이 많아지는 극심한 성비불균형 현상을 초래했다. 성비문제가 가시화되자 중화전국부녀연합회中華全國婦女聯合會(이하 '부련')는 '성뉘剩女(노처녀, '남아도는 여자'라는 뜻)'라는 용어가 교육부의 공식 용어로 채택된 2007년 그해에 〈정말 우리의 동정을 받을 만한 가치가 있는 '노처녀'들은 얼마나 될까?〉라는 글을 발표했다.

얼굴이 예쁜 여자들은 공부를 많이 하지 않아도 항상 부잣집으로 시집을 갈수 있지만 외모가 별로인 여자들은 몹시 어렵다. 그래서 이런 여자들이 학력을 높여 자기경쟁력을 강화시키려고 하는데 애통하게도 이 여자들은 나이를 먹을수록 가치가 떨어져 석사를 받고 박사졸업상을 딸 때가 되면 뜻밖에도 나이가 들어 얼굴이 누렇게 되어버린다.[37]

'여박사'로 대표되는 미혼집단은 이기적이며 성적 매력이 없는 집단이라 비난받았으며 그 후 부련은 결혼정보업체'世紀佳緣'와 결연을 맺어 TV 맞선相親프로그램을 방영했다. 부모들은 이런 분위기 속에서 자녀의 결혼에 해결사로 직접 나서 전국적인 광장형 '맞선 모임相親會'이 확산되었다.

시장화 이후 중산층 가정에 대한 판타지가 확산되면서 그 딜레마를 다룬 드라마 〈중국식 이혼中國式離婚〉(2004)[38]이 방영되었는데, 이 드라마는 시장화와 부부의 젠더 재구성과정이 드러나 있다. 초등학교 교사인 아내 샤오펑은 국립병원 의사인 남편보다 월급이 많았지만 늘 개혁의 속도를 따라가지 못해 뒤처지는 삶에 불만이다. 남편을 압박하여 고액연봉의 중외합작병원으로 이직하게 한 뒤 남편은 부원장으로 급속 승진하지만 자신은 가사와 양육을 전담하게 되어 사직 후 전업주부가 된다. 그러나 자신이 꿈꾸었던 '남편이 출세하면 아내가 귀해지夫貴妻榮'는 날은 오지 않았으며 남편의 무관심과 주위 여성들과 은근한 '썸'을 즐기는 남편으로 인해 부부는 '의처증 문제'로 다투다 파국을 맞는다. 시장화는 남성들에게 더 많은 기회를 제공했지만 남편을 통한 성공을 꿈꾸며 '내조'를 택한 여성은 드라마에서와 같이 위기감과 딜레마를 느껴야 했으며 이는 시장화 이후 남성의 가부장성이 경제사회적인 우세를 기반으로

'친밀성-감정'의 영역에서 재구축한 권력의 비대칭성을 보여준다.

한편, 농촌 출신의 여성들은 글로벌화한 다국적기업에 다수 편입되었는데 폭스콘Foxconn 자살노동자 사건을 다룬 다큐 〈비상飛昇〉[39]에는 '이동'을 통해 삶을 개척하고자 한 여성들의 이야기가 담겨있다. 2013년 이후 연속 30여 명이 자살한 폭스콘 사태의 원인을 추적한 〈비상〉은 애플폰을 생산하는 글로벌 기업 폭스콘이 어린 여공에게 '모멸감'을 주어 저항의지를 꺾고 기계처럼 무한착취를 하여 고립 속에 자살에 이르게 만드는 과정을 보여준다. 그러나 정작 놀라운 점은 연속적인 집단 자살사건에도 폭스콘은 하등의 법적 제제나 저항을 받지 않고 지방정부의 러브콜을 받으며 내지로 장소를 옮겨가며 중국 전역에 100만 노동자를 거느린 폭스콘 '왕국'을 운영하고 있는 현실이다.

도시노동자의 구술집인 《우리들은 정당하다》[40]에서 청소노동자들은 개혁과정에 대한 의구심과 불안을 자기들의 언어로 묻는다. 임금이 체불된 1962년생 여성노동자는 "단위가 국가소유인데 우리를 이리 저리 갈아치우는 사장은 어떻게 해서 경영지배권을 54%나 가질 수 있는가"[41]라고 개혁과정의 부조리를 날카롭게 짚어낸다. 그리고 광저우의 청소노동자들은 국가가 의무로 정한 사회보험가입을 위장폐업과 사장 교체로 회피하는 회사와 싸우며 삶의 최저한도의 안전감 확보를 위해 노력한다. 그리고 이들 가운데 몇몇 노동자는 유년시절에 계획생육으로 인해 출생신고를 하지 않은 채 부모에 의해 '버림받았던' 기억을 이야기하며 그것이 낮은 자존감으로 이어졌다고 고백한다. '한 자녀정책'은 여성의 '가치'를 떨어뜨렸으며 신고를 하지 않아 무호적자가 한때 1200만 명에 이르렀으며 '헤이후黑戶, black child'라 불리는 이 집단은 교육과 노동에서 부당한 처우를 받으며 하층민화했다. 농촌 출신이라는 장소성, 글로벌 자본의 노동력 착취, 그리고 부모에게까지 '버림받'게 만든 한 자녀정책은 결코 성 맹적性盲的이지 않아 도시의 '외지인 여성노동자'에게 중첩되고 있었다.

6. 나가며

20세기의 중국공산당은 국내외의 위기를 돌파하기 위하여 농민혁명의 특징인 '경자유전' 원칙을 성평등하게 실현한 태평천국운동의 전통과 서구 근대의 보편적 시민권에 기반한 남녀평등관을 수용한 캉유웨이의 여성해방 사상을 중국 마르크스주의 여성해방의 내용으로 흡수했다.

   '경제적 평등'과 중산층을 대상으로 한 '교육계몽'으로 요약되는 태평 천국운동과《대동서》의 사상은 5·4 시기에 대가족제도를 비판하는 신지 식인들의 '개성' 해방 요구의 전면화로 잠시 외면 받는 듯했으나 1927년 '족권(대가족제)', '신권(전통사회의 미신, 문화적 제약)' 타파를 '정권(계급혁 명)' 혁명을 통해 달성해야 한다는 마오쩌둥의 혁명론이 공포됨으로써 중 국혁명의 '농민적 특성'이 뚜렷하게 드러났고 여성해방은 5·4 개인해방 이 아닌 농민계급 혁명의 일부로 추진되기 시작했다. 1930년대에 공산 당 소비에트에서 추진된 토지개혁은 여성에게 토지를 분배함으로써 자 립의 기초를 도왔으나 1928~1937년까지 난징정부에 의해 추진된 근대 적 '여성국민' 만들기는 여성이 남성처럼 직업을 통해 사회에 '직접' 기 여하는 것이 아니라 가정에서 양육을 통해 사회에 '간접'적으로 기여하 는 '신현모양처론'이었다. 그러나 근대적 교육과 출산과 양육에 대한 의 료지식의 보급은 소비에트와 달리 중산층 직업여성의 형성과 삶에 기반 이 되었다.

1949년 신중국의 건국은 도시보다 농촌여성에게 커다란 변화를 초래했다. 마오쩌둥이 제시한 4대 혁명과제가 1953년 혼인자유캠페인 시기에 일시적으로 '혁명적'인 전개양상을 보였으며 이 무렵이 100년 여성해방 경험 가운데 계급갈등과 젠더갈등이 온전하게 추진된 유일한 시기였다고 판단된다. 사회주의 시기에 여성은 '생산노동자'로서의 정체성을 확립했으나 1980년 개혁개방 이후에 여성은 '한 자녀정책'에 의하여 통제되는 '재생산 담당자'이자 돌봄노동을 담당하는 '모성'으로 정의되었다. 그 결과 '이동'이 자유로워진 1990년 이후 여성은 대거 해고와 함께 도시와 농촌을 오가며 중산층 진입과 하층노동자로 재편되는 계급분화와 함께 젠더 롤의 재구성을 겪고 있다.

사회주의 시기에 확립된 장소이동에 대한 통제는 개혁개방 이후 완화되어 이동의 자유를 허용하기는 했으나 정주권을 제약함으로써 결과적으로 근대 국민국가의 기초인 '가족' 구성에 있어서 농민호적자의 가족 구성권을 박탈하는 '실패'를 야기했다.

2015년에 '한 자녀정책'이 폐기된 이후 2021년 현재 중국 사회는 '저출산 고령화 문제해결을 위해' 노년인구의 정년연장방식을 논의하고 있다. 또한 도시여성의 둘째출산으로 M자형 여성취업 양상이 가시화되자 0~3세 탁아사업이 다시 논의되기 시작했다. 이러한 정책 '조정'은 포스트마오쩌둥 시기의 중국정부가 '인구'를 정책의 주요대상으로 상정함으로써 서구적 '근대'가족을 기준으로 발전전략을 구축한 데서 비롯된 결과이다. 그러나 서구 근대가족의 형성과 중국의 소가족 형성은 구별되어야 한다. 왜냐하면 개혁개방 시기 중국은 집체생산을 대체할 최소단위로 가정을 채택하고 그 기능과 형태를 제시함으로써 '산업화를 추진하기 위한 조건'으로 소가정을 제창했던 반면, 서구 근대의 소가정은 '산업화의 결과물'이자 강한 남성 가장이 주체가 된 가족형태였기 때문이다. 이 '중국식 소가정'은 오늘날 1980년대 집체생산제 해체 시기에 폐기되었던 일-가정 양립정책을 소환하며 '조정'을 하고 있다.

한 자녀정책은 단지 인구수를 줄이는 데 그치지 않고 여성의 가치를 떨어뜨려 심각한 성비불균형을 초래했으며, 그 결과 1980년대와 1990년대에 태어난 여성들은 미혼여성에게 억압적인 '결혼적령기'라는 '젠더-나이 시스템gender-age system'에 의해 압박을 받고 있다. 다수의 부모세대는 물론 정부와 미디어는 여성들에게 '일'보다 '가정'을 우선시할 것을 요구하고 있다.

그러나 2018년의 중국 '미투' 고발사태와 '집안문제를 남에게 알리지 않는다'는 인식이 강한 중국 사회에 〈가정폭력방지법〉이 법제화된 것(2015)은 의미 있는 발전이라고 볼 수 있다. 중국 사회가 '계급'과 '혁명'으로 포괄될 수 없는 젠더이슈를 사회적 의제로 수용했기 때문이다.

그럼에도 불구하고 2015년 베이징에서 성적 괴롭힘을 고발한 다섯 명의 시위 여성이 구속되어 전 세계 여성들의 석방서명을 야기한 사건은 시진핑 시대 정부의 젠더 이슈에 대한 태도를 여실히 보여준 사건이다. 시진핑 집권 이후 현재까지 중국정부는 '서구=페미니즘'이란 프레임으로 여성계와 젠더 이슈를 억압하고 있다. 그러나 정부가 여성을 동원하거나 억압할 수 있었던 '권위'는 과거와 달리 다소 약화된 것으로 보이기도 한다. 2019년 12월에 발생한 우한발 코로나19의 확산과정은 중국 사회의 젠더의식 변화를 시사하는 두 가지 장면을 우리에게 보여주었기 때문이다. 그 하나는 우한을 지원하기 위하여 여간호사의 '삭발'과 같은 애국적 여성동원 전략이 대중의 외면을 받은 일이다. 이것은 여성의 희생을 애국으로 미화하는 것이 더이상 대중들의 정서에 부합하지 않는다는 것을 보여준 것이며 다른 하나는 공적인 장소에서 여성의 '생리' 언급이 금기시되던 관행이 코로나19로 인해 깨진 것이다. 우한의 의료인 가운데 90%를 차지하는 여성인력의 물품에 생리대가 누락된 것을 발견한 한 네티즌이 '생리대 보내기' 캠페인을 벌여 부련까지 합류하여 전국적인 보급운동으로 확산이 된 후 여성의 '생리'는 중국 사회에서 공적인 장소에서 말할 수 있는 것이 되었다.[42] 위로부터의 제도개혁을 통해 경제적 성공을 이룬 중국 사회에서 '집체'가 아닌 '개인'의 목소리는 미약하며 강력한 통제의 대상이 되고 있다. 일상 속의 '문화'는 제도개혁을 견인하는 힘이다. 그런 점에서 위 두 사례는 대중들의 젠더에 대한 인식, 즉 성역할이 아니라 성을 매개로 한 차별에 대한 자각이 한 걸음 나아간 것이 아닌가라는 생각을 하게 한다.

1 뤼 투, 《우리들은 정당하다》, 고재원·고윤실 옮김, 나름북스, 2020, 65쪽.

2 여성, 1929년생으로 1946년에 공산당에 입당하여 1998년부터 2003년까지 전국부
   련주석 역임. 여성권익을 위해 활동한 대표적인 교육계 인사.

3 2019년 중국에서 〈文明的和諧與共同繁榮: 變化世界與人的未來〉라는 주제로 열린
   베이징 포럼北京論壇(11월 1~4일) 중 젠더 섹션에서 펑페이윈이 한 발언. 필자는 발
   표 차 참석하여 현장에 있었다.

4 이현정, 《펑롱현 사람들》, 책과함께, 2020, 203쪽.

5 전리군, 《모택동 시대와 포스트 모택동 시대(1949~2009)》, 연광석 옮김, 한울, 2012,
   342쪽.

6 강유위, 《대동서》, 이성애 옮김, 민음사, 1994.

7 周穗成, 〈太平天國婦女解放運動〉, 《現代婦女》, 1951, p. 31.

8 윤미량, 《북한의 여성정책》, 한울, 1991, 70쪽.

9 紫瑚, 〈中國目前之離婚難及其救濟策〉, 《婦女雜志》第4期, 1922, p. 11.

10 建人, 〈性道德之科學的標準〉, 《婦女雜志 新性道德號》第2期, 1925.

11 喬峯, 〈廢娼的根本問題〉, 《婦女雜志》9卷 3期, 1923.

12 루쉰의 단편 가운데 각각 〈샹린댁祥林嫂〉, 〈애도傷逝〉의 내용이 그러하다.

13 《解放日報》, 1942. 3. 9.

14 작품은 《중국문화》 제2권 제1기(1941년 6월)에 실렸다.

15 1928年 5月 第1次 南京政府全國敎育會義가 의결한 〈中等女子敎育應有特殊實施案〉.

16 池賢娥, 〈南京國民政府(1928~1937)의 國民統合과 女性: 新賢母良妻敎育을 중심
   으로〉, 이화여자대학교 대학원 박사논문, 2002.

17 이병인, 〈南京國民政府의 '民衆團體' 再編과 上海社會, 1927~1937〉, 고려대학교 대
   학원 박사논문, 1999, 池賢娥, 위의 글, 3쪽에서 재인용.

18 池賢娥, 위의 글, 140쪽.

19 대도시의 기독교 계통의 학교와 의과대학 목록은 秦廷模, 〈舊上海的醫院掃描〉, 《人與
   醫學》, 2005. 9. 15를 참조할 것.

20 장수지, 〈계급해방 속의 창기해방: 1950년대 상해시 禁娼사업〉,《중국근현대사연구》
48집, 2010.

21 마리아 미즈,《가부장제와 자본주의》, 최재인 옮김, 갈무리, 2017, 236쪽.

22 上海 民主婦女聯合會 編, 〈中華人民共和國婚姻法〉,《現代婦女》7期, 1950.

23 김미란, 〈중국 1953년 혼인자유 캠페인의 안과 밖: 관철방식과 냉전하 문화적 재
구성〉,《한국여성학》제22권 3호, 2006, 121쪽.

24 杜芳琴, 〈婦女, 土地, 婚姻關係的歷史考察與性別分析: 以蘇區和解放區男女平等的立
法實踐爲中心〉,《中國礦業大學學報》(社會科學版) 2, 2018.

25 女工幹部學習班通訊組, 〈解決女工切身問題推動與工作的幾個實例〉,《現代婦女》5期,
1951.

26 강유위, 앞의 책, 414쪽.

27 Judith Stacey, *Patriarchy and Socialist Revolution in China*, Berkeley:
University of California Press, 1983.

28 Wang Zheng, *Finding Women in the State-a socialist feminist revolution in
the people's republic of china, 1949~1964*, Berkeley: University of california
press, 2017, p. 101.

29 위의 책, p. 102

30 위의 책, p. 115

31 윤미량, 앞의 책, 94쪽.

32 위의 책, 95쪽.

33 〈중화인민공화국호구등기조례中華人民共和國戶口登記條例〉

34 〈노약하고 병과 장애가 있는 간부안치에 관한 국무원의 임시 규정國務院關於安置老弱
病殘幹部的暫行辦法〉, 〈노동자 휴직, 퇴직에 관한 임시 규정國務院關於工人退休, 退職的暫
行辦法〉(1978년 5월 24일, 문건번호 國發〔1978〕104號). 이 퇴직연령규정은 2021년
현재까지 유효하다.

35 김미란, 〈2000년대 중국의 계획생육: '도시권'에 대한 배제, '유동하는 인구流動人口'
의 재생산〉,《중국근현대사연구》68집, 2015.

36 〈중공중앙이 우리나라 인구증가를 통제하는 문제에 관하여 전체 공산당원과 공청단
원에게 보내는 공개서신中共中央關於控制我國人口增長問題致全體共產黨員, 共青團員的公
開信#〉, 1980. 09. 25.

37 〔美〕洪理達,《剩女時代(Leftover Women)》, 李雪順 譯, 厦門: 露江出版社, 2016,
p. 7.

38 작가 왕하이링王海鴒의 동명소설을 선옌沈嚴 감독이 드라마로 제작한 작품으로 톈진 (天津) 위성TV에서 23부작으로 방영되었다.

39 〈紀錄片《飛升》: 富士康連環跳倖存者田玉的故事〉, https://www.jianjiaobuluo. com/content/2034. 2015. 5. 21.

40 뤼 투, 앞의 책.

41 위의 책, 83-84쪽.

42 성공회대학교 동아시아연구소 HK+2021 해외석학 초청 웨비나 시리즈(II자료집), 《포스트지구화 세계질서와 아시아의 팬데믹 정동: '젠더와 소수자의 시각으로 본 중국 코로나'》, 리잉타오李英桃(베이징 외대) 교수와 김미란의 대담 부분 참조.

'신시대' 중국의
역사 다시 쓰기

백승욱

1. 역사를 다시 쓴다는 의미

2019년은 중국 5·4운동 100주년이고 2021년은 중국공산당 창당 100주년이다. 지금까지 역사 서술 속에서 5·4운동은 중국공산당의 창당 및 활동과 뗄 수 없는 전사前史의 한 묶음으로 서술되었다. 그러나 앞으로도 그럴 수 있을지는 지켜볼 필요가 있다. 시진핑 체제와 더불어 부각되는 '신시대'라는 사고가 기존의 현대사 서사에 변화를 가져올 수 있기 때문이다. 역사서술의 방향 전환이 정책 노선의 변화를 직접 이끌거나 또는 그 변화를 직접 반영하는 것은 아니겠지만 중요한 역사적 전환의 담론 지형의 조짐을 미리 포착해 보여주는 영역으로서 검토의 가치가 있다.

21세기 들어 동아시아 각국마다 역사 다시 쓰기 작업이 두드러지며 특히 일본과 한국에서 보수적 수정주의를 중심으로 많은 논란이 일어난 바 있다. 일본을 예로 들자면 '자학사관'을 비판한다는 이름으로 대동아전쟁 시기의 팽창적 제국주의를 재평가하고자 한다.¹ 한국에서는 '식민지 근대화론'이라는 이름으로, 일제 강점기부터 박정희 시기까지 역사를 다양한 '역사 사실'을 들어 재평가하고, 이식된 자본주의로부터 근대의 싹이 어떻게 지금까지 이어지는지를 근대주의적 관점에서 설명하고자 한다.[2] '국가주의'와 '성장주의'를 결합하여 국가 간 경쟁 구도 속에서 근대국가 형성을 설명하려는 시도가 여기에 담겨 있다는 점에서, 이를 단순히 일회적 사건으로 보기는 힘들고 앞으로도 지속되는 파장이 있을 것으로 보인다.

이에 비해 중국의 상황은 다르고 보수적 역사 수정주의라고 할 흐름이 눈에 띄게 형성되고 있는 것은 아니다. 그럼에도 이미 변경사의 재서술에서 부분적으로 확인된 바 있듯이, 중국에서도 국가주의와 성장주의를 결합한 현대사 다시 쓰기 작업은 여러 방식으로 진행되고 있다고 할 수 있다. 이런 새로운 역사 쓰기의 방향 중 하나는 1949년 이전과 이후를 나누는 단절의 역사서술 대신 그 단절 이전 시기를 현재로 이어붙여서 연결시키려는 시도일 것이며, 이렇게 연장되어 서술된 '장기적 역사' 관점에는 20세기 초반뿐 아니라 훨씬 더 긴 시기까지 담길 수 있다.

'시진핑 신시대 중국특색 사회주의 사상'이라는 키워드의 초점이 무엇인지에 대해서는 다양한 논의가 있지만,[3] 이 긴 규정을 '신시대'로 줄여서 부른 다음 역사 다시 쓰기와 관련해 그 의미를 검토해보기로 하자. 여기서 '신시대'를 지난 100년을 비교적 동질적인 하나의 시기로 묶은 다음 이제 그와 반대로 새로운 단절이 시작된다는 의미로 해석한다면, 역사에 대한 새로운 조명은 불가피해진다. 지난 세기의 중국 역사를 재조명하고 앞으로 시작될 '신시대'의 함의를 채우려 할 때 역사 다시 쓰기의 중요한 쟁점 중 하나로 부각되는 것은 1930년대 난징정부의 위상에 대한 재평가이다. 중국공산당과 더불어 시작하는 1921년의 출발점을 부정하는 것은 아닐지라도, 1930년대 난징정부의 재평가를 통해 단절과 혁명의 역사를 상대화하고 부국강병의 한 세기로서의 연속성의 역사를 다시 부각시키려는 시도는 이미 등장하고 있다.[4] 여기서 무엇보다 역사를 경제성장과 국가성장의 연속사로 서술하고자 하는 의도가 관찰된다. 역사 다시 쓰기는 '혁명 후 사회'의 특징이기도 한데, 딜릭Arif Dirlik은 이런 전환의 방향을 '혁명에서 기억으로'라고 정리한 바 있다.[5]

역사가 늘 새롭게 쓰일 수 있고 또 쓰여야 하는 것이기 때문에 역사 다시 쓰기가 등장하는 것을 이상하게 생각할 필요도 없고 이를 과도하게 보수적인 역사 수정주의와 연결시킬 필요도 없을 것이다. 그렇지만 역사 수정주의의 시도를 포함해 역사 다시 쓰기가 두드러지는 이유를 지난 한 세기의 '질서'가 위기에 처하면서 나타나는 징후에서 찾는다면, 계속해서 동아시아에서 '근대'나 '근대국가 형성의 길'에 대한 질문이 논쟁적으로 제기될 것임을 알 수 있고, 우리는 이 징후적 변화 속에서 서로 달라 보이는 역사 다시 쓰기 사이에 공명하는 특징과 기존 역사 서술의 맹점들을 확인해볼 수 있을 것이다. 그리고 앞으로도 다양하게 제기될 이 역사 다시 쓰기에 어떻게 적극적으로 대면할지 고민해볼 필요가 있을 것이다.

동아시아에서 역사 다시 쓰기가 반복되는 이유는, 동아시아가 다른 어떤 지역보다 역사적 시간대의 중첩성이 두드러져서, 유럽중심적 '기준'을 적용했을 때 그 기준으로 설명하기 어려운 '사실'의 괴리가 많이 나타나기 때문일 것이다. 이질적이면서도 밀접하게 연관된 시간대의 중첩을 어떻게 해석하고, 상이한 시간대들이 현재에도 어떻게 지속되는가를 놓고 세계체계 속에서의 중국의 위상을 보는 상이한 관점들이 출현하게 된다. 세계시장 사회의 출현,[6] 장기 제국적 질서의 지속성,[7] 소농적 근대성,[8] 지속되는 기체基體로서의 공적 세계,[9] 토대의 유사성과 상부

구조의 이질성 때문에 분기하는 유럽과 동아시아,[10] 차별서열질서와 중첩되는 근대적 국가의 형성,[11] 급속한 자본축적을 위한 '100년의 급진',[12] 천하체계의 지속과 재편,[13] '초체계적 사회'의 형성,[14] 문명형 국가 중국,[15] 동아시아 냉전 질서 형성의 독특성[16] 등 중국의 예외성을 설명하기 위해 과거로부터 이어지는 현재의 지속성을 강조하면서도 20세기 역사적 경험을 어떻게 볼 것인가에 대해 서로 다른 해석에 따라 입장들은 교차하면서도 분기하고 있다.

개혁개방기 들어서 혁명 서술이 흔들리는 시대가 되면 혁명론의 근거가 된 역사 해석 또한 도전을 받게 된다.[17] 중국의 역사 재해석은 지금도 변화 중인데, 한편에서는 부국강병의 연속성이 강조되는 동시에, 다른 한편에서는 '중국특색'의 긴 뿌리가 강조된다. 한편에서 중국의 예외성이 강조되는 특수주의가 두드러지는 것처럼 보이지만 다른 한편에서는 그 예외주의가 '서구적' 보편주의의 틀을 재전유하는 우회로로서 작동하게 됨이 확인된다. 여기서 보편주의의 틀을 벗어나는 특수주의란 없음이 다시 확인된다.[18] 보편성과 특수성은 서로 다를 것 같지만 서로 맞물려 중국 내 역사학의 핵심적 쟁점을 이루고 역사 다시 쓰기의 소재가 되고 있다.

중국공산당 100년을 바라보는 다양한 시각의 검토를 마무리하면서 이 에필로그에서는 최근 20여 년간 중국혁명사의 기원으로 인정되었던 중국경제사를 재해석하고자 하는 시도가 어떻게 등장해왔는지를 살펴보고자 하며, 이를 통해 현재를 '신시대'로 규정하려는 중국공산당의 입장이 갑자기 분출한 것은 아니며 역사 다시 쓰기를 배경으로 진행되어왔다는 점을 이해해보고자 한다.

2. 중국현대사 서술의 쟁점: 관료자본론에 대한 새로운 해석을 중심으로

1) 서양적 보편에 대한 의문: 자본주의 맹아론을 넘어서

'신시대'라는 공식 언어가 등장하기 전후에 중국 내외에서 전개된 많은 '중국 예외성'의 논의는 현재 중국의 발전노선이 보이는 '예외성'을 강조했고[19] 그 연원은 쉽게 역사적 영역으로 확장된다.[20] 이 때문에 중국 역사 다시 쓰기는 과거의 예외성에서 출발해 현재의 예외성으로 다리를 놓는 작업으로 이해될 수 있으며, 유사한 특징을 이어붙임으로써 장기적 시야 확보에 쉽게 성공할 수 있을 것처럼 보인다.

그러나 여기에 만만치 않은 걸림돌이 있는데, '과거와 현재' 사이에 놓인 '혁명사'의 시기가 문제가 되지 않을 수 없기 때문이다. 그 역사는 매우 '동시대적' 구도 속에서 '따라잡기' 경쟁의 구도인 동시에 그로부터의 단절이기도 하여, 보편성과 특수성이 복잡하게 얽혀 있는 것이기 때문이다. 그리고 바로 그 때문에, 혁명사와 얽혀 있는 중국의 현대사에서 단절과 지속의 쟁점은 19세기 말 이후 동아시아 현대사가 좁게는 동아시아 지역과 더 넓게는 세계체제적 수준에서 재편되는 전지구의 질서와 맞물려 있었다는 점을 필수적으로 재확인하게 된다. 한 예로 중국의 혁명사 또는 근대국가 형성사는 제국 일본의 변천이라는 중요한 변수와 떼어서 논의하기 어렵다. 예를 들어, 1937년부터 전개된 '항일전쟁(중일전쟁)'의 위상을 놓고 보자면, 이는 중국공산당사에서도 인정되듯이, 주변으로 밀려나 궤멸의 경계선까지 다가간 '게릴라 세력'이 다시 전열을 갖추고 진영을 재정비해 중원 전체로 세력을 확장할 수 있던 결정적 계기였다.[21] 신중국의 성립으로 귀결되는 국공내전의 발발 또한 이 일본의 대륙 팽창의 역사와 맞물린 '동북(만주)' 처리 문제와 뗄 수 없는 것이기도 했고,[22] 여기서 중-일 관계뿐 아니라 중-소, 일-소 관계를 포함한 다차원적이면서 복잡한 지정학적 변화가 '혁명사' 전체에 영향을 미친다.[23]

그렇다면 질문은 서로 다시 물리면서 확장된다. 20세기 초 근대국가 형성 과정에서 중국은 일본에 뒤처지기만 했던 것일까? 낡은 국가가 무너지고 새로운 국가가 형성되지 못한 상황에서 등장한 국민당과 공산당이라는 두 당의 의미는 무엇이었는가? 앞선 시기의 역사적 궤적은 이 20세기 초의 두 나라의 변천에 왜 어떤 차이를 가져온 것일까? 조선으로부터 만주와 중국 대륙으로 이어진 일본의 지정학적 팽창의 이유는 무엇이었고, 그 정점으로서 일본이 중일전쟁을 일으킨 이유와 구상은 무엇이었나? 그리고 이 일본의 팽창은 중국 '근대국가 형성'에 어떤 영향을 끼쳤는가? 일본의 중국침략의 시기는 일본과 중국 쌍방 모두에 '전시 통제경제'라는 특징을 부여했는데, 여기서 일본의 외적 팽창과 대비되는 내적 통일의 길이 중국에 나타나는 이유는 무엇이었을까? 이 시기 중국의 국가형성의 논리이자 혁명의 논리로 등장한 쑨원의 '삼민주의'는 혁명사와 '당국黨國' 체제의 역사에 어떤 영향을 끼쳤는가?

역사 다시 쓰기는 이런 쟁점들을 다시 조명하지 않을 수 없고, 그 함의는 단순히 학술적인 것만은 아닐 것이다. 향후 전개될 논의들을 예비하면서, 여기서는 혁명기의 논리를 정당화해주었던 중요한 한두 가지 논점을 우선 다루어보도록 하자.

신중국 성립 이후 문화대혁명 발발 이전까지 중국 내 역사학의 논쟁은 혁명사관을 기반으로 하여 '신중국 역사학의 다섯 송이 꽃'이라 부른 다섯 가지 주제, 즉 고대사 시대구분, 봉건제 토지소유 형식, 농민 전쟁, 자본주의 맹아, 한민족 형성이라는 주제를 중심으로 전개되었다고 본다.[24] 그중 마지막 주제를 빼면 모두 경제사와 관련된 주제임을 알 수 있고,

그 주제는 사실 노예제-봉건제-자본주의-사회주의라는 마르크스적 역사발전 단계를 염두에 둔 논쟁임이 확인된다.

개혁개방은 이 논쟁을 이어가는 동시에 이 논쟁들에 대해 근본적 질문을 다시 던지는 계기였다. 그중에서도 논란이 두드러진 것은 '자본주의 맹아' 논쟁이었고, 논쟁의 파장은 그에 선행한 시기에 대한 논점으로 소급해가게 된다. 자본주의 맹아 논쟁의 귀결은 혁명 시기와 그 후과에 대한 논의로도 확산되는데, 다음에 살펴보겠지만 '관료자본' 논쟁 또한 이 맹아 논쟁과 직접 맞물릴 수밖에 없었다. 중국 내에 자본주의 맹아가 있었지만 그것이 외국 자본의 침략과 매판자본의 억압으로 본격 발아하지 못했고, 그 맹아를 억압한 결과로 출현한 것이 관료자본('장·송·공·진 중국 4대가족'으로 상징되는)이었으며, 그 질곡을 돌파하기 위해 혁명이 필요했다는 것이 혁명 시기 마오쩌둥-천보다를 필두로 한 중국공산당의 공식적 역사해석이었기 때문에 그렇다.[25]

'자본주의 맹아'에 대한 해석의 변화는 역사학 서술에서 서구적 보편의 기준에 대해 달라진 인식과 중국의 예외성이라는 입장을 보여준다. 과거 역사서술에서 '자본주의 맹아'는 중국경제사의 모든 해석의 기본 출발점이었다. 그런데 실상 문제는 '자본주의'가 무엇인지에 대한 학문적 합의가 모호한 상태에서 논쟁이 전개되면서, 단순한 소규모 상품 생산이나 가내 수공업까지 모두 자본주의로 규정하는 경우도 있었고, 반대로 전국적 경제의 기본 작동원리로서 작동하는 경우만 자본주의로 보는 논의도 섞여 있어 혼란이 가중되었다. 어떤 입장에 서 있건, 대체로 '맹아의 존재'와 '맹아에 대한 외부로부터의 억압'이 공통의 합의로 제기되어왔다. 그런데 중요한 점은, 이 맹아론 논쟁의 바탕에는 무의식적으로 '반제국주의적인 자주적 국가 건립의 열망'이라는 정치적 지향이 깔려 있었다는 것이다. 그래서 학자들 사이에서는 심지어 "자본주의 맹아 강박관념"이라는 것이 존재했다고까지 이야기된다.[26]

'남이 가지고 있는 것은 우리도 가지고 있다'는 마음이나 '자본주의는 중국 역사가 반드시 거쳐야 할 단계'라는 신념은 모두 중국이 반드시 근대 유럽의 발전 과정을 거칠 것이라는 믿음에 기초하고 있다.[27]

당연히 이런 논의는 유럽의 기준을 절대시하고 그것을 잣대로 중국의 특정 상황을 찾아내고자 하는 노력을 동반했다. 이는 중국 역사를 세계사의 일부로 보고 실증적 성과도 많이 축적시켜주었으나, 한계도 분명했다. 두 가지 중요한 문제가 제기되었다. 첫째, 과거의 특정한 역사적 현상을 현재의 상태로 바로 연결 짓는 부당한 인과성의 논리가 등장하고, 둘째는 과거 시대를 유럽 기준에 비추어 보면서 '정체성'의 구도 속에 빠지게 되어, 그 체제 내의 고유한 동역학을 발견하고 연구로 진척시키는 데 실패하기 쉽다는 점이다.

첫째 측면을 가장 보여준 것이 원시 공업화(조기 공업화)라는 쟁점이었다. 원시 공업화를 발견한 많은 성과들이 있었고, 이를 자본주의 맹아로 간주한 경우가 많았지만, 로이 빈 웡王國斌[28]이나 마크 엘빈Mark Elvin 등의 연구에 기반해 리보중李伯重은 조기 공업화가 근대 공업화를 탄생시킨 필연적 조건은 아니었다고 정리한다.[29] 조기 공업화는 단지 스미스적 성장과 그 한계를 보여준 데 불과했다고 할 수 있기 때문이다.

둘째 측면의 문제를 드러내 보여준 것은 필립 황黃宗智이 제기한 '과밀 involution형 증장'이라는 쟁점이었다. 경제성장 또는 상품화의 증가가 곧 자본주의 맹아를 의미하지는 않는다는 것이 과밀형 증장이 주장하는 바이다. 과밀형 증장은 노동생산율이 하강하는 상황에서 전개되는 경제증장을 지칭한다. 필립 황은 명·청사 연구의 결과를 과밀형 증장으로 정리하고, 중국 강남지역의 상품화는 자본주의적 상품화가 아니라 이런 과밀형 상품화로 특징지었다. 따라서 여기서도 상품생산과 자본주의적 생산방식 사이에는 필연적 연관성이 없는 것으로 지적된다.[30]

자본주의 맹아론에 대한 비판은 앞의 인용문을 빌자면 "남이 가지고 있는 것은 우리도 꼭 가지고 있어야 한다"거나 "자본주의가 꼭 거쳐야 할 단계"라는 사고에 대한 근본적 문제제기로 나아갈 수 있는데, 이는 '내재적 발전론'을 유지하면서도 이를 자본주의 맹아론과 연관 짓는 대신, '중국적 특색'으로부터 내재적 발전론으로 나가는 길을 찾고자 하는 시도와 연결될 수 있음을 시사한다. 물론, 여기서 쟁점을 중국에만 한정된 특색으로 돌리는 것이 아니라, 전자본주의 시대의 고유한 내적 동학에 대한 논의로 확장할 가능성 또한 존재한다. 그 시도는 여기서 제시했듯이 과밀형 증장에만 한정되지는 않고, 봉건제와 '동아시아적 근대'를 둘러싼 다양한 논의로 확대될 수 있다. 이런 방식의 논의 확장을 위해서는 중국이 '근대' 이전에 경험한 독특한 배경을 좀 더 확장된 공간 속에 놓고 이해할 필요가 있다.

중국에서 현재 전개되는 논쟁에서도 확인되고, '캘리포니아 학파'의 '대분기'론에서도 확인되는 것처럼, 19세기 이전 중국에서 상당히 상품화한 경제를 발견하거나 또 초기 공업화의 특징들을 확인하는 것은 어려운 일이 아니지만, 이것이 곧바로 근대적 공업화나 근대적 자본주의 출현 또는 맹아로 이어져서 해석될 수 있는 것은 아니다.

중국과 서구의 비교의 축을 중국대륙 전체 대 서구의 특정 도시(예를 들어 런던이나 맨체스터)로 잡는 것이 아니라, 균형 있게 중국 대륙 전체와 유럽 대륙 전체로 잡게 되면 비교의 결론은 매우 달라지며, '대분기' 이전 두 대륙의 생산력의 발전수준이나 농업 생산력 구조에서 근본적 차이를 발견하기는 어렵다. 로이 빈 웡은 이런 이유에서, 대분기를 생산력적 구조에서 찾기보다는 근대 이전 두 지역이 보유한 '상부구조'의 특성의 이후 연결점들에서 찾는다.[31]

중국 제국은 탄탄한 조세제도에 기반하고 있었고, 파견 관료와 지방 엘리트들 사이의 공유된 지향점이 형성되었다. 이 때문에 지방 엘리트가 조세청부권을 지니지는 않았고, 중앙정부와 협력함으로써 권력을 신장했다. 반면 유럽은 중앙권력의 조세체계가 취약했다. 근대국가 성립과정에서 유럽에서는 조세청부권을 위임받은 로컬 엘리트 간의 경합과 이들과 중앙의 협상이 중요해지며, 이것이 근대국가의 기본 틀을 구성했다.[32] 이 때문에 유럽에서는 국가 간 경합의 조건들이 형성된 반면, 중국에서는 중앙권력이 무너지면 대체불가능한 거대한 공백이 출현하게 된다.

이렇게 본다면 문제가 되는 것은 단지 '근대' 이전의 중국의 '예외성'에 한정되는 것이 아니라, 그 '예외성'을 인정하더라도 그 이후 유럽중심의 세계체계에 편입되는 시점에서 발생하는 독특한 궤적이며,[33] 이는 동아시아에 전반적으로 제기되는 질문이기도 하다. 동아시아의 전반적 전환기인 19세기 말에서 20세기 초까지 동아시아 지역의 특징에 작용하는 앞선 궤적의 역사를 이해하려면 그에 앞선 내부적 동학이 중요하지 않을 수 없다. 우리는 그중 하나를 '과밀형 성장'이라는 논점으로 검토해보기도 했는데, 유럽의 동아시아 진출이라는 19세기 초가 아니라 좀 더 나아가 16세기 이후 이 지역에서 길게 이어진 역사적 변동으로 시야를 확대하면, 16세기 이후 동아시아 전반적인 전환을 둘러싼 유사한 판단들이 관찰됨을 알 수 있다. 다만 그것을 어떤 틀로 분석할 것인지의 이견들이 존재한다. 명·청 교체기의 농업혁명,[34] 후기 봉건제의 쇠퇴,[35] 소농 체제에 기반한 동아시아 근대의 형성[36] 등의 입장들이 제기된다.

여기서부터 이런 16세기로부터의 '전사'를 동반한 19세기 말 이후 동아시아 각국의 상이한 '단절'의 역사 비교를 위한 몇 가지 쟁점이 제기됨을 알 수 있다. 이 시기부터 동아시아 전체적으로 세계적 질서로 '올라타기'나 '따라잡기'로 진행되지만, 앞선 시기의 유산들과 또 당시 처한 세계질서 조건의 포착 방식의 차이로 인해 상이한 '예외성들'의 특징이 부각되게 된다.

첫째, 국가구조 전환 주도한 엘리트는 어떤 계층에서 출현했고, 그들은 앞선 이데올로기를 어느 정도 수선했는가. 새로운 엘리트와 민중들은 외부세계(유럽 중심의 세계체계)를 어떻게 파악했고 어떤 방식으로 여기에 진입하고자 했는가?

둘째, 과거 질서관은 새로운 상황에 부딪혀 어떤 새로운 질서관으로 변모했는가? 그리고 여기서 '혁명'이라는 이름하에 전개된 사상적 전환은 익숙한 것들을 어떻게 바꾸어놓았는가?

셋째, 그에 앞선 '전근대' 체제하에서 위기를 돌파하기 위해 등장했던 '전방향적 경세학'은 이 시대에 어떻게 새로운 명칭과 내용을 가지고 '근대국가 형성' 프로젝트로 변신했는가? 그리고 이 새로운 시도는 새로운 질서관과 결합해 사상적 헤게모니를 형성했는가?

넷째, '중체서용', '화혼양재', '동도서기'라는 유사하면서 다른 이름으로 전개된 시도들의 내실은 무엇이었는가? 여기서 연속과 단절은 무엇을 의미하는가?

다섯째, 이 과정이 지역 전체에서 동시적이고 경합적이었다는 점은 각 지역과 국가에 어떤 특징을 남기게 되는가?

2) 그러나 다시 '일국화'하는 역사 해석: 관료자본에 대한 새로운 해석

'자본주의 맹아론' 비판에서 시작해 그에 앞선 시기의 '예외성'까지 진행된 중국 역사학계의 역사 서술은 그렇지만 아직까지는 본격적으로 공간적 사유를 확장하는 방식으로 전개되기보다는, 좀 더 일국적 틀에서 중국 경험의 예외성을 향해서 나아가는 것으로 보인다. 이 문제를 우리는 '자본주의 맹아론'에 대한 비판적 접근과 긴밀하게 연관되어 제기되는 '관료자본론'에 대한 연구들에서 확인해볼 수 있다.

자본주의 맹아 논쟁도 그렇지만, 관료자본에 대한 해석의 변화는 '신시대'의 변화 추세를 더 잘 보여준다. 이는 1930년대 난징정부를 어떻게 평가할 것인가라는 문제와도 관련되지만, 다른 한편에서 역사적으로 중국에서 국가주도 경제성장의 '긍정성'을 어떻게 재평가하여 현실적으로 정당성을 부여할 수 있는가라는 정치적 질문과도 관련되기 때문이다. 논점의 형성은 최근 시진핑 시대에 돌출적으로 나타난 것이 아니며, 개혁개방의 노선을 따라 역사 해석의 방향도 바뀌어왔다고 할 수 있다. 정치적 변화와 학술적 변화는 독립적이고 시간대도 다르지만, '신시대'적 전환의 배경에는 점진적으로 이루어진 역사관의 전환이 깔려 있었다고 할 수 있다.

중국 사학계는 1980년대 이후에 20세기 경제사를 서술할 때도 여전히 관료자본론을 주류적 입장으로 수용했다. '관료자본'이라는 개념은 1923년 치우치우바이瞿秋白가 《전봉》 잡지에 발표한 〈중국 자산계급 발전을 논함〉이라는 글에서 처음 등장했다고 하는데,[37] 중국혁명 과정에서 국민당을 중심으로 구성된 지배계급을 규정하기 위해 1940년대 마오쩌둥–천보다가 관료자본주의를 '장·송·공·진 4대가족이 매판적·봉건적 국가독점자본주의'를 형성한 것으로 체계적으로 규정하면서 이 개념은 혁명의 핵심 논리로 자리 잡게 된다.[38] 1940년대 이후 쉬디신許滌新이 이 논지를 계승했고,[39] 1980년대의 쉬디신·우청밍吳靑明의 해석[40]으로 다시 이어졌는데, 이 입장은 아직도 당사의 공식적 입장으로서 중국 사회에 폭넓게 수용되고 있으며,[41] 그에 대한 권위가 무너진 적은 없다고 할 수 있다.

그렇지만 역사학계 내부로부터 관료자본론에 대한 해석은 다양한 비판에 직면했고, 그 대응과정에서 본래의 관료자본론의 함의와는 다른 변화가 관찰된다. 새로운 해석이 본격적으로 제기된 것은 1985년 충칭에서 열린 '항일전쟁 시기 서남경제 연구 학술토론회'에서였다.[42] 여기서 일부 학자들이 관료자본은 경제개념이 아니라 정치개념이기 때문에 정치사 연구에는 도움이 될지 모르지만 경제사 연구에는 도움이 되지 않기 때문에 혼동을 없애기 위해 폐기해야 한다는 주장을 제기했고, 다른 학자들은 특정한 목적으로 사용할 수 있지만 그러기 위해서는 관료자본 개념을 국가자본과 국가사인자본國家私人資本으로 나누어 엄밀히 사용해야 한다고 주장했다.

1990년대 들어 실증적 연구가 늘어나면서 이 서남경제 회의에서 제기된 주장을 절충한 견해가 학계의 공통인식으로 자리잡아가기 시작했는데, 관료자본이라는 용어를 가급적 사용하지 않고 상황에 따라 '국가자본'과 '관료사인자본' 두 용어 중에서, 또는 '국가독점자본'과 '관료(사인)자본' 중에서 하나를 선택한다는 것이었다.[43] 이렇게 되면 관료자본이라는 용어를 사용하더라도 그 함의는 '전통적인' 관료자본의 개념과 달리 매우 축소되는데, 이렇게 축소된 '관료자본'의 핵심 특징을 만족시키려면 첫째, 개인 관료가 직접 출자해야 하고, 둘째, 관료가 직접 경영권을 장악하며, 셋째, 이로부터 독점적 특권에 기반한 사적이익을 추구해야 한다는 세 조건을 모두 충족시켜야 한다.[44] 이렇게 되면 관료자본에 대한 역사적 평가도 달라져, 관료자본과 구분되는 '국가자본'에 대해서는 본격적으로 긍정적 평가를 내릴 수 있게 된다.[45]

관료자본 논쟁은 장제스 난징정부하의 정부의 투자를 주도하여 신흥공업을 건설한 자원위원회의 역할에 대한 재평가와도 밀접하게 연결된다. 장제스는 난징정부 수립 후 경제계획을 수립하고 국영경제를 관리하기 위해서 1931년 6월 행정원 산하에 전국경제위원회를 설립하고 다양한 경제 분야를 담당할 위원회를 그 산하에 설립한다. 그러나 공업계획 수립에 좀 더 치중하기 위해 황푸黃郛의 제안을 받아들여 1932년 11월 1일에 참모본부 산하에 국방설계위원회를 정식으로 수립하고 장제스가 직접 위원장을 맡는다. 위원회 산하에는 군사, 국방, 교육문화, 경제와 재정, 원료 및 제조, 교통운수, 토지양식 및 인구 등 7개 소조를 수립하여 국방에만 한정하지 않고 전반적인 인재육성과 자원조사 업무를 맡았다. 1935년 4월에는 난징정부 군사기구 대 개조 진행에 따라, 국방설계위원회는 참모본부 산하로부터 군사위원회 산하로 변경된 다음, 병공서 자원사와 합병되어 '자원위원회'로 개칭된다. 이 개조에 따라 업무 성격도 변화하여 원래의 군사, 국제관계, 교육문화 업무는 떨어져 나가고 공업과 중공업과 국방공업 건설 업무에 치중하게 된다.[46]

흥미로운 것은 이 자원위원회와 자원위원회 주도로 만들어진 1930년대 국가부문 주도의 경제에 대한 평가가 전환되고 있다는 점이다. 1990년대 이후 중국 역사학계에서 자원위원회에 대한 평가는 점차 긍정적으로 바뀌고 있다. 자원위원회가 항일전쟁(중일전쟁)을 성공적으로 수행하는 데 중요한 역할을 했다는 것과 전쟁에 대비해 서북 내륙에 공업 지역을 확장하는 데 기여했다는 것이 주요한 근거가 되고 있다.[47]

최근 중국사회과학원 근대사연구소가 펴낸 《근대중국통사》는 '관료자본'이라는 용어를 가급적 쓰지 않고 이 자원위원회 주도로 형성된 부문에 대해 '국영자본'이나 '관영자본'이라는 표현을 사용한다. 자원위원회가 공장설립을 위해 동원한 자금은 독일이 제공한 1억 마르크 신용 차관의 일부와 난징정부가 지원한 3000만 위안이었고, 자원위원회는 이 자금으로 25개 공장을 수립했다. 이와 함께 상업에서도 자원위원회는 통제정책을 시행하여 상업 분야에서는 독점이 형성되었는데, 이들은 사실상 "대부분 정부 혹은 관료자본이 통제하는" 것이었다.[48] 그렇지만 과거의 '관료자본'의 평가에 비하면 공업건설에 대한 긍정적 서술이 중심이 되며, 자원위원회와 '장쑤-저장江浙재벌'의 독점화에 대한 부정적 평가는 거의 제기되지 않는다.

1930년대 자원위원회가 중심이 되어 구성된 독점경제 구조는 1935년 11월 화폐개혁의 부정적 효과(전시 초인플레이션)와 더불어 전통적인 혁명사 서술에서 난징정부의 부정적 측면으로 폄하되는 대표적 내용이었다. 이런 두 가지 측면의 평가가 근본적으로 전환됨을 잘 보여주는 결론적 서술은 최근 양안兩岸의 역사학자들이 함께 집필한 《중화민국 전제사專題史》에서 확인된다.

어떤 이들은 전시와 전후 중국에 동란이 이어지고 기타 전승 국가처럼 곧바로 회생건설을 하지 못한 주된 이유가 전전에 실시한 화계개혁 때문에 전시와 전후에 대폭적 인플레이션이 발생하고 백성들이 안정된 삶을 도모할 수 없게 된 데 있다고 말할지도 모른다. …… 전체적으로 보자면, **항일전쟁 전 10년의 중국의 경제, 재정, 금융 등의 발전은 상당히 놀라운 수준**이고, 세계적으로 유명한 미국 경제학자 로스토우 경제성장 5단계 구분을 따른다면,

1927~1937년은 중국 경제의 제2단계─도약 준비 시기─에 속한다. ……
중국 타이완이 20세기 70년대 후반에 도약기에 들어섰고 중국은 개혁개방
(1978년) 후에 또한 전 세계를 놀라게 하는 도약에 급속히 도달했다. ……
전전 10년 중국의 경제, 재정, 금융 등의 과정에는 두드러진 특징이 있는데,
바로 정부가 주도적 역할을 맡았다는 점이다. 이는 천고(千古) 이래 처음 볼
수 있는 전례 없는 현상인데 …… 관방이 직접 민간 경제 업무에 개입하는
것은 드물다. 그러나 **1949년 이래 해협 양안의 경제가 모두 거둔 장족의 발전
을 보면 여기서 전전 10년 중국 정부가 주도한 경제발전의 경험이 일정한 작용
을 했다는 것**을 부정하기는 어렵다.[49](강조_인용자)

이렇게 역사의 '생산력주의'적 해석에 기반해 관료자본과 구분되는
국가자본의 긍정적 역사를 복원해내려는 시도가 성공을 거둔 것처럼 보
이지만, 그럼에도 다른 한편에서 여전히 '관료자본'을 중국현대사 서술
의 중요한 고리로 남겨두어야 한다는 주장 또한 힘을 얻고 있다는 점을
무시할 수 없다. 다른 나라 공업화 경로와 다른 중국 공업화의 특성, 특
히 여기서 작동한 관료정치의 특성을 무시할 수 없기 때문이다.[50]

이 때문에 주목되는 점은, 관료자본 개념의 사실상 폐기를 주장하는
논자들도 국민당 주도의 '관료자본'의 역사적 교훈의 강조를 잊지는 않
고 있다는 것이다. 다만 그 논점은 20세기 초 중국 공업화의 특성을 보
여주기 위해 역사 연구에 관료자본 개념 자체를 유지해야 한다는 주장
과는 다소 다른 맥락에서 제기된다. 이 개념을 유지하는 이유는 전통적
으로 관료정치의 영향이 강한 중국에서 관료가 수중에 장악한 권력을
사용해 각종 방식으로 "국가자본을 관료 사인의 자본으로 전환"하여 사
적 이익을 취할 위험이 존재한다고 경고할 필요가 있기 때문이다.[51]

국민당 정부의 '관료자본'이 왜 두드러지게 나타나는지 나는 그 이유를 두 가지로 본다. 첫째로 국민당 정부는 국가와 인민이 외국 침략을 받지 않도록 효과적으로 잘 보호할 수 없었다. 둘째로 국민당 정부는 사회질서와 안정을 효과적으로 유지하여 경제를 성장시킬 수 없었다. …… 항전 승리 이후 국민당 정부의 중대한 과오는 두 가지이다. 하나는 일본 점령시역을 접수했을 때 **효과적으로 관원의 행위를 통제할 수 없던 것**이다. …… 둘째는 정치방면에서 중공과 대화할 때 성의를 보이지 않고 …… 무력으로 전국을 통일하려 시도하여 결국 내전을 폭발시킨 것이다. …… 그래서 중국근대사에서 국민당의 '관료자본' 문제는 사실상 정치문제라고 하는 것이다.[52] (강조_인용자)

여기서 우리는 두 가지 구분이 교차하고 있음을 알게 되는데, 우선 정치범주와 경제범주를 구분해 경제사 서술에서 '관료자본'이라는 범주를 정치범주로 보아 연구틀에서 배제하고 그 자리를 경제범주인 '국가자본'으로 대체하고 있다. 그러나 그다음 수순에서는 이 국가자본이 '관료자본'으로 퇴락할 수 있다는 것을 배제하지 않는데, 이 국가자본에 대한 제도적 통제에 실패하면 그 '정치적 효과'가 발생하여 '경제적 범주'가 '정치범주'로 '퇴행'할 수 있다는 경고의 방식으로 이를 해석한다. 이는 단지 과거에 대한 경고는 아니며, 현재에 대한 경고라 할 수 있다. 그래서 분명하게 연구의 목적과 방향을 "정치체제의 결함과 관료자본의 관계를 분석하는 데 두고, 사인자본이 어떻게 정치체제의 결함을 이용해 사적 이익을 취했는지 분석하는 데 두어야 한다"는 주장이 제기될 수 있다.[53]

그렇지만 이렇게 함으로써 역사 다시 쓰기는 문제를 해결하기보다 긴장을 계속해서 남겨둘 수밖에 없게 된다. 구분했던 두 범주 사이의 관계가 다시 혼란스러워질 수 있기 때문이다. '국가자본'의 범주를 '관료자본'으로부터 엄격하게 구분해 '경제범주'로서 한정해 역사적으로 국가자본에 좀 더 긍정적 평가를 부여하고 그로부터 현 시기로 이어지는 역사적 정당성을 암묵적으로 부여하고자 하는 숨겨진 연결선에 늘 문제가 생길 수 있기 때문이다. 범주를 엄격히 구분하더라도 역사경험에 비추어 볼 때 '국가자본'은 언제나 '관료자본'으로 퇴락할 수 있으며, 경제범주와 정치범주를 인위적으로 나누더라도 현실에서 경제는 언제나 정치문제가 될 수 있다. '관료자본'으로 상징된 '관-상 결합', 즉 '관도官倒'는 지금도 현재 진행 중인 심각한 사회문제이다. '관-상' 결합의 부패로 인한 손실액이 GDP의 15%에 이르는 상황이 될 정도로 '관료자본'이 개혁개방의 '최대수혜자'가 된다면 왜 이 개념을 현재 사회구조의 비판에 사용할 수 없는가라는 문제제기가 언제든지 나올 수 있다. 이런 판단 근거에서, 장쥐엔張娟과 탄리수이譚立永는 과거에 비견되면서도 새롭다고 할 수 있는 '신 관료자본'의 특징을 열거하는데, 그것은 ① 가족 중심의 종족화宗族化, ② 네트워크로 확장됨, ③ 위선적 두 얼굴을 보여 그늘에서 노골적 수탈을 수행, ④ 각종 불법과 투기로 국유자산을 사적 이익의 통로로 이용함, ⑤ 고도의 집중성을 이용해 국유자산을 유출함 등이다.[54] 역사에 대한 분석을 통해 얻게 된 경고는 줄곧 현재적이 아닐 수 없게 된다.

현재의 관료자본이 아직 국민당 통치 시기의 가족성 관료자본 체계나 분위기에 이르지 못했지만, 발전의 추세가 그런 방향을 따라 나아가고 있으니, 만일 그 지경에 이르면 되돌리기 어렵다. 만일 그 지경에 이른다면 당시 국민당의 곤경이 타산지석이 될 것이다.[55]

이런 이견이 제기되고 곤경이 불거지게 나타나기 때문에, 관료자본 개념의 폐기나 전환에 대한 '공통 인식'이 역사학계에 자리 잡은 듯 보이면서도 여전히 "현재 학계에서 '관료자본' 내포에 관한 논쟁은 비교적 일치된 견해를 보지 못하고 있"으며 서로 대립하는 논점들이 병종하고 있는 상태라는 지적이 제기된다.[56]

3. 세계적 시각에서 다시 보는 중국현대사의 쟁점

관료자본론에 대한 신해석의 배경에는 '그때와 지금' 모두에 작동하고 있는 중국의 예외성과 동시에 '따라잡기'를 불가피하게 만드는 중국이 처한 국제 조건의 제약성이라는 문제가 놓여 있다. 국가가 주도하는 신속한 공업화와 이를 위한 '국가자본(즉, 관료자본)'의 형성은 중국이 처해 있는 독특한 '국제적 제약' 속에서 설명될 수 있는 '중국 예외성'으로 볼 수 있기 때문이다. 이런 점에서 보자면, "관료자본은 세계 보편적 현상"[57]이라는 주장이 설득력을 지니게 된다. 그러면 여기서 중국의 '예외성'은 어떻게 해석되어야 하는 것일까?

양무운동 시기에 국가주도의 기업 건설이 있었다면官辦商行, 메이지 이후 일본에서도 국가가 주요 공업 기반을 건설하여 민영 불하 등의 방식으로 독점 대기업을 육성한 '공부성工部省(1870~1886년)'이 존재했다. 메이지 시기 이 국가주도 공업화(그리고 이어진 민영화)는 이후 일본의 경제조직 형성의 기본 토대를 이룬다. 이 공부성을 골간으로 한 초기 공업화는 청일전쟁에서 일본의 경제적·군사적 우위의 바탕이 된 동시에 청일전쟁 이후 국가 주도의 군비 확장 중심 경제체제의 확대로 이어졌다.[58]

그 이후 일본을 모방해 근대적 국가형성과 공업화의 길에 들어선 중국이 이 과정에서 '패배'하고 뒤쳐져 결국 '반식민지'로 전락한 것으로 보일 수도 있지만, 사태가 그렇게 단순하지는 않았다. 1930년대 난징정부는 근대국가 형성과 공업화라는 두 가지 목표를 한 편에서는 북벌에 이어 공산당 토벌전을 통해 통일 국가 프로젝트로 진전시키고자 했고, 다른 한편에서는 '관료자본'을 통해 급속한 공업화와 '민족경제 건설'('매판적·봉건적'이라 하더라도)을 추진하려 했다. 이것이 앞서 검토한 '관료자본' 논쟁의 배경이 되는데, 관료자본을 정부가 투자를 주도한 '국가자본'으로 볼지, 관료 개인이 투자하면서 관료적 권력을 이용해 사적 이익을 편취한 것으로 볼지, 아니면 국가자본 형태로 출발했으나 관료적으로 사유화한 것으로 볼지는 계속 논쟁되고 있지만, 이 셋이 묶인 형태의 독점적 자본이 이 시기 신속한 자본축적의 기본 축이었고 그것이 난징정부의 '따라잡기' 모델이었다는 점이 중요하다.

그리고 여기서 금융의 정비가 중요한 역할을 했다는 점도 더해진다. 일본에서 분산된 지역적 금융을 근대적 은행체계로 정비하는 것이 메이지 유신 이전부터 시작되어 메이지 유신 이후 본격화된 금융의 민족화 과정이었다고 한다면, 중국에서 '전장錢莊' 형태로 분산된 금융이 전국적 금융으로 형성되는 것 또한 난징정부의 관료자본 형성 과정이었다.[59] 관료자본사에서 발견되는 가장 두드러진 사례인 건설은공사建設銀公司처럼 초대형 금융기업이 관료자본의 형태로 성립하고 신속하게 경제의 '명맥'을 장악한 것이었다.[60]

이런 점에서 당시 중국의 대처는 중국만의 '예외성'이라 보기는 어렵다고 할 수 있다. 중국에 앞서 일본에서도 진행된 바 있는 이 길은, ① 유럽에 맞서며 유럽을 모방해 따라잡기, ② 그러기 위해서는 서구를(그리고 그다음에 중국은 일본을 통해서 서구를) 모방하기, ③ 내부적 금융자원을 통합하고 외부의 금융자원을 적절하게 활용하여 공업화를 추진하기, ④ 동요하는 국제질서에 대비해 신속하게 전시경제구조를 수립하기 순서로 진행되었다고 할 수 있다. 중국에서 관료자본에 대한 긍정적 평가가 항일전쟁 성공적 대처를 중심으로 나타나는 것은 이런 맥락을 보여준다. 그렇다면 이는 일본에서도 확인되는 '재벌-군부-관료 카르텔'에 기반한 '따라잡기 공업화'라는 특징과 유사함을 보여준다. 일본의 경우에는 이것이 전전과 전후 재벌체제, 그리고 총력전체제의 핵심인데, 중국의 관료자본에 대한 논의는 이와 어떻게 비슷하면서도 다른 것일까?

이 비슷하면서도 다른 '따라잡기 모델'은 1930년대 대공황을 겪으면서 가능성과 한계를 동시에 표출하게 된다. 그리고 거기서 비슷한 목표는 한쪽에서는 외연적 영토팽창의 길로, 다른 한편에서는 내포적 영토통일의 길로 분화한다. 이와 관련해 '앞서 있던' 것으로 보이는 일본모델이 노정한 내적 모순에 대한 지적에 주의해볼 필요가 있다. 동아시아의 독특한 국가간체계의 조건은 일본에 유리했지만, 일본이 이 국가간체계에 편입해 들어갈수록 일본은 그 체계의 제약을 많이 받게 되며, 이는 무엇보다 우선적으로 '국가형성'에 소요되는 자금의 '금융적 제약'으로 작동한다. 일본은 시행착오로부터 자유로운 것은 아니었고, 일본은 청일전쟁 무렵 상당히 큰 내외적 압박 속에 있었는데, 1890년대의 내정의 위기('초기의회')는 아시아와의 전쟁으로 이겨내고, 1910년대의 위기는 유럽이나 아시아 등 세계의 희생으로 넘겼다.[61] 이 과정에서 주목되는 점은 일본의 대륙으로의 영토 확장의 과정과 중국의 영토적 통일 과정이 서로 맞물려 있다는 점이다. 제국적 팽창과정에서 일본은 신해혁명과 그에 뒤이은 5·4운동까지의 과정에 대해서 민감한 반응을 보였으며,[62]

또한 특히 만주사변과 중일전쟁 사이 시기 난징정부의 등장과 1935년 11월의 화폐통일에 대해 민감한 반응을 보였다.[63] 청일전쟁에서 만주사변까지 일본의 지정학적 고려하에 대륙으로의 영토 확장의 과정이 영토적으로 분열된 중국이라는 전제하에서 남아시아에서 동남아시아를 거쳐 동아시아까지 펼쳐진 영국식 자유무역 제국주의 모델을 모방해 건설하려 한 것이었다면,[64] 이후 중일전쟁과 총력전으로 가는 과정은 이 구상의 실현불가능성이 확인되는 과정이었다고 볼 수 있을 것이다.

그렇다면 19세기 말 동아시아에서 중국과 일본의 변화 궤적을 추적할 때 양자를 독립적인 것으로 보기보다는, 오히려 한쪽의 쏠림이 다른 한쪽의 약화를 초래할 수밖에 없는 물려 있는 관계로 볼 필요성이 제기된다. 일본이 누린 약간의 우위는 청일전쟁을 계기로 결정적으로 벌어졌다. 청일전쟁의 결과 일본은 동아시아를 넘어 '유럽의 지정학'으로 들어서게 되는데, 이 과정에서 일본이 처한 예외적인 우호적 공간으로서 동아시아는 점차 국가간체계의 질서에 의해 본격적으로 재편되는 공간으로 변형되었고, 일본 판단의 편면성의 위험은 그만큼 커져갔다고 할 수 있을 것이다.[65]

이렇게 관심의 공간적 범위를 확대하면, 어찌 보면 관료자본의 역사 다시 쓰기의 긍정성이 쉽게 인정되는 길이 열리는 것처럼 보일지도 모른다. 그런데 관료자본의 재해석은 앞서도 보았듯이 모순적 담론들을 동반하게 되는데, 왜냐하면 관료자본과 자원위원회가 항일전쟁을 승리로 이끄는 핵심 역할을 했다고 역사를 재평가하게 된다면, 그다음으로 이어지는 '혁명사'를 대체 어떻게 서술할 것인지, 즉 중국공산당은 어떻게 대륙을 장악할 수 있었는가 하는 질문에 대해서도 논란이 벌어질 수 있기 때문이다. '국가자본'으로부터 '관료자본'으로의 퇴락이라는 설명만으로는 상당히 부족하다.

이 문제에 대해 답을 제시하려면 우리는 지금까지 동아시아 내 국가 간 경합 속에서 근대국가 형성 및 공업화라는 질문과 조금 거리를 두면서 '중국에서 혁명 담론의 형성'이라는 질문을 동시에 제기해야 할 것이다. 그리고 관료자본의 질문이 기존의 역사 서술에 비판적으로 접근한 것이 니만큼 혁명 담론의 역사도 기존의 서술 시기보다 좀 더 앞으로 당겨서, 중요한 쟁점으로 쑨원의 삼민주의에서 시작해 마오쩌둥의 신민주주의로 이어지는 고리를 어떻게 볼 것인가 하는 문제로 질문의 시야를 좀 더 넓혀볼 필요가 있을 것이다. 이는 '장제스의 국민당'에 앞서, 신해혁명을 통해 중국에 '혁명 담론'을 뿌리 내리게 한 인물이자 "자기 고유의 조직을 가지지 않고 여러 세력들 위에서 그 세력들을 활용한 정치가"로서 쑨원의 위상은 무엇인가라는 질문으로부터 시작한다.[66] '개진改進'에서 '개조改組'를 거쳐 탄생한 국민당은 쑨원의 정당이었는가? 그리고 이 정당을 모순적으로 구성한 세 가지 세력(국민당 우파, 국민당 좌파, 공산당)에 대해서 쑨원의 사유는 무엇이었는가?[67]

이 질문이 중요한 이유는 앞서 보았듯이 20세기 초반으로부터 21세기로 연결하는 고리를 단지 '성장'과 '공업화'의 선형적 역사로 서술하는 것이 아니라 지속적으로 이어지고 있는 '혁명'이라는 질문에 대한 대응의 역사로, 따라서 질문의 출발점에서 일본과 유사한 점이 있더라고 일본의 길과 분기하는 길로서 이해해보려고 한다면, 이 쑨원에서 마오쩌둥으로 이어지는 질문의 고리를 버릴 수는 없기 때문이다.

신해혁명을 10년 이상 이어진 과정이자 5·4운동을 겪으면서 중요한 전환점을 맞은 것으로 해석할 수 있다면 5·4운동을 계기로 한 쑨원 사상의 급진화는 여기서 중요한 논점이 된다.[68] 이는 단지 전술적 고려만이 아니라, 외국 세력과 군벌, 그리고 구세력을 활용해 빈틈을 노리던 전략에서 '민중'의 발견으로의 전환을 보여주기 때문이다. 이렇게 등장한 '신 삼민주의'는 마오쩌둥의 '신민주주의론'으로 이어지는데, 그럼 마오쩌둥의 혁명은 급진화한 쑨원이 '삼민주의'에서 제시한 것의 계승인가 아니면 그와는 다른 길을 모색한 것인가? 그리고 이는 다시 두 개의 당으로 나뉘어 진행된 이후의 국가형성 과정에 어떤 족적을 남긴 것일까?

우리는 삼민주의의 급진화 이면에 쑨원의 군정-훈정-헌정의 3단계의 사고에서 확인되고 민족, 민권, 민생이라는 삼민주의 구호에서도 확인되듯이, '민주' 개념이 부재하고 '당-국' 주도의 국가건설의 역사는 '민주'를 상대화하는 결과를 낳게 됨을 확인하게 된다. '민권과 민생'이 '민주'의 실질적 내용이 될 것이라는 삼민주의에서 신 삼민주의까지 이어진 사고는 그럼에도 민주의 '주체'라는 질문을 배제할 수는 없었다. 마오쩌둥이 건설한 중국 사회주의 모순의 정점에 문화대혁명이 있고 그 문화대혁명이 드러낸 모순의 핵심이 구조의 변혁 대 혁명적 주체 사이의 모순이라는 이 '민주'라는 질문이었음을 부정하기는 어렵다.[69] 이는 개혁개방 시대에 오더라도 마찬가지이며, 신시대로의 전환을 모색하는 현 시기에 이 모순은 더욱 두드러진다.

역사 다시 쓰기가 관료자본의 위상을 재평가하게 되면 그와 더불어 쑨원 이후 장제스와 마오쩌둥으로 분기한 역사 또한 더불어서 논의되지 않을 수 없고, 거기서 우리는 현재에도 지속되는 중국 현대정치의 어떤 난점을 다시 보지 않을 수 없다.

4. 신시대?

관료자본의 역사적 긍정성을 부각시키고자 하는 시도는 원톄쥔溫鐵軍이 '백 년의 급진'이라 부른, 지난 한 세기에 걸친 중국의 자본축적의 역사를 긍정화의 다른 모습일 수 있을 것이다.[70] 그리고 그것은 일찍이 왕후이汪暉가 1980년대의 중국 사상지형을 분석하면서 '현대화 이데올로기로서의 마르크스주의'라고 부른 생산력주의적 마르크스주의의 한 버전이라고 할 수도 있고,[71] 현재 시진핑 체제하에서 강화되는 '마르크스주의 학습하기'의 방향성이라고 할 수도 있을 것이다. 이렇게 본다면 개혁개방 40년 또한 그에 앞선 '관료자본'의 시기에 이어 '강국' 형성의 연속적 길로 자리매김 되는지도 모르며, 중국 예외성론은 이런 '대국굴기' 식의 역사 쓰기에 길을 열어줄 수도 있을 것이다.[72] 40년간의 짧은 '사회주의 건설' 시기는 이후 개혁개방에 중요한 '물적 토대'가 되었다는 점에서 앞서 관료자본을 바라보는 관점의 역설이 관찰된다. 이 사회주의 시기에 마련된 물적 토대에 해당하는 주요한 내용을 일단 열거해 보면, ① 탄탄한 국유부문, ② 체계적인 관료 통제체제, ③ 집체적 소유에 기반한 상대적으로 안정적인 농촌, ④ 탈집중화한 경제, ⑤ 중앙 통제가 가능한 금융, ⑥ 단위 체제를 통한 노동력 관리, ⑦ 홍콩을 매개로 연결된 세계경제 같은 것들이 될 것이다.[73]

역사 새로 쓰기는 당연시해온 근대세계의 여러 전제들을 다시 비판적으로 재평가해보고 미래를 열린 자세로 바라보는 중요한 출발점이 될 수 있다. 그렇지만 반대로 과거의 역사 쓰기 방식을 비판하면서 진행되는 도전이 기실 과거의 역사 쓰기의 특정한 한계를 반복하고 있거나 심화하는 데 멈출 수도 있다. 몇 가지 우려를 생각해보자. 문제가 되는 첫 번째 쟁점은 '사실'과 '평가' 사이의 괴리이다. 어떤 '사실'이 사실이고, 그 사실을 어떤 시공간에서 구성할 것인가만 중립적으로 평가하는 것이 관건인 것으로 보이지만, 실상은 역사 시대에 대한 근본적 평가의 문제가 바탕에 깔려 있다. 둘째로 역사를 분석하고 평가하는 기존의 '보편성' 기준을 대체하려는 시도가 두드러지면서, '유럽중심주의'를 비판하는 경우가 많지만, 역설적으로 비판의 양쪽이 거울상처럼 유럽중심적 판단 기준에 얽매어 있는 경우가 많다. 셋째, 문제는 다시 쓰기의 서술들이 역설적으로 '민족사적 일국주의'의 틀을 더욱 강화하고 있다는 점이다. '사실'로 포장된 역사의 서술이 전개되는 '시공간' 자체는 자명하며 문제로 파악되지 않는다. 역사 다시 쓰기는 일국적 시야의 한계를 넘어서 서로 복잡하게 얽혀 있는 지역과 세계의 역사에 대한 관심으로 확장되어야 하지만 현실은 반대로 일국사를 예외적인 것으로 '승리'의 관점에서 부각하려는 노력으로 끝맺음 할 수도 있다.

허자오톈賀照田은 제19차 당대회 정치보고를 세밀하게 분석한 결론으로, 제18차 당대회까지 뒤쪽의 자리에 놓여 있던 '투쟁'이라는 단어가 제19차 당대회 정치보고에서는 다른 단어들을 제치고 전면에 부각되고 있음을 지적한 바 있다.[74] 이런 논지를 역사 다시 쓰기의 흐름과 연결시켜 조심스럽게 예측해보자면, 현재 부상하는 '신시대'의 함의는 지난 100년의 역사를 '혁명사'로서가 아니라 '투쟁사'로 재정의하는 것으로 나타날 가능성이 높다고 보인다. 이때 '투쟁사'란 경쟁적인 세계질서에서 한 세기에 걸쳐 '중화민족의 굴기의 투쟁사'일 것이다. 혁명사를 상대화한다는 것은 그런 의미가 될 것이고, 그만큼 역사 재해석의 함의에 대해 더불어 고민하기는 더 어려워질는지도 모른다. 중국공산당 100년사를 한국에서 비판적으로 재검토하는 의미는 그 의미를 중국 영토의 좁은 범위의 '역사적 예외성'에 가두는 것이 아니라 우리가 함께 위치한 동아시아 그리고 세계의 범위 내에서 근대의 의미에 대해서 그리고 근대의 위기에 대해서 고민하는 중요한 자원으로 재발굴하는 데 있을 것이다.

주 ───

1 藤岡信勝,《〈自虐史観〉の病理》, 東京: 文藝春秋, 1997; 林房雄,《大東亞戰爭肯定論》, 許哲睿 譯, 新北: 八旗文化, 2017; 吹田尚一,《近現代日本の興隆と大東亞戰爭: 戰爭 を無くすことができるのか》, 東京: 文眞堂, 2014.
2 박지향 외,《해방 전후사의 재인식, 1, 2》, 책세상, 2006; 안병직·이영훈,《대한민국 역사의 기로에 서다: 안병직·이영훈 대담》, 기파랑, 2007; 이영훈,《대한민국 역사: 나라 만들기 발자취 1945~1987》, 기파랑, 2013; 이대근,《귀속재산 연구: 식민지 유산과 한국경제의 진로》, 이숲, 2015.
3 먼홍화·리팡·샤오시 엮음,《다시, 중국의 길을 묻다: 시진핑 시대의 국가전략》, 성균중국연구소 옮김, 성균관대학교출판부, 2017; 성균중국연구소 엮음,《시진핑 사상과 중국의 미래: 중국공산당 제19차 전국대표대회 분석》, 지식공작소, 2018; 안치영, 〈중국공산당 19차 당대회 보고와 시진핑 신시대 중국특색 사회주의 사상〉,《동향과 전망》 제102호, 2018; 이남주,〈개혁개방 '신시대'와 시진핑 사상〉,《동향과 전망》 제102호, 2018.
4 卓遵宏·姜良芹·劉文賓·劉慧宇,《中華民國專題史 第六卷: 南京國民政府十年經濟建設》, 南京: 南京大學出版社, 2013.
5 아리프 딜릭,《포스트모더니티의 역사들: 유산과 프로젝트로서의 과거》, 황동연 옮김, 창비, 2005.
6 조반니 아리기,《장기 20세기》(개정판), 백승욱 옮김, 그린비, 2014.
7 전인갑,《현대 중국의 제국몽: 중화의 재보편화》, 학고방, 2016.
8 미야지마 히로시,《미야지마 히로시, 나의 한국사 공부》, 너머북스, 2013; 미야지마 히로시·기시모토 미오,《현재를 보는 역사, 조선과 명청: 일국사를 넘어선 동아시아 읽기》, 김현영·문순실 옮김, 너머북스, 2014.
9 미조구치 유조,《방법으로서의 중국》, 서광덕·최정섭 옮김, 산지니, 2016.
10 R. Bin Wong, *China Transformed: Historical Change and the Limits of European Experience*, New York: Cornell University Press, 1997.
11 페이샤오퉁,《중국 사회문화의 원형: 향토중국》, 장영석 옮김, 비봉, 2011.

12 원톄쥔,《백 년의 급진: 중국의 현대를 성찰하다》, 김진공 옮김, 돌베개, 2013; 원톄쥔,《여덟 번의 위기: 현대 중국의 경험과 도전》, 김진공 옮김, 돌베개, 2016.

13 자오팅양,《천하체계: 21세기 중국의 세계인식》, 노승현 옮김, 길, 2010.

14 汪暉,《東西之間的'西藏問題'(外二篇)》, 香港: 三聯書店, 2011.

15 장웨이웨이,《중국은 문명형 국가다》, 성균중국연구소 옮김, 지식공작소, 2018.

16 백승욱, 〈미국헤게모니 형성기 동아시아 국가간체계 질서의 변동: 월러스틴 이론자원으로 검토한 냉전 형성과정과 중국 변수〉,《아시아 리뷰》 10권 2호, 2020; 楊奎松,《中間地帶的革命: 國際大背景下看中共成功之道》, 太原: 山西人民出版社, 2010; Michael Schaller, "FDR and the 'China Question'," in David B. Woolner, Warren F. Kimball and David Reynolds eds., *FDR's World: War, Peace, and Legacy*, New York: Palgrave Macmillan, 2008.

17 딜릭, 앞의 책.

18 이매뉴얼 월러스틴,《유럽적 보편주의: 권력의 레토릭》, 김재오 옮김, 창비, 2008.

19 장웨이웨이, 앞의 책; 왕후이,《탈정치 시대의 정치》, 성근제·김진공·이현정 옮김, 돌베개, 2014.

20 전인갑, 앞의 책; 원톄쥔(2013), 앞의 책; 원톄쥔(2016), 앞의 책; 자우팅양, 앞의 책.

21 楊奎松(2010), 앞의 책.

22 汪朝光,《和與戰的決擇: 前後國民黨的東北決策》, 北京: 中國人民大學出版社, 2016.

23 백승욱, 앞의 글.

24 리보중,《중국경제사 연구의 새로운 모색》, 이화승 옮김, 책세상, 2006, 249-250쪽.

25 마오쩌둥, 〈현 정세와 우리의 임무〉(1947. 12. 25),《모택동선집 4》, 김승일 옮김, 범우사, 2008; 중국공산당중앙당사연구실,《중국공산당역사: 제1권 하》, 홍순도·홍광훈 옮김, 서교출판사, 2016; 陳伯達,《蔣宋孔陳: 中國四大家族》, 臺北: 一橋出版社, 1988〔1946〕; 許滌新·吳青明,《中國資本主義 發展史 第二卷: 舊民主主義革命時期的中國資本主義》, 北京: 人民出版社, 2003.

26 리보중, 앞의 책, 23쪽.

27 위의 책, 34쪽.

28 Wong, 앞의 책.

29 리보중, 앞의 책, 75쪽.

30 황쭝즈,《중국의 감춰진 농업혁명》, 구범진 옮김, 진인진, 2016.

31 Wong, 앞의 책; Jean-Laurent Rosenthal and R. Bin Wong, *Before and Beyond Divergence: The Politics of Economic Change in China and Europe*,

Cambridge: Harvard University Press, 2011.

32　Wong, 앞의 책.

33　王國斌,《鑑往知來: 中國與全球歷史變遷的模式與社會理論》, 新竹: 交通大學出版社, 2019.

34　리보중, 앞의 책.

35　윤소영,《봉건제론: 역사학 비판》, 공감, 2013.

36　미야지마 히로시, 앞의 책; 미야지마·기시모토, 앞의 책.

37　張娟·譚立永,〈對中國官僚資本的研究〉,《時代經貿》第2期, 2007; 李少兵·王莉,〈20世紀40年代以來中國大陸'四大家族官僚資本'問題研究〉,《史學月刊》第3期, 2005.

38　마오쩌둥, 앞의 글; 陳伯達, 앞의 책.

39　쉬디신,〈구중국의 국가독점자본주의에 관하여〉,《근대중국 사회성격의 재검토: 중국 자본주의 논쟁사》, 김세은 외 편역, 고려원, 1993.

40　許滌新·吳青明, 앞의 책.

41　李少兵·王莉, 앞의 글, p. 100.

42　위의 글, p. 103; 鄭會欣,〈對'官僚資本'的再認識〉,《民國檔案》第4期, 2003, p. 106.

43　李少兵·王莉, 위의 글, p. 104; 武力,〈重新審視'官僚資本'的幾點想法: 評《從投資公司到'官辦商行'》〉,《中國經濟史研究》第2期, 2003, p. 113.

44　鄭會欣, 앞의 글, p. 107.

45　卓遵宏·姜良芹·劉文賓·劉慧宇,《中華民國專題史 第六卷: 南京國民政府十年經濟建設》, 南京: 南京大學出版社, 2013; 鄭會欣, 위의 글; 武力, 앞의 글; 李少兵·王莉, 앞의 글; 杜恂誠,〈1928~1937年中國的新設企業與政府投資〉,《中國社會科學》第3期, 2015; 楊奎松,《中國近代通史 第八卷: 內戰與危機(1927-1937)》, 中國社會科學院近代史研究所 編, 南京: 江蘇人民出版社, 2013.

46　楊奎松(2013), 위의 책, pp. 323-333; 卓遵宏·姜良芹·劉文賓·劉慧宇, 위의 책, pp. 6-8.

47　張素欣,〈近十年關于南京國民政府時期官僚資本的研究述評: 以中國知網文獻爲基礎〉,《宜春學院學報》第11期, 2014, p. 75.

48　楊奎松(2013), 앞의 책, p. 336.

49　卓遵宏·姜良芹·劉文賓·劉慧宇, 앞의 책, p. 440-441.

50　張素欣, 앞의 글, p. 76.

51　鄭會欣, 앞의 글, p. 110; 杜恂誠, 앞의 글.

52　武力, 앞의 글, pp. 117-118.

53 위의 글, p. 118.

54 張娟·譚立永, 앞의 글, p. 24.

55 위의 글, p. 24.

56 張學成, 〈抗戰期間工鑛業官僚資本與民間資本關係研究的路徑選擇和爭論焦點：兼論 核心概念的界定〉, 《淮陰師範學院學報》第34卷, 2012.

57 武力, 앞의 글, p. 117.

58 마키하라 노리오, 《민권과 헌법》, 박지영 옮김, 어문학사, 2012, 81-83쪽; 하라다 게 이이치, 《청일·러일전쟁》, 최석완 옮김, 어문학사, 2013, 158-166쪽.

59 卓遵宏·姜良芹·劉文賓·劉慧宇, 앞의 책, pp. 9-14.

60 鄭會欣, 앞의 글.

61 이와나미신서 편집부 엮음, 《일본 근현대사를 어떻게 볼 것인가》, 서민교 옮김, 어문 학사, 2013, 91쪽.

62 한정선, 〈근대 중국의 공화제 실험과 제국 일본의 동요〉, 배경한 옮김, 《동아시아 역 사 속의 신해혁명》, 한울, 2013.

63 가토 요코, 《만주사변에서 중일전쟁으로》, 김영숙 옮김, 어문학사, 2012, 216-218쪽.

64 1920년대까지 일본의 이런 자유무역 제국주의 구상에 대해서는 스기하라 가오루 (2002)를 참고할 것.

65 그 편면적 판단의 최종적 결과로서 태평양전쟁으로 가는 과정에 대해서는 요시다 유 타카, 《아시아·태평양 전쟁》, 최예주 옮김, 어문학사, 2012를 볼 수 있다. 그리고 이 와 관련해 지정학적 영토의 외연으로서 조선 식민지의 위상(이에 대해서는 ピーテ ィー, マーク, 1996; 백승욱, 2019)과 만주국의 의미(가토 요코, 앞의 책; 야마무로 신이치, 《키메라 만주국의 초상》, 윤대석 옮김, 소명출판, 2009)를 20세기 초의 중국 의 역사와 관련해 논의할 필요가 있다.

66 후카마치 히데오, 《쑨원: 근대화의 기로》, 박제이 옮김, AK커뮤니케이션즈, 2018.

67 강명희, 〈5·4운동〉, 서울대학교동양사학연구실 엮음, 《강좌 중국사 VI: 개혁과 혁명》, 지식산업사, 1989; 나현수, 〈제1차 국공합작과 북벌〉, 서울대학교동양사학연구실 엮음, 《강좌 중국사 VII: 신질서의 모색》, 지식산업사, 1989; 이승휘, 《손문의 혁명》, 한울, 2018; 후카마치 히데오, 위의 책; 백승욱, 앞의 글.

68 쑨원, 《삼민주의》, 김승일 옮김, 범우사, 2000; 강명희, 위의 글; 민두기, 《신해혁명사: 중국의 공화혁명(1903~1913)》, 민음사, 1994; 민두기, 〈민국혁명론: 현대사의 기 점으로서의 신해혁명과 5·4운동〉, 서울대학교동양사학연구실 엮음, 《강좌 중국사 VI: 개혁과 혁명》, 지식산업사, 1989.

69 백승욱, 《중국문화대혁명과 정치의 아포리아: 중앙문혁소조장 천보다와 '조반의 시대'》, 그린비, 2012; 백승욱, 〈장기20세기와 사회주의 역사적 경험의 회고: 러시아 혁명과 중국혁명을 중심으로〉, 《경제와사회》 116호, 2017, 18-59쪽; 조정로(차오정루), 《민주수업》, 연광석 옮김, 나름북스, 2015.

70 원톄쥔(2013), 앞의 책; 원톄쥔(2016), 앞의 책.

71 왕후이(2003), pp. 50-54.

72 백승욱, 〈중국 지식인은 '중국굴기'를 어떻게 말하는가: 왕후이의 〈중국굴기의 경험과 도전〉에 부쳐〉, 《황해문화》 제3호, 2011, 300-312쪽.

73 백승욱, 《세계화의 경계에 선 중국》, 창비, 2008.

74 허자오톈, 〈시진핑 시대 중국 사상의 길〉, "창비 주최 허자오톈 초청 토론회", 2019. 1. 7.

필진 소개 (수록 순)

이희옥

성균관대학교 정치외교학과 교수, 성균중국연구소 소장

주요 연구 분야는 중국의 정치변동과 동북아 국제관계이며, 주요 논저로 《중국의 새로운 사회주의 탐색》, 《중국의 국가 대전략 연구》, 《중국의 새로운 민주주의 탐색》 등이 있다.

안치영

인천대학교 중어중국학과 교수

주요 연구 분야는 현대 중국정치사 특히 중국공산당의 역사이며, 현재는 중국 지도부 승계제도의 형성에 관한 연구를 수행하고 있다. 주요 논저로 《덩 샤오핑 시대의 탄생》, 〈마오쩌둥의 옌안 체제 재편과 가오강 사건〉 등이 있다.

하남석

서울시립대학교 중국어문화학과 부교수

주요 연구 분야는 중국의 체제 변동과 대중 저항이며, 주요 논저로 〈중국의 신자유주의 논쟁과 그 함의〉, 〈1989년 천안문 사건과 그 이후: 역사의 중첩과 트라우마의 재생산〉 등이 있고, 역서로 《차이나 붐: 왜 중국은 세계를 지배할 수 없는가》 등이 있다.

서봉교

동덕여자대학교 중국학과 교수

주요 연구 분야는 중국 경제, 중국 금융이며, 주요 논저로 〈중국과 동남아시아의 모바일 국제 결제 QR코드 호환과 한국 모바일 결제의 국제화〉, 〈미-중 국제금융 헤게모니 경쟁과 중국의 디지털 국제금융 도전〉 등이 있다.

장영석

성공회대학교 중어중국학과 교수

주요 연구 분야는 중국 사회이며, 주요 논저로 《지구화시대 중국의 노동관계》, 《동북아 제조업의 분업 구조와 고용관계(I, II, III)》(공저), 《글로벌 생산네트워크와 동아시아의 일자리 변동》(공저) 등이 있고, 역서로 《중국 사회》 등이 있다.

강수정

조선대학교 정치외교학과 조교수

주요 연구 분야는 중국 정치외교와 동아시아 국제관계이다. 주요 논저로 〈미중관계 전망 시나리오 분석〉, 〈Domestic Bureaucratic Politics and Chinese Foreign Policy〉, 《중국의 꿈: 중국이 지향하는 강대국 초상》(공저) 등이 있다.

장윤미

동서대학교 학술연구교수

주요 연구 분야는 중국의 정치와 사회이며, 주요 논저로 〈'하나의 중국' 원칙과 양안(兩岸)의 갈라진 마음〉, 〈신시대 중국정치의 전변(轉變): 연속과 단절〉, 〈중국과 한반도에서의 '민족' 개념의 인식과 갈등구조〉, 《열린 중국학 강의》(공저) 등이 있다.

임춘성

목포대학교 중국언어와문화학과 교수

주요 연구 분야는 중문학과 문화연구이며, 주요 논저로 《포스트사회주의 중국과 그 비판자들》, 《포스트사회주의 중국의 문화정체성과 문화정치》, 《중국 근현대문학사 담론과 타자화》, 《소설로 보는 현대중국》, 《新世紀韓國的中國現當代文學硏究》(편저) 등이 있다.

김미란

성공회대학교 대학원 국제문화연구학과 부교수

주요 연구 분야는 중국 현대 여성문화 및 동아시아 근대와 포스트근대의 여성의 생산과 재생산 문제이며, 주요 논저로 《현대 중국여성의 삶을 찾아서: 국가, 젠더, 문화》, 《한중 여성 트랜스내셔널하게 읽기: 지식, 인구, 노동》 등이 있다.

백승욱

중앙대학교 사회학과 교수

주요 연구 분야는 중국 사회변동, 세계체계의 역사변동, 마르크스주의 연구이며, 주요 논저로 《중국의 노동자와 노동정책》, 《중국 문화대혁명과 정치의 아포리아》, 《생각하는 마르크스》, 《자본주의 역사 강의》 등이 있다.

중국공산당 100년의 변천
혁명에서 '신시대'로

1판 1쇄 2021년 6월 30일

엮은이 | 이희옥, 백승욱

펴낸이 | 류종필
책임편집 | 김현대
편집 | 이정우, 이은진
마케팅 | 이건호
경영지원 | 김유리
표지 디자인 | 박미정
본문 디자인 | 박애영

펴낸곳 | (주) 도서출판 책과함께
　　　주소 (04022) 서울시 마포구 동교로 70 소와소빌딩 2층
　　　전화 (02) 335-1982
　　　팩스 (02) 335-1316
　　　전자우편 prpub@hanmail.net
　　　블로그 blog.naver.com/prpub
　　　등록 2003년 4월 3일 제2003-000392호

ISBN 979-11-91432-12-1 93910

* 이 책은 아모레퍼시픽재단의 지원을 받아 저술·출판되었습니다.